清代學者文集叢刊

高郵二王合集

（三）

舒懷　李旭東　魯一帆　輯校

上海古籍出版社

《通典》本《孫子》三卷校注語〔一〕

作戰篇

故不盡知用兵之害者，則不能盡知用兵之利也。善用兵者，役不再籍，糧不三載。

〔言謀國動軍行師，不先慮危亡之禍，則不足使利也。〕

注〔二〕：籍猶賦也。言初賦民而便取勝〔三〕，不復歸國發兵也；始載糧，後遂因食於敵，還兵入國，不復以糧迎之也。

〔因釁而動，兼借人力，舟車之運不至於三也。〕

國之貧於師遠輸〔四〕，遠輸則百姓貧。近於市者貴賣〔五〕，貴賣則百姓財竭。

〔《通典》注云〔六〕：「兵車轉運千里之外，財則費於道路，人有困窮者。」又：「言近軍師，市多非常之買，當時貪貴以趨末利，然後財貨殫盡，國家虛也。」〕

謀攻篇

其下攻城。

注：敵國已收其外糧城守，攻之爲下政也。

〔《通典》注云：言攻城屠邑，政之下者，所害者多。〕

修櫓轒轀，具器械，三月而後成，距闉又三月而後已。

注：修，治也。櫓，大楯也。轒轀者，轒牀也。轒牀其下四輪，從中（摧）〔推〕之至城下也。具，備也。器械者，機關攻守之總名，飛樓、雲梯之屬。距闉者，（踴）〔踊〕土積高而前，以附其〔於〕城也。

〔《通典》注云：修櫓，長櫓也。轒轀曰輪車〔七〕，皆可推以往來〔八〕，冒以攻城。器械謂雲梯浮格、衡飛石〔九〕、連弩之屬攻城總名。言修此攻具，經一特乃成也〔一〇〕。〕

將不勝其忿而蟻附之。殺士〔卒〕三分之一而城不拔者，此攻之災也。

注：將忿，不待攻城器，而使士卒緣城而上，如蟻之緣牆，殺傷士卒也。

〔《通典》注云：守過二時，敵人不服，將不勝之心忿〔一一〕，多使士卒蟻附其城，殺傷我士民三分之一也。〕

故君之所以患於軍者三：不知軍之不可以進而謂之進，不知軍之不可以退而謂之退，是謂縻軍。

注：縻，御也。

〔此下，《通典》尚有注云：又繫也。君不知軍之形勢，而欲從中御也。故太公曰：國不可以從外治，兵不可以從中御。〕

虚實篇

微乎微乎，至於無形；神乎神乎，至於無聲：故能爲敵之司命〔一二〕。進而不可御者，衝其虚也；退而不可追者，速而不可及也。

〔《通典》注云：言變化之形，倏忽若神，故能料敵死生，若天之司命。〕

故知戰之地，知戰之日，則可千里而會戰。

注：以度量知空虚、會戰之日。

〔《通典》注云：以度量知空虚，先知戰地之形，又審必戰之日，則可千里期會，先往以待之。〕

軍争篇

三十里而争利，則三分之二至。

〔此下，《通典》尚有「以是知軍争之難」七字。〕

是故軍無輜重則亡，無糧食則亡，無委積則亡。

注：無此三者，亡之道也。

〔此下，《通典》尚有「委積，芻草之屬」六字。〕

不用鄉導者，不能得地利。

〔《通典·兵十》注云：不任彼鄉人而導軍者，則不能得道路之便利也。〕

難知如陰，動如雷震〔一三〕，掠鄉分衆。

〔《通典·兵十五》「動如雷霆」注云「疾速不及應也」云云。〕

注：因敵而制勝也。

〔此下，《通典》尚有注云：旌旗之所指嚮，則分離其衆。〕

《軍政》曰：「言不相聞，故爲金鼓〔一四〕。」

〔《通典·兵二》注云「鐸，金鉦也」云云。〕

九變篇

衢地交合。

〔一作「合交」。句又見《九地篇》。〕

城有所不攻。

注：城小而固，糧饒，不可攻也。操所以置華費而得〔深入〕徐州得十四縣也。

〔《通典·兵十二》作「得入」，無下「得」字。〕

必生可虜也。

注：見利畏法不進也。

〔《通典》注云：將弱怯，則有必生之意，可急擊而取之。〕

忿速可侮也。

注：疾急之人，可忿怒侮而致之也〔一五〕。

〔此下，《通典》有注云：忿速易怒者，狷戇疾急，不計其難，可動作欺侮。〕

行軍篇

戰降無登。

注：無迎高也。

〔此下，《通典》有云：降，下也，謂山下也。戰於山下，敵引之上山，無登逐也。〕

上雨水沫至，欲涉者，待其定也。

注：恐半涉而水遽漲也。

〔此下，《通典》有云「上雨水當清，而反濁沫至，此敵人上遏水之占也〔一六〕，欲以中絶軍」云云。〕

此伏姦之所處也。

注：險者一高一下之地，阻者多水也，潢者池也。

〔《通典·兵三》注云：蔣者，水草之蘩生也。在「潢」字上。〔一七〕〕

其所居易者，利也。

注：所居利也。

〔此下，《通典》云：言敵去我近〔一八〕，但遣輕捷，欲我使前就之〔一九〕，其所處者平利也。〕

辭彊而進驅者退也〔二〇〕。

〔蘓洵《審敵文》引《兵（曰）法》曰：「敵卑者進也，辭强者退也。」〕

粟馬肉食，軍無縣缻，不及其舍者〔二一〕，窮寇也。

〔《通典》注云：穀馬食肉，不復積蓄，無縣簞之食〔二二〕，欲死戰，窮寇也。簞即缶之類也〔二三〕。

諄諄翕翕，徐與人言者，失衆也。
注：諄諄，語貌。翕翕，失志貌。
〔此下，《通典》有云：徐言入入者[二四]，與之言，安徐之貌也。〕
先暴而後畏其衆者，不精之至也。
注：先輕敵，後聞其衆，則心惡之也。
〔《通典》注云：先行卒，暴於士卒，而後欲畏己者，此將不精之極也。〕

地形篇

凡此六者，敗之道也。
注：恩不可專用，罰不可獨任，若驕子之喜怒，對目還害，而不可用也。
〔《通典》注但云「言恩不可純任還爲己害也」十一字。〕

九地篇

死地則戰。
注：殊死戰也。

〔本作「死牠戰也」，孫據《通典》改。〕

交地吾將謹其守，衢地吾將固其結，重地吾將繼其食。

〔《通典·兵十二》云：「交地吾將固其結」注云：「交結諸侯。」「衢地吾將謹其市」注云：「衢地，四通交易之地。市，變事之端也。方與諸侯結和，當謹約，使無殆，使諸侯爭之。」〕

威加於敵，則其交不得合。

〔威加於敵，《太平御覽》引，「敵」下有「家」字。蘇洵《嘉祐集·權書·孫武篇》引，「敵」下亦有「家」字，與《御覽》同。〕

火攻篇

四曰火庫，五曰火隊。

〔《通典·兵十三》注云：隧，墮也，以火墮入營中也。一曰火道，燒絶其糧道也。〕

凡此四宿者，風起之日也。

〔《通典·兵十三》注云：戊，翼參四宿。此宿之日則風也。〕

用間篇

故死間爲誑事，可使告敵。

〔《通典·兵四》「告敵」下有「因是可得而攻也」七字。〕

【説明】

此爲清抄本，國家圖書館以縮微膠卷見示。首葉有後人題籤云：「清抄本，清王懿榮跋，又倩人録王念孫校，吴大澂跋。」又云：「《通典》所據自是當時善本，王氏以《通典》校之，遂爲此書第一古本。」王念孫原文、注文分校，抄本上王念孫校注語均施加方括號，原文、注文、校注語均無句讀。今據筆者手抄謄正。

清抄本末尾有兩條題識：

高郵王氏所校此書，原本今藏余齋。廉生弟囑禹城明上舍鑑濤爲過録此本。光緒二年二月十二日守訓記。

此從高郵王氏斠本過録。當日係以《通典》對斠，元書爲陽湖孫氏刻本，在其所刻《十家注》本前，專録魏武注者。光緒四年二月特攜以入蜀。

整理者按：據題識，此稿殆撰於嘉慶十年左右。

【校注】

〔一〕抄本首標《孫子注》二卷，末又標高郵王氏校《通典》本《孫子》三卷。《孫子》曹操注本爲三卷。

〔二〕此「注」字字抄本無，今依例加。方括號内文字，亦多爲曹注。

〔三〕「而」字，二十二子本無，《通典》亦無。

〔四〕二十二子本「師」字後有「者」字，此脱，當補。

〔五〕「市」，二十二子本作「師」，蓋因同音而誤，當改。

〔六〕《通典》注，即杜佑編《通典》時引《孫子》而作注。

〔七〕「曰」，二十二子本作「四」，當從。

〔八〕「以」，二十二子本作「而」。而、以通用，爲變文避複，作「而」爲優。

〔九〕「衡」，二十二子本作「衝」，當從之。

〔一〇〕「特」，二十二子本作「時」，當從之。

〔一一〕此句中「之」、「心」二字誤倒，當乙正。二十二子本即作「將不勝心之忿」，《通典・兵十三》同。

〔一二〕「敵之司命」，《通典・兵十三》作「變化司命」。

〔一三〕「雷震」，《通典》、《太平御覽》作「雷霆」。

〔一四〕「金鼓」，《通典》作「鼓鐸」。據《周禮・大司馬》，當作「鼓鐸」。

〔一五〕此句中「侮」「而」二字誤倒，當乙正。

〔一六〕「上」，二十二子本作「權」，是。

〔一七〕此句應是《通典》引曹注。

〔一八〕「近」，二十二子本作「遠」。

〔一九〕「我使」二字誤倒，當乙正。

〔二〇〕此句曹注、《通典》注引，均有「詭，詐也」之文，故「辭」下當有「詭」字，二十二子本是。

〔二一〕「不及」，當從二十二子本作「不反」。

〔二二〕〔二十三〕「簞」，二十二子本作「䍃」。

〔二四〕入入，孫星衍按：入入猶如如，安徐之義。

經韻

經韻

之

絲治訧《綠衣》三章。　霾來來思《終風》二章。　思來《雄雉》三章。　淇思姬謀《泉水》一章。　異貽《静女》三章。　尤思之《載馳》四章。　蚩絲絲謀淇丘期媒期《氓》一章。　思哉六章。　淇思之《竹竿》一章。　期哉塒來思《君子于役》一章。　佩思來《子衿》一章。　鋂偲《盧令》三章。　哉其之之思哉其之之思《園有桃》一、二章。　期之《小戎》二章。　梅裘哉《終南》一章。　思之佩《渭陽》

二章。　梅絲絲騏《鳲鳩》二章。　貍裘《七月》四章。　騏思謀《皇皇者華》二章。　來又《南有嘉魚》四章。　臺來基期《南山有臺》一章。　來期思《白駒》三章。　來來《無羊》一章。　來來《無羊》二章。　時謀來矣《十月之交》五章。　膴謀《小旻》五章。　箕謀《巷伯》五章。　丘詩之七章。　裘試《大東》四章。　梅尤《四月》四章。　期時來《頍弁》二章。　能又時《賓之初筵》二章。　呶欺郵四章　（牛）〔求〕哉《黍離》二章。　膴飴謀龜時茲《緜》三章。　絲基《抑》九章。　之之十章。　之之《韓奕》四章。　時茲《召旻》五章。　牛右《我將》。　之之思哉茲《敬之》。　紑俅基牛鼒《絲衣》。　駓騏伾期才《駉》二章。

止

采友《關雎》四章。　否母《葛覃》三章。　芑采芑有《芣苢》一章。　芑芑二章，三章同。　趾子《麟之趾》一章。　趾事《采蘩》一章。　子止止《草蟲》一章，二章、三章同。　汜以以悔《江有汜》一章。　矣李子《何彼襛矣》二章。　裏矣已《緑衣》一章。　子否否友《匏有苦葉》四章。　趾以《谷風》三章。　久以《旄丘》二章。　子耳四章　齒止止俟《相鼠》二章。　右母《竹竿》二章。　背痗《伯兮》四章。　李玖《木瓜》三章。　俟母母有《葛藟》二章。　李子子玖《丘中有麻》三章。　子里杞母《將仲子》一章。　洧士《褰裳》二章。　晦己子喜《風雨》三章。　畮母《南山》三章。　子已止《陟岵》一章。　屺母二章。　子子《綢繆》一章，二、三章同。　好食好食《有杕之杜》一、二章。　采已俟右沚《蒹葭》三章。
有止《終風》一章，二章同。　鯉子《衡門》三章。　已矣《墓門》一章。　耜趾子畝喜《七月》一章。　止杞母《四牡》四章。　子子《出車》五章。　杞母《杕杜》三章。　鯉有《魚麗》三章。　有時六章。　子子《南山有臺》一章，二、四、五章同。　杞李子母子已三章。　載喜右《彤弓》二章。　沚子喜《菁菁者莪》二章。　里子《六月》二章。　喜祉九有鯉矣友六章。　芑畝試《采芑》一章。　止試三章。　有俟友右子《正月》三章。　誨止友母《沔水》一章。　士丘《祈父》二章。　仕子已殆仕《節南山》四章。

載載《正月》九章。　士宰史氏《十月之交》四章。　里痗八章。　仕殆使子使友《雨無正》六章。

止否《小旻》五章。　采子負子似《小宛》三章。　梓止母裏《小弁》三章。　祉已《巧言》二章。　子子《巷伯》七章。　恥久母恃《蓼莪》三章。　子子子子《大東》四章。　紀仕有《四月》六章。　杞子事母《北山》一章。　止起《楚茨》五章。　理畝《信南山》一章。　畝耔薿止士《甫田》一章。　止子畝喜右否畝有敏《甫田》三章。　戒事耜畝《大田》一章。　止子畝喜四章　矣止矣止矣止《瞻彼洛矣》一、二、三章。　右右有有似《裳裳者華》一章。　子子《頍弁》一、二章同。　友喜《車舝》一章。　否史恥怠《賓之初筵》五章。　子子《采菽》三章。　子子右四章。　子子子五章。　士改《都人士》一章。

食誨載食誨載食誨載《綿蠻》一、二、三章。　時右《文王》一章。　已子子士二章。　止子子四章。

涘止子《大明》四章。　止右理畝事《緜》四章。　母婦《思齊》一章。　造士五章。　悔祉子《皇矣》四章。　苢仕謀子《文王有聲》八章。　祀子敏止《生民》一章。　祀子二章。　字翼三章。　秠苢秠畝苢負祀六章。　時祀悔八章。　時子《既醉》五章。　士士子八章。　紀友士子《假樂》四章。　理有《公劉》六章。　茲饎子母《泂酌》一章。　茲子二章，三章同。　止士使子《卷阿》七章。　式止悔《蕩》三章。　時舊七章。　友子《抑》六章。　李子子否事耳子十章。　子止謀悔十二章。　里喜能忌《桑柔》十章。　紀宰氏右止里《雲漢》七章。　子止八章。　事式《崧高》二章。　子止里《韓奕》四章。　理海《江漢》三章。　子似祉四章。　子已六章　悔寺《瞻仰》三章。　倍事四章。　富忌五章。　茂止《召旻》四章。　里里舊七章。　鮪鯉祀福《潛》。　祀子《雝》。　祉母《雝》。　子疚《閔予小子》。　士子止《敬之》。　以饁婦子耜畝《載芟》。　耜畝《良耜》。　始有子《有駜》三章。　子祀耳《閟宮》三章。　喜母士有祉齒八章。　有殆子子《玄鳥》。　里止海《玄鳥》。　子士《長發》七章。

職

得服側《關雎》三章。　革緎食《羔羊》二章。　側息《殷其靁》二章。　側特慝《柏舟》三章。　麥北弋《桑中》二章。　麥極《載馳》四章。　極德《氓》四章。　側服《有狐》三章。　麥國國食《丘中有麻》二章。　飾力直《羔裘》二章。　食息《狡童》三章。　克得得極《南山》四章。　襋服《葛屨》一章。

棘食國極《園有桃》二章。　輻側直穡億（時）〔特〕食《伐檀》二章。　麥德國國國直《碩鼠》二章。　翼棘稷食極《鴇〔羽〕》二章。　棘域息《葛生》二章。　棘息息特《黄鳥》二章。　翼服《候人》二章。　棘式式國《鳲鳩》三章。　穋麥《七月》七章。　克得《伐柯》一章。　福食德《天保》五章。　疚來《采薇》三章。　翼服戒棘五章　牧來載棘《出車》一章。　載來疚《杕杜》四章。　棘德《湛露》三章。　飭服熾（息）〔急〕國《六月》一章。　則服二章。　翼奭服革《采芑》七章。　葍特富異《我行（楚）〔其〕野》三章。　翼棘革《斯干》四章。　特克則得力《正月》七章。　輻載意十章。　食食《十月之交》二章。　德國《雨無正》一章。　克富又《小宛》二章。　蜮得極側《何人斯》八章。　食北《巷伯》六章。　德極《蓼莪》四章。　來疚《大（車）〔東〕》二章。　載息三章。　來服四章。　息國《北山》四章。　息直福《小明》五章。　棘稷翼億食祀侑福《楚茨》一章。　祀食福式稷勑極億四章。　備戒告五章。　翼戓穡食《信南山》三章。　螣賊《大田》二章。　祀黑稷祀福四章　翼福《鴛鴦》二章。　棘極國《青蠅》二章。　福德《賓之初筵》四章。　識五章。　息暱極《（宛）〔菀〕柳》一章。　翼德《（革）〔白華〕》七章。　側極《緜蠻》三章。　翼國《文王》三章。　億服四章。　德福六章。　翼福國《大明》三章。　直載翼《緜》五章。　載備祀福《旱麓》四章。　國國《皇矣》一章。　德色革則七章。　亟來囿伏《（堂）〔靈〕臺》二章。　式則《下（我）〔武〕》三章。　德服四章。　北服《文王有聲》六章。　匐嶷食菽《生民》四章。　背翼福《行葦》八章。　德服《既醉》一章。　子德《假樂》一章。　福億二章。

翼德翼則《卷阿》五章。息國極慝《民勞》二章。克服德力《蕩》二章。國德德則四章。告則《抑》二章。德止賊則八章。國忒德棘十二章。穡食穡食《桑柔》六章。賊國力七章。極背克力十五章。德直國《崧高》八章。則德《烝民》一章。德則色翼式力二章。疚棘極《江漢》三章。德國六章。戒國《常(我)〔武〕》一章。翼(則)〔測〕克國塞來六章。忒背極慝識織《瞻卬》四章。〔富〕疚《召旻》五章。稷極《思文》。德則《泮水》四章。德服馘五章。稷福穋麥國穡《閟宮》一章。忒稷三章。熾富背試五章。國福《殷(我)〔武〕》四章。翼極五章。

蕭

芼樂《關雎》五章。喓趯《草蟲》一章。藻潦《采蘋》一章。(恂)〔悄〕小少摽《柏舟》四章。暴笑敖悼《終風》一章。夭勞《凱風》一章。籥翟爵《簡(號)〔兮〕》三章。旄郊《干旄》一章。綽較謔虐《淇奧》三章。敖郊驕鑣朝勞《碩人》三章。勞朝暴笑悼《氓》五章。刀朝《河廣》三章。桃瑶《木瓜》二章。苗摇《黍離》一章。樂樂《君子陽陽》一、二章。消麃喬遥《清人》二章。漂要《蘀兮》二章。樂謔樂樂謔藥《溱洧》一、二章。倒召《東方未明》一章。驕忉《甫田》一章。滔儦敖《載驅》四章。桃殽謡驕《園有桃》一章。(萷)〔苗〕勞郊郊郊號《碩鼠》三章。鑿襮沃樂《揚之水》一章。鑣驕《駟驖》三章。櫟駮樂《晨風》二章。巢苕忉《防有鵲巢》一章。晈僚糾悄

《月出》一章。　照燎紹懆二章。　遥朝忉《羔裘》二章。　膏曜悼三章。　飄嘌弔《匪風》一章。　苗
膏勞《下泉》四章。　鴞鴞《鴟鴞》一章。　譙翛翹摇嘵四章。　蒿昭恌傚敖《鹿鳴》二章。　郊旐旄
旐悄《出車》二章。　嘌趯五章。　罩樂《南有嘉魚》一章。　苗嚻旄敖《車攻》三章。　嗷勞驕《鴻雁》
三章。　苗朝遥《白駒》一章。　沼樂炤懆虐《正月》十一章。　勞嚻《十月之交》七章。　盜暴《巧言》三
章。　驕勞驕勞《巷伯》五章。　蒿勞《蓼莪》一章。　號勞《北山》五章。　刀毛膋《信南山》五章。
驕教《車舝》二章。　的爵《賓之初筵》一章。　藻鎬《魚藻》二、三章。　教傚《角弓》二章。　瀌消驕七
章。　苗膏勞《黍離》一章。　沃樂《隰桑》二章。　高勞朝《漸漸之石》一章。　燎勞《旱麓》五章。　濯
囂沼躍《(雲)〔靈〕臺》三章。　舟瑶刀《公劉》三章。　僚嚻笑蕘《板》三章。　虐謔蹻耄謔熇藥四章。
(照)〔昭〕樂懆藐教虐耄《抑》十一章。　削爵濯溺《桑柔》五章。　藐蹻濯《崧高》四章。　〔到〕
樂《韓奕》五章。　苗麃《載芟》。　樂樂樂《有駜》一、二、三章。　藻蹻蹻昭笑教《泮水》二章。
谷木谷《葛覃》一、二章。　角族《麟之趾》三章。　角屋獄獄足《行露》二章。　樕鹿束玉《野有死
麕》三章。　束讀讀辱《(嫱)〔牆〕有茨》三章。　曲藚玉玉族《汾沮洳》三章。　驅續轂馵玉屋曲《小戎》
一章。　屋穀《七月》七章。　蠋宿《東山》一章。　谷木《伐木》一章。　穀禄足《天保》〔二〕三章。　穀
玉《鶴鳴》二章。　谷束玉《白駒》四章。　穀粟穀族《黄鳥》一章。　禄僕禄屋《正月》三章。　屋穀禄
椓獨十三章。　粟獄卜穀《小宛》五章。　木谷六章。　濁穀《四月》五章。　奏禄《楚茨》六章。　霂

渥足穀《信南山》二章。　木附屬《角弓》六章。　緑匊局沭《采緑》一章。　朿獨《白華》一章。　琢玉《棫樸》五章。　禄僕《既醉》七章。　鹿穀谷《桑柔》九章。　谷穀垢十二章。　角續《良耜》。　砠瘏痡吁《卷耳》四章。　華家《桃夭》一章。　罝夫《兔罝》一、二、三章。　居御《鵲巢》一章。　露夜露《行露》一章。　牙家三章。　華車《何彼穠〔矣〕》一章。　葭豝乎虞乎虞《騶虞》三章。　居諸《四月》一、二、三、四章同。　故露《式微》一章。　虚邪且虚邪且狐烏車虚邪且《北風》一、二、三章。　旟都《干旄》二章。　瓜琚《木瓜》一章。　蒲許《揚之水》三章。　路袪惡故《遵大路》一章。　車華琚都《有女同車》一章。　蘇華都且《山有扶蘇》一章。　闍荼荼且藘娛《出〔其〕東門》二章。　著素華《著》一章。　圃瞿夜莫《東方未明》三章。　洳莫度度路《汾沮洳》一章。　莫除居瞿《蟋蟀》一章。　袪居故《羔裘》一章。　夜居《葛生》四章。　乎渠餘乎輿《權輿》一章。　乎乎輿二章。　華家《隰有萇楚》二章。　瓜壺苴樗夫《七月》六章。　据荼租瘏家《鴟鴞》三章。　胡膚《狼跋》一章。　胡膚瑕二章。　華夫《皇皇者華》一章。　家帑圖乎《常棣》八章。　固除庶《天保》一章。　作莫家故居故《采薇》一章。　華車四章。　華塗居書《出車》四章。　牙居《祈父》一章。　野樗故居家《我行其野》一章。　野故二章。　除去芋《斯干》三章。　魚旟魚旟《無羊》四章。　徒夫《十月之交》四章。　慮圖辜鋪《雨無正》一章。　都家七章。　且辜幠《巧言》一章。　幠辜同上。　舍車盱《何人斯》五章。　廬瓜菹《信南山》四章。　譽射《車舝》二章。　蒲居《魚藻》三章。　餘旟盱《都人士》五章。　狐車《何草不黄》

四章。　徒家《緜》五章。　瑕入《思齊》四章。　椐柘路固《皇矣》二章。　去呱訏路《生民》三章。　呼夜《蕩》五章。　度虞《抑》五章。　去故莫虞怒《雲漢》六章。　祖屠壺魚蒲車且胥《韓奕》三章。　居譽五章。　車旟舒鋪《江漢》一章。　惡斁夜譽《振鷺》。　沮魚《潛》。　騢魚祛邪徂《駉》四章。

鳩洲逑《關雎》一章。　流求二章。　悠悠三章。　逵仇《兔罝》二章。　休求濟《漢廣》一章。　舟流憂遊《柏舟》一章。　舟游求救《谷風》四章。　漕悠遊憂《泉水》四章。　舟髦《柏舟》一章，二章同。　悠漕憂《載馳》一章。　滺舟遊憂《竹竿》四章。　憂求《黍離》一章，二章同。　脩歗歗淑《中谷有蓷》二章。　蕭秋《采葛》二章。　瀟膠瘳《風雨》二章。　休慆憂休《蟋蟀》三章。　聊條聊條《椒聊》一、二章。　周遊《有杕之杜》二章。　收輈《小戎》一章。　袍矛仇《無衣》一章。　荍椒《東門之枌》三章。　蕭周《下泉》二章。　葽蜩《七月》四章。《夏小正》「秀葽」作「秀幽」。　茅綯七章。　銶遒休《破斧》三章。　裒求《常棣》二章。　柔憂《采薇》二章。　舟浮休《菁菁者莪》四章。　蕭悠《車攻》七章。　矛讎《節南山》八章。　憂休《十月之交》八章。　流休《雨無正》五章。　觩柔敖求《桑扈》四章。　優游《采菽》五章。　浮流髦憂《角弓》八章。　幽膠《隰桑》三章。　茅猶《白華》二章。　臭孚《文王》七章。　求孚《下武》二章。　揄蹂容浮《生民》七章。　曹牢匏《公劉》四章。　游休酋《卷阿》二章。　休逑怓憂休《民勞》二章。　柔劉憂《桑柔》一章。　浮滔遊求《江漢》一章。　遊騷《常武》三章。　苞流五章。

收瘳《瞻仰》一章。　有收二章。　優憂六章。　觩柔敖休《絲衣》。　陶囚《泮水》五章。　觩搜七章。　球球旒休絿柔優遒《長發》四章。

肅赳《兔罝》一章，二、三章同。　昴裯猶《小星》三章。　包誘《野有死麕》一章。　冒好報《日月》二章。　手老《擊鼓》四章。　軌牡《匏有苦葉》二章。　慉讎售《谷風》五章。　埽道道醜《（嬙）〔牆〕有茨》一章。　報好報好報好《木瓜》一、二、三章。　陶翿敖《（叔于田）〔君子陽陽〕》二章。　罦造憂覺《兔爰》二章。　好造《緇衣》二章。　狩酒酒好《叔于田》二章。　鴇首手阜《〔大〕叔于田》三章。　軸陶抽好《清人》三章。　手魗好《遵大路》二章。　酒老好《女曰雞鳴》二章。　好報三章。　茂道牡好《還》二章。　栲杻埽考保《山有樞》二章。　皓繡鵠憂《揚之水》二章。　褎究好《羔裘》二章。　阜手狩《駟驖》〔一〕章。　阜手《小戎》二章。　簋飽《權輿》二章。　缶道翿《宛丘》三章。　皓懰受慅《月出》二章。　棗稻酒壽《七月》六(月)〔章〕。　蚤韭八章。　務戎《常棣》四章。　埽簋牡舅咎《伐木》二章。　壽茂《天保》二章。　罶酒《魚麗》一、二、三章同。　栲杻壽茂《南山有臺》四章。　草考《湛露》二章。　櫜好醻《彤弓》三章。　讎老猶醜《采芑》四章。　好阜草狩《車攻》二章。　戊禱好阜阜醜《吉日》一章。　鳥鳥《黃鳥》一、二、三章同。　苞茂好猶《斯干》一章。　酒殽《正月》十二章。　丣醜《十月之交》一章。　猶集咎道《小旻》三章。　道草擣老首《小弁》二章。　醻究七章。　廟猷《巧言》四章。　好草《巷伯》五章。　受昊六章。　酒咎《北山》六章。　鼛洲妯猶《鼓鍾》三章。　飽首考《楚茨》六章。

酒牡考《信（坡）南山》五章。早好莠《大田》二章。首阜舅《頍弁》三章。首酒《魚藻》一章。草柳蹈《菀柳》一、二章同。首酒《瓠葉》二、三章同。首炮酒醻四章。首罶飽《苕之華》三章。道草茂苞道《何草不黄》四章。槱趣《棫樸》一章。肅廟保《思齊》三章。欲孝《文王有聲》三章。褎秀好《生民》五章。祝究《蕩（蕩）》三章。酒紹《抑》三章。饎報六章。寶好《桑柔》六章。寶舅保《（嵩）〔崧〕高》五章。考保《丞民》三章。道考《韓奕》一章。首休考壽《江漢》六章。牡考《雝》。壽考同上。考壽保《載見》。造考考《閔予小子》。鳥蓼《小毖》。糾趙蓼朽茂《良耜》。牡酒《有駜》二章。茆酒酒老道醜《泮水》三章。

群經之

災牛《易・无妄・六三》。龜《頤・初九》。來思《咸・九四》。期時《歸妹・九四》。丘思《涣・六四》。治事治《蠱・象傳》。時時《損・象傳》。志富載疑《小畜・象傳》。志備祐《大有・象傳》。疑尤喜志《賁・象傳》。災尤載用《剥・象傳》。志富災之試災《无妄・象傳》。災尤志喜《大畜・象傳》。災志憊事否志疑《遯・象傳》。待尤之《蹇・象傳》。志志疑喜祐志《損・象傳》。事來之志之志辭來《益・象傳》。志喜疑事志富《升・象傳》。之志《萃・象傳》。

之尤《鼎・象傳》。　災志事用《(豊)〔豐〕・象傳》。　災尤《旅》。　疑治《巽》。　疑志《兑》。　憊疑時來久《既濟》。　來能謀能《繫辭下傳》「象事知器」六句。　事試治災治《乾・文言》。　時災來怠《雜卦傳》。

時來之《儀禮・士冠禮》醮辭。　時財來《大戴禮・武王踐阼》篇戒書牖銘。　時萊《五帝德》篇「義和掌歷」四句。　任治《五帝德》篇。　時財來能《公冠》篇成王冠辭。

思辭哉《禮記・曲禮上》。　時時疑《月令》「乃勸種麥」四句。　裘箕《學記》「良治之子」四句。　事志治《樂記》「紀十而山立」六句。　來能《中庸》「送往迎來」二句。　國時來「繼絶世」五句。　再極謀《儒行》「過言不再」四句。　事之志「程功積事」四句。

姬旗丘《左傳・僖十五年》晉獻公嫁伯姬于秦筮辭。　每謀《二十八年》晉輿人誦。　思思來《宣二年》。　裘駘《襄四年》國人誦。　謀志哉《昭十二年》南蒯鄉人言。　埋謀師師《哀五年》齊萊人歌。　疑基《晉語四》叔詹引諺。　時滋志《越語下》范蠡對王「不亂民功」六句。　怠來灾之范蠡諫王「得時無怠」六句。

疑尤《論語・爲政》「多聞闕疑」二句。　志思《子張》「博學而篤志」二句。　基時《孟子・公孫丑上》引齊人言。

《楚辭》

能佩《楚辭·離騷》。　時態　兹詞　佩詒　之之　異佩　疑之　媒疑　兹沬　待期

來思《湘君》。　辭旗《少司命》。　貍旗思來《山鬼》。　謀之《天問》。　牛來　尤之期之同上。

肬之《九章·惜誦》。　志咍　尤之同上。　持之《哀郢》。　時丘之同上，《亂》。　期志《抽思》。

思媒同上，《亂》。　貽詒《思美人》。　詒志同上。　之時期　能疑　詩疑娭（治）〔治〕之否欺

思之尤之《惜往日》。　廚牛之　之疑辭之　右期《悲回風》。　怪來《遠遊》。　疑浮同上，《重》。

思事意異《九辨》。　之之　之之之之同上。　都鬕駓牛災《招魂》。

止

事事《易·小過·彖辭》。　字字《屯·六二》。　否否喜《否·上九》。　悔悔《豫·六三》。　趾

耳《噬嗑·初九》、《上九》。　福母《晉·六二》。　友喜《損·六三》、《六四》。　悔悔《困·上六》。　趾否

子《鼎·初六》。　道已始《恒·彖傳》。　子婦《家人·彖傳》。　始咎《繫辭下傳》「懼以終始」二句。　起

止始《雜卦傳》。　久止同上。

喜起熙《書·皋陶謨》帝舜歌。　事嗣《洪範》「初一曰五行」四句。

備字《儀禮·士冠禮》字辭。　事嗣《士昏禮記》父命子辭。

始鳌里《大戴禮·禮察》篇引《易》。　(史)〔吏〕事《保傅篇》引鄙語。　理鳌里始引《易》。　等母「兩者不等」二句。　負跓否《曾子制言》上篇「行則爲人負」三句。　有使中篇「土地之厚」四句。　使事《衛將軍文子》篇引晏平仲言。　謀事《五(德)〔帝〕德》篇「洪淵以有謀」二句。　祀海「潔盛以祭祀」二句。　誨事穆俟時士「取地之財」八句。按：《史記·五帝紀》：「其色郁郁，其德嶷嶷。」索隱：「按《大戴禮》郁作穆，嶷作俟」。今本《大戴禮》亦作「其色郁郁，其德嶷嶷」，蓋後人以《史記》之文改之，從《索隱》所引爲是。　友海時「好學孝友」五句。　里海《勸學》篇「假車馬者」四句。　志士「是故君子靖居恭學」四句。　里海「是故不積跬步」三句。　志事「是故無憤憤之志者，無昭昭之明；無緜緜之事者，無赫赫之功。」志、事爲韻，明、功爲韻。　戴事嬉《誥志》篇「天日作明」六句。　能事「民之動能」二句。　餌久子《用兵》篇引《詩》。　齒醢《禮記·曲禮上》「毋刺齒」二句。　起始道理紀《月令》「兵戎不起」五句。　備事事「耕者少舍」五句。　事氣待事「毋舉大事」四句。　市賄事「易關市」四句。　紀始使「日窮于次」七句。　子已禮紀子婦里已起《禮運》「各親其親」以下十六句。　祀事「五祀，所以本事也。」　史侑右「王前巫而後史」三句。　事志《禮器》「是故先王之制禮也以節事」二句。　右起《郊特牲》「左之右之」二句。　事志《學記》引記「官先(志)〔事〕」二句。　右子《樂記》「五成而分周公左召公右」二句。王肅讀「六成復綴以崇天子」爲句，今徙之。　始鳌里《經解》引《易》。　起海子《孔子(聞)〔閒〕居》「無聲之樂氣志既起」六句。　祀右《中庸》「使天下之人」五句。　志事「善繼人之志」二句。　試事「日省月試」二句。　載幬「辟如天地之無不持載」二句。　疚志

「故君子內省不疚」二句。

友右《左傳・閔二年》成季將生卜辭。　子止《僖廿五年》衛《禮至銘》。　子使《襄四年》國人誦。　誨殖嗣《三十年》輿人誦。　祀事《昭元年》周劉定公語王。　食志祐秦醫和言，《晉語》同。　怠久《三年》晉叔向引《讒鼎銘》。　杞子鄙恥已已士《十二年》南蔽鄉人誦。

閱里《周語中》富辰引人言。　起〔始〕《越語下》范蠡對王「人事不起，弗爲之始」二句。　起始「人事不起，而創爲之始」二句。　已市「如此不已」二句。　紀止「贏縮以〔爲〕常」二句。

宰海《穀梁傳・僖九年》「天（之）〔子〕之宰」二句。　宰海同上。

殆悔《論語・爲政》「多見闕殆」二句。　徙改《述而》「聞義不能徙」二句。　已已殆《微子》楚狂接輿歌。

海子《孟子・梁惠王上》「故推恩足以保四海」二句。　事使《公孫丑上》「非其君不事」二句。　海母「苟能充之」四句。　事友「伯夷非其君不事」二句。　事使《萬章下》「非其君不事」二句。

〔《楚辭》〕

右茝《楚辭・離騷》。　畝芷　茝悔　悔醢　在理同上。　汜（晦）〔晦〕里《天問》。　子在在里　趾在止　止殆　止子　子婦　市姒佑弑同上。「弑」作「殺」者，非。　識喜同上。　祐喜同上。　恃殆志態《九章・惜誦》。　呂醢《涉江》。　鄙改《懷沙》。　怪態采有同上。　佩異態誒出《思美人》。　志喜《橘頌》。　異喜　友理　恃止《悲回風》。　紀止同上。　意事《卜居》。

止齒　醢里《招魂》。　里止　止里久　怪備代同上。　海理阯海士《大招》。

職

載子克《易・大有・九二》、《九三》。　纆棘得《坎・上六》。　翼食《明夷・初九》。　得疑簪《豫・九四》。　食來祀《困・九二》。　食食惻汲福食《井・初六》、《九三》、《初五》。　革塞食《鼎・九三》。　得克戒福《既濟・六二》、《九三》、《六四》、《九五》。　忒服《觀・象傳》。　革息得革《萃・象傳》。　福則《震・象傳》。　昊食息《豊）〔豐〕・象傳》。　克則直克得《同人・象傳》。　牧得服則服得國《謙・象傳》。　得德則《蠱・象傳》。　食則得意息國則《明夷・象傳》。　得直福《困・象傳》。　惻福《井・象傳》。　福則《震・象傳》。　得戒同上。　塞極《節・象傳》。　革德極則《乾・文言》。　食色伏飭《雜卦傳》。

極得《書・洪範》「次五曰建用皇極」二句。　福極「次九曰嚮用五福」二句。　直革穡「木曰曲直」三句。　極極福極極德極「五皇極」以下十一句。　色德福極「而康而色」二句。　側直極極「無反無側」二句。　德直克克直克克克克福食食食國忒「六三德」以下十八句。

極國則《考工記・㮚氏》量銘。　食福《梓人》祭侯辭。

服德福《儀禮・士冠禮》「始加」。　服德福「再加」冠辭。　服德「三加」。

司職《大戴禮・哀公問五義》篇「若天之司」二句。　覆誡《保傅》篇引。　直黑《曾子制言》上篇。　服德《武王踐阼》篇戒〔書劍銘〕。　急服《五帝德》篇「順天之義」五句。　穀食「使后稷播種」三句。　惑慝「其言不惑」二句。　來德《勸學》篇「榮辱之來」二句。　直得《子張問入官》篇「故在而直之」二句。　治貸治集繆福服德《虞戴德》篇。　福（穡）〔祥〕德「昭天之福」。（穡）〔祥〕、德爲韻，祥、昌、長爲韻。　色德《誥志》篇「民之妃色」二句。　食福祭詹辭。　禄彧服德德極《公冠》篇漢（照）〔昭〕帝冠辭。

（德息）

德息《禮記・檀弓上》「君子」。　飭直惑《月令》「田事既飭」三句。　力福「命四監」五句。　得貸職極服則《禮運》「故禮行于郊，而百神受職焉」四句。　克禮《禮器》引孔子曰。　志得克福《郊特牲》。　極則服《祭義》「因物之精」六句。　得翼國《孔子閒居》無聲之樂。　色德《中庸》「去讒遠色」二句。　惑疑《緇衣》「是故通者不惑」二句。　德伏《儒行》「儒有澡身而浴德」二句。

類異《左傳・成四年》季文子引史佚之志。　力德《襄卅一年》衛北宮文子引《周書》。　色飾極《昭十二年》子服惠伯言。

國德《魯語上》子叔聲伯引所聞。　德食《晉語一》郭偃引《商銘》，「嗛嗛之德」與「嗛嗛之食」韻。　置置德服《晉語二》秦公子縶引（可）〔所〕聞。　稷殖《晉語四》鄭叔詹引諺。　服國《鄭語》史伯引童謠。　德力食殛《越語下》范蠡對王言「(被)〔彼〕其上」四句。

色力《論語・學而》「賢賢易色」二句。　賚富《堯曰》「周有大賚」二句。

食食息慝《孟子・梁惠王下》引晏子言。　來直翼得德《滕文公上》引放勳言。

極德直力服急息德毒忒食告則慝職鞫《爾雅・釋訓》「子子孫孫」以下三十二句。　則塞極《釋天・月陽》。

服則《離騷》。　息服　節服　極服　極翼　極息側《湘君》。　極識《天問》。　得殛　億極　極得　惑服　牧國　戒代服直《惜誦》。　極得《哀郢》。　北域側得息《抽思・倡》。　默鞫《懷沙》。　戒得　佩好代意置載備異再識《惜往日》。　服國《橘頌》。　默得《悲回風》。　得則《遠遊》。　息德同上，《重》。　食翼《卜居》。　息軾得惑極直《九辨》。　食得德極　食得極賊《招魂》。　代意同上。　艴測凝極《大招》。

蕭

咷笑郊《易・同人》。　號笑《萃》。　巢笑《旅》。　虐傲《書・堯典》。　夭喬《禹貢》。

橈校《考工記》。　校剽「今夫茭」。　憍逃《大戴禮・武王踐阼》。　巢毛《禮記・禮運》「昔者」。

號毛殽「作〔其〕」。　廟朝學「故宗」。　巢遥勞驕《左傳・(僖)昭二十五》引童謠。　夭麌《魯語》

上。約樂《論語・里仁》。撓逃朝《孟子》。濯暴　瞭眊　遥姚《楚辭・離騷》。邈樂〔笑窕〕〔窕〕《山鬼》。到照《天問》。燿鶩《遠遊・重》。橋樂同上。固鑿教樂鳥《九辨》。

約効同上。昭遽逃遥《大招》。

幽

甃收孚《易・井》。驕憂《乾・文言》。求燥　柔憂求《雜卦傳》。柔憂同上。繇條《書》。游救《大戴〔禮〕》。矛矛羞矛銘。柔求《子張問入官》篇。游憂《千乘》篇「老疾用財」五句。脩遊《禮記・學記》。猶臭《左傳・僖四年》晉獻公以驪姬爲夫人卜辭。優游《襄二十一年》晉叔向引《詩》。湫攸《昭十二年》。游救《哀九年》晉趙鞅救鄭卜辭。脩講《論語》。遊休《孟子》。流憂　申求　遊求《楚辭・離騷》。晉茅　流啾　猶洲脩舟流《湘君》。蕭憂《山鬼》。龍遊《天問》。流求　告救　憂求　浮優《抽思》。救告同上，《亂》。悠憂《思美人》。流昭幽聊由《惜往日》。憂求游　求流《橘頌》。聊愁《悲回風》。遊浮《遠遊》。留由寥廖《九辨》「泬寥」、「宋廖」爲韻。秋楸悠愁同上。北湫悠膠宋《大招》。咎道復《易・復・象傳》。道咎《小畜・初九》。咎咎《大有・初九》。道咎《隨・九四》。簋缶牖咎《坎》。首醜《離》。狩首《明夷》。酒咎首《未濟》。道久《臨・象傳》。道咎造久首《乾・象傳》。咎道《同人・象傳》。考道咎《蠱・象傳》。道醜道《觀・象傳》。久醜咎《大過・象傳》。咎道久

《離・象傳》。　咎道《睽・象傳》。　咎道醜咎《解・象傳》。　咎道咎《夬》。　咎鮑醜道保《漸・象傳》。　咎道《節》。　咎道《既濟》。　保母《繫辭》。　懋懋《書・皋陶謨》「懋哉」二句。　守念咎受《洪範》「有猷有爲有守」五句。　好咎「于其無好德女雖錫之福其作汝用咎」，「好」下本無「德」字，且「好」讀字上聲，不讀去聲。考《史記・宋世家》「作于其母好」集解引鄭注云：「無好于女家之人，雖賜之以爵祿，其動作爲女用惡。」是其證。蓋「無好」二字，即承上「弗能使有好」而言，非有二義也。自僞孔傳云「于其無好德之人」，始加「德」字解之。然其時經文尚無「德」字，且「好」字尚讀作上聲。考《釋文》「于其無好」之下無音，至「無有作好」之下始云「好，呼報反」；又於上「予攸好德」之下但云「呼報反」，而不云「下同」。又考正義云：「無好」對「有好」，謂有善也。然則「無好」之「好」，孔、陸俱讀上聲，而所見本俱無「德」字明矣。自唐石經始作「于其無好德」，此不過因傳有「德」字而妄加之。而蔡傳遂讀「好」爲「攸好德」之「好」，不知「好」讀去聲，則無「好德」二字，文理不貫。且「咎」訓爲「(恶)〔惡〕」，「好」與「咎」義正相對，「無好」與「有好」亦相對。若讀爲「攸好德」之「好」，則與上下文都不相涉矣。又「好」與「咎」古音正協，「五、皇極」一篇皆用韻之文，不應此三句獨不韻也。今從《史記》及鄭氏《尚書注》釋文、正義訂正。　好道「無有作好」二句。

皓壽《大戴禮・衛將軍文子》篇「常以皓皓」二句。　道咎《勸學》篇。　鳥獸《禮記・曲禮上》「嬰母能言」四句。　道手「遭先生于道」三句。　飽手「共食不飽」二句。　守復考奧由《禮運》「鬼神以爲徒故事可守也」十句。　考守「士以信相考」二句。　道欲《樂記》「君子」。　道道欲「獨樂其志」四句。　饈保《左傳》。　州道廟草擾獸牡　皋覺蹈憂《哀二十一年》齊人謠。　就憂狃咎《晉語一》郭偃引《商銘》。

狃咎《晉語三》輿人誦。　報臭國人誦。　考守《越語下》范蠡〔對王「上帝不考」二句〕。　道牡道究「凡

諫之道」六句。　奥竈《論語》。　好巧《楚辭・離騷》。　道考《天問》。　首在守同上。　嫂首

仇讎保道《九章・惜誦》。　好就　道醜《橘頌》。「者」非。　秀霤畜囿《大招》。　復夙《易・解・彖辭》。　復輹目《小畜》。　肉毒《噬嗑》。　輹逐牿《大畜・九二》、《九三》、《六四》。　逐復《睽》。

陸復育《漸》。

復孰

目腹復《左傳・宣二年》。　蹴目《成十六年》晉及楚戰筮辭。　育腹《天問》。　竺燠同上。

復慼《九章・哀郢》。　須濡《易・賁・六二》、《九三》。　矦矦《考工記》。　句鈎珠《禮記・樂記》。　隅銖《儒行》「近文章」三句。　渝揄《左傳・僖四年》晉獻以驪姬爲夫人卜辭。　儒儒邾《襄》。

跦侯襦　竇踰《哀十七年》。　駒皃軀《卜居》。　寇媾《易・屯》。　寇寇《蒙》。　寇媾《賁》。

寇媾《睽》。　谷鮒漏　主蔀斗蔀斗主《(豊)〔豐〕・初九》、《六二》、《九四》。　聚聚《萃・彖傳》。

樹數《繫辭》。　誅遇《雜卦傳》。　呴口《大戴禮》。　束構《勸學》。　雊雉《禮記・月令》。　後主《哀公問》。　侮取《左傳》。　取侮　主藪　僂傴俯走　侮口　詬厚《離騷》。　屬具

屬數《天問》。　厚取　告瀆告《易》。　木谷覿　足餗渥　木桷　僕僕　(旅)〔族〕睦《書・堯典》。　璞瑴《大戴禮・王言》篇。　沐浴肉《禮記・曲禮上》。　哭族《檀弓下》。　浴沐肉

《雜記下》引孔子曰「身有瘍則浴」三句。　愨數《祭義》。　祿畜　辱溽數「可殺」。　卜卜《左傳》。

鵠辱《〔昭〕二十五年》。　鵠鵠哭〔同上〕。　濁足《孟子·〔離婁下〕》。　欲祿　木足《九章·思美人》。　屬轂《遠遊·重》。　濁足《漁父》。　虞舍　車徒　膚魚輿廬　穫畜　牙衢　華夫譽　孤夫膚孤塗車弧弧　譽故　膚且　魚膚且魚瓜　徐車　魚虛　度懼故　譽懼　居著　豬居敷《書·禹貢》。　家辜　惡路　哀荼《考工記》。　傅慮《大戴禮·保〔傅〕》。　虛無《曾子制言》。　魚徒　攫距　駒　虞懼　珠虛　呼舍固《禮記》。　顧慮顧固　芽孤布索　作度固　車御　倨雉　稼漁　瑕家《左傳》。　去餘狐《僖十五年》。　孤弧姑逋家虛　汙瑕垢　詐虞　家夫　懼恐　豬豭　虛瓜夫辜　吾烏枯《晉語二》優施歌。　詐賂《晉語三》輿人誦。　圖車《越語下》王問范蠡「吾百姓之不圖」二句。　無虛《論語》。　豫助豫度《孟子》。

如余且《爾雅·釋天·月名》。　辜涂同上。　度路《離騷》。　路度　狐家　迎故　車疏都居華居疏《九歌·大司命》。　錯洿故《天問》。　衢居如　故懼　情路《九章·惜誦》。又「莫察余之中情」集注云：「中情」當作「喜怒」，由《離騷》一句差互，故此亦因之耳。　璐顧圃《涉江》。　如居　如蕪《哀郢》。　姑徂《抽思·亂》。　故慕《懷（河）〔沙〕》。　暮故　錯懼　度路《思美人》。　度暮故紆娛居《悲回風》。　都如《遠遊》。　居戲霞除　予居都閭　路度　顧路　錯路御去舉《九辨》。

躍衙　絡呼居《招魂》。　夜錯假賦故居　姱都娛舒《大招》。　假路慮同上。　雨處　輔

序　處斧　下若　下斧　土下　下與女《咸·〈象〉〈彖〉傳》。　下與　所與　下普《乾·象傳》。

與下　下與下　下與輔下　處下　下與　下舍與　雨暑女《繫〈辭〉》。　處語　馬下

處宇雨　者野　虎覩下　下舍　女子下錯　故旅下　寡處　下土《書》。　旅鼠野敘

祖杜女　斁敘《洪範》「彝倫攸斁」與「彝倫攸敘」韻。　敘廡　雨夏雨「星有好風」六句。　所女《考工〈記〉》。

湑脯序祐《儀禮·士冠禮》。　楚俎三醮辭。　假甫字辭。　虎下《大戴禮·保傅》篇。

夏矩　甫下　賈野旅　禦寡　虎野志　馬下　豫馬　舞　下舞鼓　若下所野「舜之少也」八句。

主母　雉海下「爲神主」十句。　處涸　氏射舉子士處所射譽　所女　土雨所古

祜　土雨者　戶下《禮記·曲禮》。　武虎怒　鼓羽敔　賦下赦　作土戶　戶下俎鼓蝦祖

子下所祜　古假　舉睹　御序下　與序　賦伍社旅《郊特牲》。　羽夏雉　下後下後下《樂記》。

旅廣鼓武雅語古下　俯下　女子語古　下土　度序《經解》。　士土《哀公問》。　夏

露《孔子閒居》。　武士《中庸》。　土下《深衣》。　武旅　舉取《儒行》。　悔豫　櫓處所　寡舒

《大學》。　氏舉子士處所射譽《射儀》。　射譽《射義》。　土馬《左傳·閔元年》。　社輔　父所

筮辭。　赭伍與　土宇　羽野馬　黍廡《晉語四》。　女蠱《晉語八》。　處下《越語下》（四）〔「自若以處，以度天下。」〕

予予圖「有奪有予」三句。　所禦野與「往從其所」六句。　夜夏《論語》。　與

拒　處下《孟子》。　修圉《爾雅·釋天·月陽》。　與莽序暮《離騷》。　武怒舍故　予野

輔土　圃暮　夜御下予佇妒馬女　下女　固(恶)〔惡〕寤古　女女宇惡　舉輔　女下與予　渚下浦女與《九歌・湘君》。　渚予下《湘夫人》。　浦者與　下女予《大司命》。　蕪下予若《少司命》。　鼓簴竽姱舞《東君》。　魚渚下浦予《河伯》。　下雨予《山鬼》。　馬鼓怒懋《國殤》。　鼓舞與古《禮(記)〔魂〕》。　所處羽《天問》。　輔緒　怒固　下所《惜誦》。　雨宇《涉江》。

姱怒《抽思》。　莽土《懷沙》。　下舞　莽草《思美人》。　處慮曙去《悲回風》。　語曙《遠遊》。

下處《九辨》。　處躇　下苦　苦輔予《招魂》。　宇壺　舞下鼓楚呂同上。　虢啞　虢啞

索矍　作坼　柝客　薄射錯逆　錯石《書・禹貢》。　薄澤昔澤《考工〔記〕》。　昔澤白

白赤「凡相膠」八句。　容藉《大戴禮》。　蠹作《勸學》篇。　石帛　度索《子張問入官》篇。　射莫《投壺》篇「射夫命射」四句。　席諸《禮記・曲禮》。　席怍尺　獲箸　博澤《王制》。　炙酪帛朔

席帛炙魄莫　宅壑作澤　蠟澤　劫迫《儒行》。　惡碩〔《大學》〕。　度擇《左傳》。　索獲作客《越語下》。　作客　索妬《離騷》。　錯度　迫索　若柏作《山鬼》。　度作《天問》。

躲若　釋白《惜誦》。　薄薄《涉江・亂》。　蹠客薄釋《哀郢》。　作穫《抽思》。　漠壑《遠遊・重》。　廓繹客薄《九辨》。　薄索　託索石釋記《招魂》。　簿迫白　薄博　酪蕁薄擇《大招》。　作澤客昔同上。

〔蒸〕

朋朋《易》。 陵興 陵孕勝 升陵 凝冰 乘興陵《賁》。 恒承《歸妹》。 疑徵《書・洪範》。 弓興《考工記》。 興崩《大戴禮》。 乘弓朋《左傳》。 陵雄 淜陵興 登崩 懲興《晉語三》輿人誦。 恒懲《楚辭・離騷》：「民生各有所樂兮，余獨好脩以爲恒。雖體解吾猶未變兮，豈余心之可懲。」今本「恒」作「常」，乃漢人避諱所改。吴棫《韻補》因以「懲」字叶直良反，非是。 弓懲凌雄《國殤》。 興膺《天問》。 膺仍《九章・悲回風》。 乘烝《招魂・亂》。 坎窞險坎枕窞 心金浮禁《禮記・月令》。 黔心《左傳》。 愔音金心 鳳鳳《論語》。 心淫 風林《涉江》。心風《哀郢》。 潭心《抽思・亂》。 心淫《招魂》。 楓心南同上，《亂》。 合沿《大戴禮・三本》篇「天地以合」三句。 法合《禮記・儒行》「忠信之美」四句。 急立《楚辭・離騷》。 悒急《天問》。入集洽合《九辨》。 監監《書・酒誥》引古人言。 斬剡《雜記下》引縣子言。 敢憺《楚辭・九章・抽思》。 淹漸《招魂・亂》。 法接《易・蒙・象傳》。 甲接《楚辭・九歌・國殤》。 接涉《九章・哀郢》。 龍用《易・乾》。 墉攻 中應中蒙功 窮中功 從中應窮《比》。 通同《泰》。 通邦《否》。 中功《坎》。 動應《恒・象》。 同通 中窮功邦《蹇》。 衆中功《解》。窮終《夬》。 中窮《困》。 窮中功凶《井》。 功邦中窮《漸》。 窮同中功《渙》。 中窮通《節》。中邦《中孚》。 中窮《既〔濟〕》。 中中終應《未濟・象傳》。 中窮終 禽窮《屯》。 中終《需》。

凶龍邦功《師》。　功邦　中禽中終《比》。　凶正《豫》。　凶功中窮《隨》。　凶中功《坎》。　容公邦《離》。　深中容禽終凶功《恒》。　窮中《大壯》。　心窮正終《艮・象傳》「以中正也」，朱子云：「正字羨文。」良是。然《豫・象傳》亦以「正」字韻「凶」，姑闕之。　中窮功中窮凶《巽》。　中窮《節》。

從功《繫〈辭〉》。　凶功《〈繫辭〉下傳》。　明凶《乾・文言》。　終窮《雜卦傳》。　邦雍　惇庸衷章用《皋陶謨》「天叙有典」九句。　從同《〈大〉禹〈謨〉》。　從從從從從同逢《洪範》：「汝則從，龜從，筮從，卿士從，庶民從，是之謂大同。身其康彊，子孫其逢吉。」僞孔傳以「逢吉」二字連讀，李成裕云：「當讀至『逢』字句絕，與上文五『從』字、一『同』字音韻正協；『吉』字別爲一句，與下文五『吉』字、二『凶』字體例正合。據傳以此爲大吉，下文二從二逆爲中吉，二從三逆爲小吉。中吉、小吉且言吉，況大吉乎？」念孫按：此説是也。《釋文》引馬融云：「逢，大也。」猶言其後必大耳。《禮記・儒行》：「衣逢掖之衣。」注：「逢猶大也。」是其證。子孫對身言之，逢對康彊言之。逢之言（豊）〈豐〉也，（豊）〈豐〉亦大也。《禮記・玉藻》：「縫齊倍要。」注：「縫或爲逢，或爲（豊）〈豐〉。」是古逢、（豊）〈豐〉聲義皆同也。體例、訓詁、音韻三者皆合，理無可疑。　憧同《大戴〈禮〉》。　從凶　容恭　用送《五帝德》篇：「取地之財而節用之，教萬民而利誨之，歷日月而迎送之，明鬼神而敬事之。」用、送爲韻，誨、事爲韻。此篇多隔句韻。

從由《勸〈學〉》。　明功容明聰騰窮「是故無」。　容恭同王《曲禮》。　通同《王制》。　降騰同動《月令》。　降騰　功衆　騰降通冬　終用　從同邦　中融《左〈傳〉》。　茸公從　共從　棟重《魯語上》叔孫聲伯引（可）〈所〉聞。　功庸《越語》。　聾聾通《穀梁傳・文六年》「上泄則下閭」二句。　窮中窮終《論語・堯曰》。　庸降《離騷》。　縱巷　同調　降中窮𢥞《九歌・雲中君》。 堂宫中《河伯》。 功同《天問》。 從通 躬降 逢從 沈封 中窮行《涉江》。 江東《哀郢》。 同容《抽思·倡》。 豐容《懷沙》。 江洶《悲回風》。 忠窮《卜居》。 凶從 重通《九辨》。 通從誦容 中湛(豊)〔豐〕 從容 從用《招魂》。

〔陽〕

亨尚 徃享《損·彖辭》。 霜方章囊裳黄《坤·初六》、《六二》、《六三》、《六四》、《六五》、《(六)〔上〕六》。按：「直方」爲句，「大」爲句，觀《象傳》云《六二》之「動直以方也」可見。 荒亡行《泰》。 亡亡桑《否》。 光王《觀》。 壯罔《大壯》。 良望《歸妹》。 筐羊 望亡《中孚》。 防戕《小過》。 疆亨疆行常行慶疆《坤·彖傳》。 行亨往行《小畜》。 剛亨明《履·象傳》。 陽剛《否》。 明行亨《大有》。 亨明行《謙》。 亨明章行《噬嗑》。 亨剛亨亨往《賁》。 剛長象行《剥》。 亨行行長《復》。 養養《頤》。 往往亨《大過》。 亨行長《遯》。 壯壯《大壯·彖傳》。 上明行《晉·彖傳》。 上行明行《睽》。 上行往亨行《損》。 疆光慶行疆方行《益》。 剛光《夬》。 剛長章行《姤》。 亨慶行《井》。 當亡《萃》。 明行剛亨《鼎》。 行明《艮》。 當剛《歸》。 亨剛明《旅》。 行剛《巽》。 亨行《小過》。 亨當《既〔濟〕》。 方光《坤》。 剛常《屯》。 明光長 行常《需》。 長明《訟》。 常行當《師》。 傷上《比》。 明行當剛行當慶《履》。 當行當長《否》。

剛行《同人》。　當行剛亡長《豫》。　當長當《臨・象傳》。　行剛當光當明《噬〔嗑〕》。　慶行《大畜》。　光上慶《頤》。　罔往當詳長《大壯》。　行當慶光《晉》。　當剛行慶亡《睽》。　當明光明《夬》。　當光上《益》。　明慶剛祥《困》。　當行　剛當光行喪《震》。　常當行良行筐《歸〔妹〕》。　當明行慶翔藏《（豊）〔豐〕》。　傷喪《旅》。　當慶當光《兑》。　當上當長《中孚》。　當長上元《小過》。　當行《未〔濟〕》。　彰剛望　方常行　慶殃　陽剛章　剛行　明明《書》。

明良康　陽漳　喪亡　明行昌　黨蕩　行光王　章康　黄方《考工〔記〕》。　强防堂

疆慶《儀禮・士冠禮》三加祝辭。　芳祥忘　慶疆三醮辭。　相常《士昏禮記》父命子辭。　朝行

昌當明喪《大戴禮・禮三本》篇「日月以明」十句。　長攘《保〔傅〕》。　養緉傍　言揚行秉《曾子立事》篇。方《曾子天圓》篇。　强亡　强枉　傷長　杕杖　兄往　言明量方《五帝德》篇「生而神靈」九句。皇王「承受不命」四句。　行陽《四代》篇「三德率行」二句。　明昌慶《虞戴德》篇。　祥昌喪　昌臧《誥志》篇「國家之昌」二句。　行讓强《文王官人》。　張良常讓讓堂行張《投壺》。　堂揚《曲〔禮〕》。

羹羹　常章《曲禮下》。　仰放《檀弓上》。　行當行常《月令》。　兵殃　量良　方明望

昌殃行湯疆　裳量常當當殃　當嚮　疆竟粱裳「固封疆」七句。　房喪　香良「水泉必泉」二句。

王上　長養《禮運》。　讓常殃康　望藏上鄉　亨羊羹祥　養饗《禮器》。　陽明《郊特牲》。

相更《少儀》。　行防《樂記》。　當昌祥當網子夏〔對曰〕。　商疆　養享《祭義》。　上愴　象

饗黨《仲尼燕居》。　象饗黨　方將明《孔子〔閒居〕》。　王上《坊〔祀〕〔記〕》「天無二日」二句。　明强《中庸》。　行明　章亡　長上《表記》。　傷亡《緇衣》「心以」。　鄉方　亡喪《問喪》。　悵愴　妄病《儒行》「今衆人之命儒也妄」二句。王肅讀至「亡」字絶句，今從之。　慶讓《射義》。　讓慶　鏘姜昌鄉京《左傳・莊二十二年》陳懿氏妻敬仲卜辭。　亡昌《閔二年》成季將生卜辭。　競病《僖》。　羊衁筐貺償《十五年》。　上堂《文二年》晉狼瞫引《周志》。　賞殃《襄二十六年》叔孫穆子言。　翔廣《昭五年》叔孫穆子生筮辭。　黄裳《十二年》子服思伯言。　商亡《二十六年》齊晏子引《詩》。　唐常方行綱亡《〔襄〕〔哀〕六年》孔子引《夏〔詩〕〔書〕》。　陽兵姜商《九年》晉趙鞅救鄭卜辭。　羊亡《十七年》衛侯夢于北宫卜辭。

綱上《周語中》單襄公引諺。　嘗傷《周語下》太子晉引人言。　行明《晉語三》慶鄭對〔思〕〔惠〕公「下有直言」四句。　常剛　行常《越語下》。　常荒荒　祥殃亡　荒荒常　皇常行陽匡常行陽剛「天道皇皇」以下十五句。　行藏《論語・述而》「用之則行」二句。　卿兄《子罕》「出則事公卿」二句。　兄上《孟子・梁惠王上》「入〔以事其父兄」二句〕。　揚疆張光《滕文公下》引《太誓》。　亡鄉《告子上》引孔子曰「操則存」四句。　陽明藏英《爾雅・釋天・祥》。　相壯陽《月名》。　英傷《離騷》。　裳芳　荒章　殃長　當浪　桑羊　當芳　央芳　長芳　行粻　鄉行　良皇琅芳漿倡堂康《九歌・東皇太一》。　芳英央光章《雲中君》。　望張上《湘夫人》。　堂房張芳衡　翔陽坑《大司命》。　方桑明《東君》。　裳狼降漿翔行　堅蕩《河伯》。　行傷《國殤》。　明藏尚行《天問》。　揚光　方桑　堂

藏　尚匠　饗喪　臧羊　兄長　行將　方狂　將長　亡嚴饗長　長上彰　杭旁《九章・惜誦》。　糧芳明身　英光湘《涉江》。　陽陽　當行　亡行《哀郢》。　傷長《抽思》。　章明《懷沙》。　量臧　强像　將當《思美人》。　揚章　長像《橘頌》。　傷倡忘長芳章芳貺羊明《悲回風》。　湯行　行鄉陽英壯放《遠遊・重》。　行芒　涼皇　鄉行　長明通《卜居》。　怳恨《九辨》「愴怳懭（恨）〔悢〕」爲韻。　霜藏横黄　傷當佯將攘堂方明　房颺芳翔明傷　藏當光　臧恙　方祥《招魂》。　光張璜　房光　堂粱　方粱行芳羮漿鶬爽餭觴涼漿妨　洋囊狂傷《大招》。　粱芳羮嘗　張商倡樂　皇鶬鷞翔　昌章明當　明堂鄉張　讓王　井井井井瓶《易・井・彖辭》。　生生生《觀・六三》、《九五》、《上九》。　盈平《坎・九五》。　庭庭《節・初九》、《九二》。

元天形成天命貞寧《乾・彖傳》。　生貞盈寧《屯・彖傳》。　中成正淵《訟》。　行正《同〔人〕》。　盈信《坎》。　生平情《咸》。　成成情《恒》。　正情　正定《家人》。　亨生命情《萃》。　信正《萃》。　成命人　貞人《兑》。　成民《節》。　正民《屯》。　聽正《需》。　正敬《訟》。　正命《臨》。　正命正《晉》。　井正成《井》。　正（聽）〔聽〕　極正《未濟》。　生成生《繫〔辭〕下傳》「日往則月來」九句。　名身「善不積」四句。　精生　平傾　亨情精情天平《乾・文言》。　盈生《序卦傳》。　正定《雜卦傳》。　姓明《書・堯〔典〕》。　成明　成明寧《洪範》。　正令《儀禮・士冠禮》三加祝辭。　名身《大戴禮・禮察》篇。　成性《保傳》篇引孔子言，見第十四部。　成性　名成《曾子立事》

篇「生而神靈，自言其名」四句。　情經平「皋陶作士」九句。　名省《誥志》篇「此無空禮」四句。　聲旌《投壺》篇「射者之聲」二句。　寧靈《公冠》篇祭地辭。　經刑《易本命》篇「東西爲緯」四句。　清省爭《禮記》。　聲形　生鳴聲《月令》。　刑成鳴生榮　平刑嬴　名誠情　身寧性靜定　成貞《文王世子》。　情生《禮運》。　聘正　定生　正盈　生成《禮器》。　盈人《少儀》。　鳴鳴聲《學記》。　成生經清平寧《樂記》「小大相成」九句。　情經　正定定聲　霆形生《孔子(間)〔閒〕居》。　情爭《坊記》。　敬信《中庸》。　盛姓《表記》。　正清寧成生成正始《緇衣》。　聲成　敬正《儒行》。　幸幸《左傳·宣十六年》晉羊(古)〔舌〕職引諺。　挺扃令定《襄五年》引《詩》。　寧(聽)〔聽〕《周語下》伶〔州鳩言〕。　城金伶〔州鳩引諺〕。　(聽)〔聽〕誠刑生貞傾《晉語三》國人誦。　成榮《晉語四》。　成生生成《越語下》范蠡對王「美(悪)〔惡〕皆成」六句。　正定　生刑　生刑成　生刑征成刑　成形清纓《孟子》。　生嬴成寧正《爾雅·釋天·祥》。　名均《離騷》。　情(聽)〔聽〕　正征　征庭旌靈《九歌·湘君》。　青莖成《少司命》。　旍星正　冥鳴《山鬼》。　(聽)〔聽〕刑《天問》。　營成傾　營盈　寧情　情正《九章·惜誦》。　天名《哀郢》。　正(聽)〔聽〕《抽思·少歌》。　星營　盛正《懷沙》。　征零成　情程《遠遊》。　榮人征同上，《重》。　耕名身生真人清楹《卜居》。　清輕鳴名貞　清醒《漁父》。　清纓　清清人　新平生憐聲鳴征成《九辨》。　天名　征生《招魂·亂》。　靜定《大招》。　盛命盛定同上。　身人《易·艮·彖辭》。　田人淵天人《乾·九

二》、《九四》、《九五》。　翩鄰《泰》。　鉉鉉《鼎・九五》、《上九》。　限夤身《艮・九三》、《六四》。　元天
《坤》。　新正賢天《大畜・彖傳》「剛健篤實，輝光日新，其德剛上而尚賢」。　王注以「輝光日新其德」爲句，釋(之)
〔文〕云：「鄭以『日新』絶句，『其德』連下句。」今從鄭。　蓋剛健謂乾也，篤實謂艮也。　凡物之弱且薄者，必不能久，惟其
剛健篤實，是以輝光日新。　此釋《大畜》之義。「其德剛上而尚賢，能止健，大正也」，此言其德之大正，乃釋「利貞」之義。
「其德剛健而文明」，句法正同。「輝光日新」與下「正」、「賢」、「天」三韻正協。　人神《豊)〔豐〕》。　寘民卒《觀》。
身仁《復》。　牽寘牽民正令吝《姤》。　臣身成《繫辭上傳》。　順信賢　信身　天田　天田
人　人神　親信新　進親顛　人民《書》。　臣鄰鄰臣　偏平《洪範》。　天身神神《金縢》。
天田年引《儀禮・少牢饋食禮》嘏辭。　仁信敦《大戴禮・王言》篇「是故」。　人淵淵人《武王〔踐
阼〕》。　人信《衛將軍文子》篇「畏天而敬人」二句。　天民《五帝德》篇「養材以任地」四句。　天神靈　民
親　親信　身民　人天年《盛德》篇。　天人成《誥志》篇。　親人《文王官人》篇。　人天年《用兵》
篇「夫民思其德」二句。　民年《公冠》篇成王冠辭。　堅辨《禮記・王制》。　令民《月令》。　身進
天神《禮運》。　身天命　仁神　神命天　變命《郊特牲》。　親命《祭義》。　人身身天天身《哀
公問》。　親天天親身　天人命幸《中庸》「上〔不怨天〕四句」。　人身仁　身身親親人人天　天
千　天淵「溥博如天」二句　仁淵天「肫肫〔其仁〕三句」。　仁民《表記》。　親憐　親怨　新新新《大
學》引《湯盤銘》。　民神《左傳・莊三十二年》號史嚚引所聞。　侫《晉語》。　天人身《越語下》范蠡〔諫

王伐吴〕。　人天　信仁《穀梁傳・莊二十七年》「信其信」二句。　身信《論語》。　命天《顔〔淵〕》。

親人人《堯曰》。　憐天人《楚辭・九歌・大司命》。　民嬪《天問》。　人身《涉江》。　鎮人《抽思》。　願進　顛天《悲回風》。　天聞鄰《遠遊・重》。　天人千侁淵瞑身《招魂》。　日日《易・蠱・象辭》。　泥至血穴穴《需・九三》、《六四》、《上九》。　實疾即《鼎・九二》。　實血《歸妹・上六》。

日日《巽・九五》。　吉失《需・象傳》：「需于（而）〔血〕，順以聽也。」「酒食貞吉，以中正也。」「不速之客來，敬之終吉，雖不當位，未大失也。」按：「失」與「聽」、「正」音不相協。「敬之終吉」下當有「也」字，而以「失」與「吉」爲韻。《困・象傳》云：「來徐徐，志在下也，雖不當位，有與也。」句法正與此同。《象傳》無連三句不用「也」字者。又於《訟》、於《比》、於《小畜》、於《隨》，皆以「吉」、「失」爲韻，以是明之。　吉失《訟・象傳》。　吉失《比・象傳》。　吉失室《小畜・象〔傳〕》。　吉失《隨・象傳》。　失節《家人・象傳》。　實節《蹇・象傳》。　實節《鼎・象傳》。

吉節《未濟・象傳》。　節潔節《大戴禮・誥志》篇「齋戒必敬」（二）〔六〕句。　至室《禮記・月令》。

室閉「審門閭」三句。　節節節《左傳・成十五年》曹子臧引前志。　一失《越語下》范蠡對王「唯地能色，萬物以爲一」二句。　翠橘《爾雅・釋天・月陽》。　節日《東君》。　抑替《懷沙》。　匹程　一逸《遠遊》。　瑟慓《九辨》「蕭瑟憭慓」爲韻，「泬寥宋廖」爲韻，「憯悽憎欷」爲韻，「愴怳懭悢」爲韻。　日瑟《招魂》。

〔文〕

文文《易・賁・彖傳》。　君羣《否》。　炳蔚君《萃》。　焚聞《旅》。　存門　緼醇《〔繫辭〕下傳》。　訓訓《書・洪範》「是〔彝是訓」二句〕　純循《大戴禮・哀公問五義》篇。　聞孫《武王踐阼》。　川民《五帝德》篇。　順刃《虞戴德》篇。　輪奐《禮記》。　西巡《祭義》「日出于東」四句。　神先雲《孔子閒居》「清明在躬」六（居）〔句〕。　珍犬《坊記》「食時不力珍」三句。　謹勉盡《中庸》「庸德之行」五句。　聘問《儒行》。　倦困「儒有博學而不窮」四句。　晨辰振旃賁焞軍奔《左傳・僖五年》晉小偃引童謡。《晉語》同。　飯飧《越語下》王問范蠡引諺。　倩盼絢《論語》。　勉困　勤分　艱替《離騷》。

忍隕　門雲《九歌・湘夫人》。　門雲塵《大司命》。　雲先《國殤》。　分陳《天問》。　寘墳　鰥親

云先　言勝陵文同上。無「先」字者非。　貧門《惜誦》。　閒忳　忍軫　還聞《悲回風》。　雰媛

勤聞《遠遊》。　傳垠然　存先門　門氷　温飧垠春《九辨》。　門先《招魂》。　紛紛陳先

先還先兕　嗽存先《大招》。　雲神存昆

退遂《易・大壯・上六》。　遂饋《家人・六二》。　謂内《臨》。　貴類悖《頤》。　位愛謂《家人》。

内貴《蹇》。　位退悖《解》。　悖貴《鼎》。　位快逮《旅・象傳》。　位氣《説卦傳》。　逮悖氣物同上。　内類退《雜卦》。　醉愛《大戴禮・文王官人》篇。　類悖　退對《曲禮上》。　對退

歠骨骨　大位《月令》「命大尉贊傑俊」五句。　味氣「薄滋味」四句。　匱遂「四方來集」五句。　内出

信利《禮運》。　悖佛《學記》。　内位《祭義》。　物物《哀公問》「仁〔人不過乎物」二句〕。　惚愾《問〔表〕〔喪〕》。　涬忽《左傳・莊十一年》臧文仲言。　敲萃匱《成九年》引《詩》。　骨猾捽《晉語一》獻公代驪戎卜辭。　物利《越語下》范〔蠡言〕。　世位王問范〔蠡〕。　弼出骨　突忽《論語》。　類萃《孟子》。　繼味飽《天問》。　慨邁《哀郢》。　汩忽《懷沙・亂》。　喟謂愛類　至比《悲回風》。

桓邅班班班連《易・屯》。　皤翰《賁》。　園戔《六五》。　反連《蹇・九三》、《九四》。　變變面《萃・九五》、《上六》。　干言《漸》。　磐衎難前《蹇・象傳》。　順實巽順《蒙・象傳》。　願亂《履》。　實願願亂《泰》。　變巽《家人》。　亂變巽《幸》。　巽願亂《漸》。　順願《渙》。　變願《中孚》。　言蘭　變倦《〔繫辭〕下傳》。　遠遷　言見言遷「八卦以象告」五句。　爛反《雜卦傳》。　緩難同上。

膊縣《考工〔記〕》。　彈蜎搏　弦環環　言愆聲《儀禮・士昏禮記》。　然善《大戴禮・哀公問五義》。　貫然《保傅》。　殘然《武王踐阼》篇。　安煩《文王官人》篇「質色皓然固心安」二句。　善散遷《曲禮》。　前安顔言　飯飯　班卷《檀弓下》。　鼉黿《月令》。　安顯《禮運》。　遠短《樂記》。　旦患《坊記》。　忿倦怨　難賤《表記》。　亂難《緇衣》。　倦變亂《射義》。　建援《左・文五》。　睅皤《宣二》。　顯悛《昭三年》。　愆言《四年》。　卵蝝　反閒《越語下》范〔蠡對王「時將有反」二句〕。　閒反　然遷　遠反遠　安言焉　反遠　傳倦　見散《孟子・梁惠王下》「父子不相見」二句。　見散　媛彥《爾疋・釋訓》。　然安《離騷》。　反遠　遷盤　淺翩閒《湘君》。　蘭言湲《湘夫人》。　閒蔓閒《山〔鬼〕》。　反遠《國殤》。　煖寒言《天問》。　拚安遷　變遠《惜誦》。
伴援　言然　遠壇《涉江》。　徭遷《哀郢》。　霰見　反遠　閒患亡完《抽思》。　摶爛《橘頌》。
仙延《遠遊》。　漧歎《九〔辯〕》。　姦安軒山連寒蘭筵瓊《招魂》。　矊閒蜒蜿騫躬《大招》。
安延言　賦亂變譔　曼顏安　媔嗎娟便同上。
曳掣劓《睽》。　肘紱說《困》。　渠洌《井》。　厲貝《震》。　沛沫《（豐）〔豐〕》。　發大吉
《坤》。　外販《需》。　竄掇《訟》。　外大際《泰》。　害敗害哲《大有》。　際大歲　外害《咸》。
害大末說　外大位害《渙》。　奪伐《繫〔辭〕》。　契察《〔繫辭〕下傳》。　大廢　乂藝《書·禹
〔貢〕》。　折絕《考工〔記〕》。　達紲利　達紲利　發綱綱發　大月物《大戴禮·哀公問五義》。
伐殺《曾子大孝》篇。　廢世《武王〔踐阼〕》。　害大　殺拼《衛將軍文〔子〕》。　孛竭《誥志》篇。
撥蹶越《禮記·曲禮上》。　泄達《月令》。　蓋閉泄　勸列藝《禮運》。　藝說《少儀》。　伐殺《祭
義》。　害悖《中庸》。　勸鉞　末奪《大學》。　外泄《左傳·隱元年》節武姜賦。　制利《越語下》范
蠡對王。　蔽察蓺　達适《論語》。　慧勢《孟子》。　察歠決　刈穢《離〔騷〕》。　蔽折
艾害　枻雪末絕《湘君》。　裔澨遊蓋《湘夫人》。　帶逝際《少司命》。　蠥達《天問》。　越活
害敗　摯罰說　汏滯《涉江》。　歲逝《抽思·重》。　發達《思美人》。　厲衛《遠遊·重》。　月達
《九辨》。　帶介慨　邁穢敗昧　沫穢《招魂》。

尸次師尸《易・師・六三》、《六四》、《六五》。 稊妻《大過・九二》。 咨洟《萃・上六》。 蔾妻《困・六三》。 次資次《旅・六二》、《九三》。 違時《乾・文言》。 畏威《書・皋陶謨》「天明畏」二句。 貴歸壞《大戴禮・哀公問五義》篇「曰選于物」六句。 尸齊《曾子事父母》篇「若夫坐如尸」二句。 回夷《五帝德》篇「其義不忒」五句。 濟回「敏給克濟」二句。「濟」，《家語》作「齊」。 遠微《五帝德》篇「聰以知遠」二句。 尸齊《禮記・曲禮上》。 衰階隧「毁瘠不形」四句。 穨壞萎《檀弓下》孔子歌。 緌衰《檀弓下》「蠶則績而蟹有匡」三句。 齊絜《月令》「秫稻必齊」三句。 分歸《禮運》「男有分」二句。 違遲悲《孔子閒居》「無聲之樂，氣志不違」六句。 歸畏《中庸》「柔遠人則四方歸之」四句。 威愧《儒行》「大則如威」二句。 稽楷推《儒行》「令人無居」七句。 罪罪《左傳・桓十年》虞叔引周諺。 威壞《文七年》晉郤缺引《夏書》。 冰瑰歸歸懷《成十七年》聲伯夢歌。 淮坻師《昭十二年》晉侯投壺辭。 支壞壞支《周語下》衛彪傒引《周詩》。 威懷歸違衰微依妃《晉語三》國人誦。 虺摧《吴語》「申胥諫王爲虺弗摧，爲蛇將若何」，句各兩韻。 衰追《論語》。 幃祇《離騷》。 雷蛇懷歸《東君》。 歸懷《河伯》。 懷肥《天問》。 依譏 衰嵬《涉江》。 懷悲《遠遊》。 妃歌夷蛇飛回 梯稽脂韋《卜居》「突梯滑稽、如脂如韋」爲韻。 衰歸《九辨》。 悽欷同上，「憯悽憎欷」爲韻。 歸悲 歸棲衰肥 哀悲 冀欷同上。 濟尾《易・未濟・彖辭》。 視履尾尾《履・六三》、《九四》。 胏矢《噬嗑》。 藟卼《困・上六》。 娣履視娣《歸妹・初九》、《九二》、《六三》。 利濟《繫辭下傳》「臼杵之利」二句。 枳濟死《考工視履稽《大戴禮・四代》篇「天道以視」三句。
死牝《易本命》篇「高者爲生」四句。
指尾《禮記・曲禮上》「車上不廣欬」四句。
禮禮《曲禮下》「居喪未葬」四句。
死鬼《祭義》「衆生必死」三句。
禮利《坊記》「先財而後禮」二句。
水醴《表記》「故君子之接如水」二句。
示死致《儒行》「儒有聞善以相告也」六句。
視指《大學》引曾子言。
弟禮死《射義》公罔之裘揚觶而語。
尾幾《左傳・文十七年》鄭子家引古人言。
死體《天問》。
厎雉　濟示《懷沙》。
涕弭《遠遊・重》。
濟至死《九辯》。
偕毀弛同上。
知爲《禮記・儒行》「静而正之」四句。
危埤《晉語八》秦醫龢引所聞。
離知《楚辭・九歌・少司命》。
訾斯咿兒《卜居》「哫訾栗斯、喔咿儒兒」爲韻,「突梯滑稽、如脂如韋」爲韻。
佳規施卑移《大招》。
益擊《易・益・上九》。
易適《繫辭下傳》「上下無常」四句。
解阤《大戴禮・誥志》篇「山不崩解」二句。
晳役《左傳・襄十七年》宋築者謳。
是是《昭七年》孟僖子引《正(老)〔考〕父鼎銘》。
繫睨《哀十三年》吴申叔儀乞糧辭。
隘績《離騷》。
畫歷《天〔問〕》。
解締《九章・悲回風》。
積擊策迹適愁適迹益釋
軶迹《卜居》。
適惕策益《九辨》。
嗌役瀝惕《大招》。
離歌嗟《易・離・九三》。
沱嗟《六五》。
和靡《中孚・九二》。
罷歌《六三》。
過離《小過・上六》。
爲嘉《萃・象傳》。
義何《鼎・象傳》。
何過何《小過・象傳》。
地宜《繫辭下傳》「仰則觀象于天」四句。
化宜「神而化之」二句。
睉惰墮《書・皋陶謨》皋陶歌。
頗義《洪範》「無偏無頗」二句。
嘉宜《儀禮・士冠禮》字辭。
跛差詈《大戴禮・保傅》篇「立而不跛」四句。「跛」本或作「跂」,非。
施化《曾子天圓》篇引夫子

言。　義過《武王踐阼》篇戒書弓銘。　地義《五帝德》篇：「養財以任地，履時以象天，依鬼神以制義，治氣以教民。」「地」、「義」爲韻，「天」、「民」爲韻。　倚埀埀委《禮記·曲禮下》「主佩倚」四句。　義過《禮運》「以著其義」三句。　麻皮「未有絲麻，衣其羽皮」，「麻」與「皮」爲韻。今本作「未有麻絲」，則韻不相協。按：自「反其死也」至「是謂大祥」，皆用韻之文，無此二句獨不用韻之理。考《家語·問禮》篇作「未有絲麻」，下文「治其絲麻」，《家語》亦作「治其絲麻」。然則今本作「麻絲」，皆傳寫之誤，今從《家語》。　地義「命降于社之謂殽地」二句。　左坐《郊特牲》「左之右之，坐之起之」，「左」、「坐」爲韻，「右」、「起」爲韻。　施宜《仲尼燕居》「官得其體」四句。　施宜「官失其體」四句。　左義《表記》「仁者右也」四句。　慢僞《儒行》「其大讓如慢」一句。　和爲「道塗不争（臉）〔險〕易之（路）〔利〕」四句。　義戲「言加（倍）〔信〕」四句。　皮多那《左傳·宣二年》華元謂（後）〔役〕人。　皮何役人荅。　何多羅《襄八年》鄭子駟引《周詩》。　蛇何《吳語》申胥諫王「爲虺弗摧，爲蛇將若何」，句各兩韻。　爲墮《公羊傳·僖二十一年》宋襄公言。　皮科《論語·八佾》「射不主皮」二句。　隨騧《微子》周八士名。　他他《離騷》。　蘂纚　離虧　埀頗　可我　化離　馳蛇　被離爲《九歌·大司命》。　何虧爲　池阿歌《少司命》。　河波螭《河伯》。　阿羅《山鬼》。　爲化《天問》。　加虧　施他　多隳何　歌地　宜嘉「嘉」作「喜」者非。　嘉嗟施何　儀虧《九章·抽思》。　化爲《思美人》。　過地《橘頌》。「失過」或作「過失」，誤。　儀爲《悲回風》。　馳蛇《遠遊·重》。　麾波　移波釃爲《漁父》。　他何《九辯》。　瑕加　瑕加　蛇池荷波陀羅籬爲《招魂》。　羅歌荷酡波奇離同上。　暴罷麾施爲《大招》。「苛暴」疑當作「暴苛」。

【説明】

此爲鈔本，藏上海圖書館。鈔本首葉有佚名識語：「王懷祖先生《經韻》，從隋文選樓録。時嘉慶丁卯仲冬九日。」名爲《經韻》，實際包含《詩經》、群經、《楚辭》韻脚字。所異者，在部序和分列四聲上。其寫作時間殆在編定《古韻二十一部》之後。

本稿隨文出校，不另加校語。稿中分韻欠條理之處，待日後董理之。

與某君説經義

《易·需·象傳》「行」与「常」为韻，「中」与「終」为韻，「外」与「敗」为韻，「聽」与「正」为韻，末云「不速之客來，敬之終吉，雖不當位，未大失也」無韻。謹按：「敬之終吉」下當有「也」字，而以「吉」与「失」为韻。《象传》有先述爻辭而後釋其義者，若此卦及《歸妹》卦之「帝乙歸妹，不如其娣之袂良也。其位在中，以貴行也」之類是也；有直述爻辭而不釋其義者，若《比》卦之「比之初六，有他吉也」、《大有》卦之「大有上吉，自天祐也」之類是也。又《象传》多以「吉」与「失」为韻，若《訟》之「從上吉也」与「不失也」为韻、《比》之「有他吉也」与「不自失也」为韻、《小畜》之「其義吉也」与「亦不自失也」为韻皆是。《象传》無不用韻者，亦無連三句不用「也」字者，且「不速之客來，敬之終吉也」，「也」字頓住，然後可承之曰「雖不當位，未大失也」。《困・象传》之「來徐徐，志在下也，雖不當位，有与也」、《未济・象傳》之「濡其尾，無攸利，不續終也。雖不當位，剛柔應也」是其證。《隨・象傳》「從正吉也」，亦与「不失也」为韻，須補入。案頭無《易經》，恐引經文讹誤，須正之。〔一〕《比・象传》「比，吉也」，《本義》以为衍文。謹按：三字中但衍「也」字，其「比吉」二字則當在「原筮」一卩之上，其文云：「比，吉。原筮，（原）〔元〕永貞，无咎，以剛中也。」若云「需，有孚光亨，貞吉，位乎天位，以正中也」、「訟，有孚窒惕，中吉，剛來而得中也」之類，《易》内皆然，不可枚舉。且「以剛中也」四字正言其吉，則「比吉」二字之非衍文明甚。〔二〕

《書・益稷》「笙鏞以閒」。注疏及監本皆不在案頭，須考。謹按：東方鍾磬謂之笙，西方鍾磬謂之鏞。二者迭奏，故云「间」，若《礼器》云「廟堂之下，縣鼓在西，應鼓在東」，又云「樂交應乎下」是也。《周礼・眡瞭》「擊頌磬笙磬」，鄭注云：「磬在東方曰笙，笙，生也；在西方曰頌，頌或作庸，庸，功也。」此條犯某公諱，故删〔三〕。

《書・洪範》「于其無好德」，「德」字盖因上卩「予攸好德」而衍。此條須查《史記・宋世家》注補入，《史記》適不在案頭，故無從辨證。〔四〕

顾氏炎武言《詩》有半句为韻者：「有瀰济盈，有鷕雉鳴」，「瀰」与「鷕」为韻，「盈」与「鳴」为韻。常以其類推之，「蕭蕭馬鳴，悠悠旆旌」，「蕭」与「悠」为韻，「鳴」与「旌」为韻。蕭，古讀若修，《詩》曰「彼采蕭兮，一日不見，如三秋兮」，又曰「洌彼下泉，浸彼苞蕭。愾我寤歎，念彼京周」是也。「噲噲其正，噦噦其冥」，「噲」与「噦」为韻，「正」与「冥」为韻。「菶菶萋萋，雝雝喈喈」，「菶」与「雝」为韻，「萋」与「喈」为韻。「乃埸乃疆，乃積乃倉」，「埸」与「積」为韻，「疆」与「倉」为韻。《易·歸妹·上六》「女承筐无實，士刲羊无血」，「筐」与「羊」为韻，「實」与「血」为韻。《礼記·郊特牲》「左之右之，坐之起之」，右古音以，「左」与「坐」为韻，「右」与「起」为韻，亦其類也。

《鄭〔風〕·羔裘》首章：「彼其之子，舍命不渝。」謹按：「舍」即「釋」字也，古舍、釋字通，《管子》引此作「澤命不渝」。〔五〕

《洞酌》三章：「可以濯溉。」毛传云：「溉，清也。」謹按：上章「可以濯罍」，罍，尊名也，溉亦當为尊名。《周礼·鬯人》：「凡祭祀社壝用大罍，禜門用瓢齎，廟用脩，凡山川四方用蜃，凡祼事用概，凡疈事用散。」鄭注云：「脩、蜃、概、散，皆漆尊也。概，尊以朱帶者。」賈疏云：「黑漆为尊，以朱帶落腹，故名概。概者横概之義。」然則社壝用罍，祼事用概，罍、概皆尊名也，故云「可以濯罍」、「可以濯溉」。溉、概古字通，《周礼·大宗伯》注：

「溉，祭器。」釋文云：「溉本或作概。」

許氏《説文》「丙」字注云：「讀若三年導服之導。」導即禫字也。《儀礼·士虞礼》：「中月而禫。」鄭注云：「古文禫或为導。」《礼記·喪大記》：「禫而内無哭者。」鄭注云：「禫或皆作道。」是古禫、導字通，而近世字書皆未考也。〔六〕

《礼記·鄉飲酒義》云：「尊讓絜敬也者，君子之所以相接也。君子尊讓則不争，絜敬則不慢，不慢不争則遠於鬬辨矣，不鬬辨則無暴亂之禍矣，斯君子所以免於人禍也。故聖人制之以道。鄉人、士君子尊於房户之間，賓主共之也。尊有玄酒，貴其質也。」鄭注讀「故聖人制之以道」爲一句，「鄉人士君子尊於房户之間」爲一句。謹按：鄉飲酒有賓，有主，有介，有僎，有衆賓，而酒者主人所設，則當言「主人尊於房户之间」，不當言「鄉人士君子尊於房户之间」；且鄉飲酒大夫为主人，則又當言「大夫尊於房户之间」，不當言「鄉人士尊於房户之间」。自《冠義》至《聘義》六篇，皆列《儀礼》經文於上，而釋之於下，「尊於房户之间」，《儀礼》經文也，「賓主共之」，記者釋經也。然則「鄉人士君子」五字与「尊於房户之间」文不相属，之上不得有「鄉人士君子」五字明矣。窃謂「故聖人制之以道鄉人士君子」十二字當作一句讀，「故」字結上非起下，「道」犹「道之以德」之「道」，謂圣人制此礼以道鄉人士君子耳。再連上文讀「君子尊讓……不慢不争則遠於鬬辨矣，不鬬辨則無暴亂之禍矣，斯君子所以免於人禍也，故圣人制之以道鄉人士君子」，則其義自明。下文「尊於房户之间，賓主共之也。尊有玄酒，貴其質也」云云，别釋經文，不与上属，别为一義，与上無涉。〔七〕

《論語》「(恶)〔惡〕居下流而訕上者」，漢石經無「流」字。謹按：「流」字衍文，當從石經作「(恶)〔惡〕居下而訕上者」。「居下」以位言也，「居下流」則非以位言矣。盖因「是以君子(恶)〔惡〕居下流」而誤衍耳。《漢書·朱雲传》云：「小臣居下訕上。」用《論語》文也。

《礼記·月令》「鴻雁來」，鄭注云：「今《月令》『鴻』皆爲『候』。」正義曰：「今《月令》者，《吕氏春秋》是也。」謹按：「田獵罝罘、羅網、畢翳」鄭注云：「今《月令》無『罘』。」而《吕氏春秋》有「罘」字。「毋悖于時」鄭注云：「今《月令》無『于時』。」而《吕氏春秋》有「于時」字。「毋或作为淫巧以蕩上心」鄭注云：「今《月令》『作爲』爲『詐僞』。」而《吕氏春秋》仍作「作爲」。然則所謂「今《月令》」者，非《吕氏春秋》也。考之「淫雨蚤降」鄭注云：「今《月令》曰『衆雨』。」《説文》「霝」字注引《明堂月令》曰「霝雨」。「命漁師伐蛟」鄭注云：「今《月令》『漁師』爲『榜人』。」《説文》「舫」字注引《明堂月令》曰「舫人」，舫、榜聲相近。「固封疆」鄭注云：「今《月令》『疆』或爲『壐』。」蔡邕《獨斷》引《月令》曰「固封壐」。然則「今《月令》」即《明堂月令》也，蔡邕有《明堂月令章》。〔八〕

《尔雅・釋詁》：「幠、厖，有也。」郭注引《詩》曰：「遂幠大東。」邢疏云：「今《詩》本作『遂荒大東』，此言『遂幠』者，所見本異，或當在齊、魯、韓詩。」謹按：荒、幠古字通。《礼記・投壺》「毋幠毋敖」，《大戴礼》作「毋荒毋敖」，「幠」即「荒」字，故言「幠」而不言「荒」，犹之「初、哉、首、基、肇、祖、元、胎、俶、落、權輿，始也」，「哉」即「載」字，故言「哉」而不言「載」。〔九〕

《儀礼》「婦執笲棗、栗」鄭注云：「笲，竹器(有)〔而〕衣者，其形盖如今之筥筁籚矣。」賈疏：「云如今之筥筁籚者，此举漢法以況義，但漢法去今已遠，無可知也。」謹按：《説文》「凵」字注云：「凵盧，飯器，以柳爲之。象形。」又云：「凵，或作筁。」「凵盧」即「筁籚」也。《説文》又云：「盧，飯器也。」「筥，䈰也。」「䈰，飯器也。」然則「䈰」即「筥」，「筥」即「筁籚」，急言之則曰「筥」，徐言之則曰「筁籚」耳。

《爾雅・釋言》：「苛，妎也。」郭注云：「煩苛者多嫉妎。」謹按：煩苛者多嫉妎，則是嫉妎因於煩苛，非煩苛爲嫉妎矣。考《礼記・内則》「疾痛苛癢」鄭注云：「苛，疥也。」始知妎、疥古字通。今俗人犹謂疥瘡为苛。

《釋詁》：「省，善也。」注云：「省，未詳其義。」謹按：《詩》「帝省其山」箋云：「省，善也。」正義曰：「《釋詁》文。」《礼記・大传》：「大夫士有大事，省於其君。」注云：「省，善也。」釋文：「案《爾雅》省訓善。」是其證。

《書・洪範》：「身其康彊，子孫其逢吉。」注疏及監本皆不在案頭，祈考入。此條本出足下，不過增成之耳。「子孫其逢」當絶句，釋文引馬融云：「逢，大也。」犹言其後必大耳。《礼記・儒行》：「衣逢掖之衣。」鄭注云：「逢犹大也。」是其證。蓋逢之言豐也，豐亦大也。《礼記・玉藻》：「縫齊倍要。」鄭注云：「縫或爲逢，或爲豐。」是古逢、豐聲同也。凡音逢音豐者，皆可互通。《説文》：「麷，煮麥也。從麥豐聲，讀若馮。」《周礼・籩人》「麷蕡」鄭注云：「今河间以北，煮種麥賣之名曰逢。」《史記・司馬相如传》「漨涌原泉」，《漢書》作「逢」。此條足下再增成之可也。〔一〇〕

《礼記・檀弓》「瓦不成味」鄭注云：「味當作沬。沬，靧也。」釋文：「沬，亾曷反。」謹按：「亾曷反」之音非也。亾曷反則音末。《説文》云：「沬，洒面也。」音誨，字從午未之未。或作頮，又作靧，故鄭注云：「沬，靧也。」《内則》云：「面垢燂潘請靧。」《書・顧命》云：「王乃洮頮水。」《漢書》作「王乃洮沬水」，沬、頮、靧同也。味、沬聲相近，故鄭注云「味當作沬」，今音亾曷反，失之矣。又按：《説文》云：「沬水出蜀西徼外，東南入江。」音末，字從本末之末，与此迥別。《左傳》「曹劌」，《史記》作「曹沬」，「沬」字亦當音誨。《索隱》讀为末，非也。〔一一〕

《周礼·大司樂》：「凡有道者、有德者使教焉。」鄭注云：「若舜命夔典樂教育子是也。」今《尚書》作「教胄子」，《説文》「育」字注亦引《虞書》曰「教育子」，然則鄭、許所見本皆作「育」也。《曲禮》：「客至於寢門，則主人請入爲席。」鄭注云：「为犹敷也。」下文「然後出迎客，客固辭」，鄭注云：「讓先入。」正義云：「主人請入为席者，客至於内门而主人請先独入敷席也。然後出迎客者，入鋪席竟，後更出迎客也。客固辭者，再辭不先入也。」謹按：《聘礼》：「君使卿歸饔餼於賓，賓迎於门外，及廟门，賓揖，俱入。」又：「賓見主國大夫，及廟门，大夫揖入。」皆無既入爲席，然後出迎客之事。窃謂「則主人請入为席然後出迎客」當作一句讀，謂客至於寢门，則主人請先独入敷席，然後出迎客也。此時主人實未入，故下云「客固辭，主人肅客而入」，謂客固辭主人之先入为席，於是主人乃肅客而入也。蓋主人嚮已正席，今客至门而又請先入为席，所以示慎也。客固辭者，辭主人之先入为席也，非辭己之先入也。《礼》入门亦無固辭之文。

《尔雅·釋詁》：「基，謀也。」注云：「見《詩》疏。」云基者，君子作事謀始也。」按：如此言，則是君子作事當謀基始，非訓基为謀也。考《礼記·孔子閒居》引《詩》「夙夜其命宥密」，鄭注云：「《詩》讀其为基。基，謀也。言君夙夜謀为政教以安民。」此即郭所謂「見《詩》」者，而邢《疏》未之考也。基或为諆，《後漢書·張衡傳》「回志朅來從玄諆」，注：

「諆，謀也。」〔一二〕

倉卒録得十八條〔一三〕，本欲再謄清稿呈閲，恐再遲則緩不及事，且案頭無書，不能考证，（祇）〔祗〕據意見所到爲之，故多所未安，務祈考訂原書，重加改正。文不成文，字不成字，惟知己諒之而已。念孫叩。

【説明】

本篇據李宗焜先生輯注《高郵王氏父子手稿·經義雜志》謄正，其行款、字體均忠實於手稿，標題則從《昭代經師手簡》。某君，當即臧庸，由稿中釋「鏞」條下「此條犯某公諱」及稿末小字注可知。稿中屢言「案頭無書」，似王念孫此時正在河道而不在京師，又據二人交往經歷，此稿應作於嘉慶十年至十四年間。

【校注】

〔一〕本條互見《經義述聞》卷二《周易下》「不速之客來，敬之終吉」條，文字有出入。

〔二〕此條互見《周易下》。李氏釋文末尾有小字注云：《井·彖傳》「養而不窮也」五字亦當在「乃以剛中也」之下，上當有「無喪無得，往來井井」八字。而手稿無此三十三字，當删。

〔三〕某公，當即臧庸，初名鏞堂，字在東，更字在西，室名拜經，武進人。此八字，原手稿在第一行右下。此條手稿已圈去。

〔四〕此條互見《經義述聞》卷三《尚書上》。

〔五〕此條，手稿中圈去，李氏釋文有。
〔六〕此條互見《經義述聞》卷七《毛詩下》。
〔七〕此條互見《經義述聞》卷十六《禮記下》。
〔八〕此條與上條《論語》。位置當互倒。蔡邕有《明堂月令論》及《明堂月令章句》，此「明堂月令章」下疑脱「句」字。
〔九〕此條互見《經義述聞》卷二十六《爾雅上》。
〔一〇〕此條互見《經義述聞》卷三《尚書上》。
〔一一〕此條互見《經義述聞》卷十四《禮記上》。
〔一二〕此條互見《經義述聞》卷二十六《爾雅上》。
〔一三〕實爲二十條。

《列女傳補注》校語

魯之母師傳

使明請夫人王念孫案：「明請」二字，義不可通，「明」疑「朝」之誤。

周南之妻傳

頌凡事遠周念孫案：「周」當爲「害」。上文「害」字凡兩見，是其證。隸書「害」字或作「㝬」，與「周」相似，又涉上文「周南」而誤。

晉趙衰妻傳

與人勤於隘厄念孫案：困厄字古通作隘。疑此文本作「與人勤於隘」，無「厄」字。今作「隘厄」者，後人旁記「厄」字，因誤入正文耳。古無以「隘厄」二字連用者。

魏曲沃負傳

《關雎》起興念孫案：《文選》注引此，「起興」作「預見」，是也。《漢書・杜欽傳・贊》曰：「庶幾乎《關雎》之見微。」《後漢書・楊賜傳》曰：「康王一朝晏起，《關雎》見幾而作。」曰「見微」曰「見幾」，即此所謂「預見」也。今作「起興」者，後人不曉《魯詩》之義而妄改之耳。王伯厚《詩考》引此，尚作「預見」。

乘居匹處念孫案：「乘居」之義，與經言「乘馬」、「乘禽」、「乘矢」、「乘壺」之屬小有不同：彼謂四，此謂二也。《方言》曰：「飛鳥曰雙，鴈曰乘。」《廣雅》曰：「四、乘，二也。」乘居猶匹處耳。《鴻烈・泰族》篇云：「《關雎》興於鳥，而君子美之，爲其雌雄之不乘居也。」義與此同。今本「乘」誤作「乖」，《爾雅翼》引此已誤。

齊孝孟姬傳

母醮房之中念孫案：當作「母醮之房中」。

《梁節姑姊傳》

子在内中念孫案：「内中」之「中」，非衍文。古者謂室爲内。《書大傳》曰：「天子堂廣九雉。三分其廣，以二爲内；五分其内，以一爲高。」《史記・淮南傳》曰：「閉太子，使與妃同内。」《漢書・鼂錯傳》曰：「家有一堂二内。」是也。内中，室中也。《韓子・内儲説》篇曰：「燕人李季好遠出，其妻私有通于士，季突至，士在内中。」《史記・封禪書》曰：「有芝生殿房内中。」《續外戚世家》曰：「女亾匿内中牀下。」《漢書・武帝紀》曰：「甘泉宫内中産芝。」顔籀曰：「内中，謂後庭之室。」是也。

齊宿瘤女傳

遲其至也念孫案：「遲其至也」，乃起下之詞，非承上之詞。遲猶比也。比如「比及三年」之比。言比其至，而宫中皆駭也。《漢書・高祖紀》：「沛公乃夜引軍還，遲明圍宛城三帀。」言高祖夜引軍還，至宛城，比及天明，已圍城三帀也。《史記》「遲明」作「黎明」，索隱曰：「黎猶比也，謂比至天明也。」案：黎、遲聲近而字通，小司馬説是也。服虔以遲明爲欲天疾明，文穎以爲未明，顔籀以爲明遲於事，故曰遲明，皆與上下文義不合。《史記・衛將軍驃騎傳》：「遲明行二百餘里。」義與此同。又《南越傳》：「遲日，城中皆降伏波。」言比及旦明，而城中皆降伏波也。《外戚傳》：「遲帝還，趙王死。」言比及帝還，而趙王已死也。

齊東郭姜傳

唯辱使者不可以已念孫案：唯與雖同。崔杼怒其二子於慶封，欲封使人討之，故曰「雖辱使者不可以已」也。古書「雖」字或作「唯」，説見鄙著《戰國策考正》「計聽知覆逆者」一條下〔一〕。

賢明傳·頌義小序

妃后賢焉念孫案：「賢」當爲「覽」，字之誤也。此云「妃后覽焉」，下云「夫人省玆」，又云「諸姬觀之」，觀、省、覽，義竝相近也。

秦穆公姬傳

衰絰履薪王引之案：《左傳》「衰絰」與「履薪」爲二事，此文合爲一，殊不可解。或「衰絰」在「履薪」之下，「衰絰以迎」作一句，後人誤倒其文也。

上天降災引之案：「上天降災」以下三十餘字，俗本《左傳》即據此增入。

京師節女傳

使要其女爲中譎引之案：「譎」乃「詷」之誤。詷，伺間之謂也。《漢書・淮南王傳》：「爲中詷長安。」

【説明】

《列女傳補注》，郝懿行妻王照圓撰。二王校語，在《列女傳補注校正》內。同作校正者，有臧庸、馬瑞辰、王紹蘭等。據臧庸等所作序，二王校語應作於嘉慶十六年至十七年間。

【校注】

〔一〕《戰國策考正》，即《讀書雜志・戰國策雜志》。「計聽知覆逆者」一條，在《戰國策雜志》卷一。

刊正《諧聲補逸》

《諧聲補逸・玉部》「瑞」下

王先生懷祖曰：案：「惴」字古蓋讀若專。《小雅・小宛》篇：「温温恭人，如集于木。惴惴小心，如臨于谷。戰戰兢兢，如履薄冰。」「木」與「谷」爲韻，「兢」與「冰」爲韻，而「惴惴」二字上與「温温」爲韻，下與「戰戰」爲韻。惴惴，讀若專專。《列女傳・序》云：「專專小心，永懼匪懈。」是其明證也。《莊子・齊物論》篇云：「大言閑閑，小言閒閒。大言炎炎，小言詹詹。」又云：「小恐惴惴，大恐漫漫。」「閑閑」、「閒閒」爲韻，「炎炎」、「詹詹」爲韻，「惴惴」、「漫漫」爲韻。惴亦讀若專。《齊策》云：「安平君以惴惴之即墨，三里之城、五里之郭〔一〕，而反千里之齊。」《潛夫論・救邊》篇云：「昔樂毅以慱慱之上燕，破滅彊齊。」慱慱即惴惴也。小心謂之惴惴，小恐謂之惴惴，小城亦謂之惴惴，而其字皆讀若專，故《潛夫論》又作「慱慱」也。《孟子》「吾不惴焉」，音義云：「惴，丁本作遄。」惴讀若專，故又與遄通也。

又「瓊」下

王先生曰：⿰革見、⿰歹見、規以見爲聲是也。支與元相出入，經傳中確有可據，而自來論音均者，皆未之及。今試以韻語證之。《老子》云：「是以聖人自知不自見，自愛不自貴，故去彼取此。」「知」、「見」爲韻，「愛」、「貴」爲韻，「彼」、「此」爲韻。《逸周書・開武》篇：「三極既明，五行乃常。四察既是，七順乃辨。」「明」、「常」爲韻，「是」、「辨」爲韻。《大子晉》篇云：「百姓悅之，相將而遠。遠人來驩，視道如咫。」「遠」、「咫」爲韻。《史記・李將軍傳・贊》：「諺曰：桃李不言，下自成蹊。」「言」、「蹊」爲韻。皆以支、元通用也。再以偏旁證之。瓗、蠵、⿰革見、⿰歹見、規、⿰忄象、觶、霹、齞〔八〕〔九〕字而外，又有扇从⿰犭叐省聲，而尟字从少从是，是亦爲聲也。再以字音證之。《小雅・瓠葉》箋云：「今俗語斯白之字作鮮，齊、魯之間聲近斯。」《漢書・地理志》樂浪郡黏蟬，服虔曰：「蟬音提。」《揚雄傳》：「恐鷤鴂之將鳴兮。」師古曰：「鷤，音大系反。鴂，音桂。」宋祁《筆記》引蕭該音義曰：「蘇林，鷤鴂音殄絹。」而「鴂」字古讀若圭，今讀若涓，亦是从支部轉入元部也。再以或作、通作之字證之。《士喪禮》下篇注云：「古文算，皆爲策。」《老子》「挻埴以爲器」，釋文云：「挻，如湻作繫。」《莊子・在宥》篇「尸居而龍見」，釋文云：「見，崔本作睍。」《史記・五帝紀》「帝顓頊生子曰窮蟬」，索隱云：「《世本》作窮係。」《陸賈傳》「數見不鮮」，《漢書》作「數擊不鮮」。見與擊，聲相近，故巫覡之覡，以見得聲，而《荀子・王制》篇作「巫擊」也。又《貨殖傳》之「計然」，《越絕書》作「計倪」，皆支、元相通之證。

《艸部》「蒐」下

王先生曰：《禮記・明堂位》「脯鬼侯」，正義曰：「《周本紀》作九侯。」九與鬼聲相近，然則鬼字可讀爲九，故蒐从鬼聲。凡幽部之字，固有从脂部之聲者。《說文》「褎」字从衣，采聲，即其例也。

《辵部》「逭」下

王先生云：「糶，从兆，藿聲。兆即逃也。」

《彳部》「徦」下

王先生云：文與《左傳》「交綏」之意相近。

《谷部》「谷」下

王先生云：谷之言卻曲也。

《言部》「啻」下

王先生云：《周官·師氏》：「掌國中失之事，以教國子弟。」注云：「故書『中』爲『得』。」得、啻同部，故啻从中聲。〔二〕保謹桉：中在東部，啻、得在之部，如艘讀若莘，从叜得聲，是其證也。

相近。

《雔部》「靃」下

靃，雨聲。王先生云：《左氏春秋·僖二十一年》「會于盂」，《公羊》作「靃」。盂、靃聲相近。

《肉部》「肥」下

王先生曰：念孫案：肥、啙、妃、配从㔾聲，非从己聲，在脂部，不在之部。又案：㔾疑即古飛字，故肥、啙、妃、配皆以㔾得聲。《説文》龍从肉、飛之形，童省聲，是𦣞象飛之形也。而《六書故》引唐本《説文》作从肉从飛，是𦣞爲古飛字也。㔾即𦣞之省文，亦是古飛字。《漢白石神君碑》龍字作龍字，龙即𦣞之變體。《楚語》：「日月會于龍豝。」字从龙。《玉篇》：「豝，丁角切，日月會于龍豝也。」字从己。而《漢周憬功勳銘》龔字作龔，是龍字固有省作䚾者。

又案：「方命圮族」之「圮」，亦从己聲，非从「戊己」之「己」。《説文》圮从土，己聲，重文作醇，从配省聲。配在脂部，則圮亦在脂部。張衡《東京賦》「宗緒中圮」，與雉、几、視爲韻；庾闡《弔賈誼辭》「世往斯圮」，與指、死、水爲韻，是其明證也。《説文》：「圮，毁也。从土，己聲。」「嶏，崩也。从屵，肥聲。」「嶏，崩聲。从屵，配聲。讀若費。」三字聲義竝相近。

《刀部》「删」下

删，王先生曰：册聲[三]。《説文》删、珊、姗、姗四字皆从册得聲。册在支部，删、珊、姗、姗四字皆在元部。支與元通故也。今本《説文》删从刀册，册，書也。而珊、姗、姗三字竝从删省聲，皆由後人不知古音妄改者也。

又「釗」下

釗，《繫傳》：从金，刀聲。王先生云：此與「召」字「从口，刀聲」同一例也。

《巫部》「覡」下

王先生曰：覡、覡皆从見得聲。

《𩫏部》「䩪」下

王先生曰：桉：𩫏即城𩫖之𩫖。中从回，象重城之形；其上下，象兩亭相對之形。故𣘻、𨛫等字皆从𩫏得聲。古者城闕其南方謂之䩪，故其字从𩫖，夬聲。

《鼎部》「鼏」下〔四〕

王先生云：《周易》：「鼎玉鉉」。〔鉉〕即扃，謂以木横貫鼎耳而舉之。《說文》「鼏」字注亦作横木貫鼎之訓，是《禮經》扃、鼏二字重疊無分矣。不知《說文》本當有「鼏」字。鼏同扃，从鼎，冂聲，與「鼏」字注从冖、當訓爲鼎覆者異義。今本《說文》脱去「鼏」字及「鼏」字注，而以貫鼎之注，竄入「鼏」字之下。《玉篇》以下皆沿其誤。

《米部》「⿱北米」下〔五〕

王伯申云：《玉篇》作「⿱北米」，鄙冀切。又有「粊」字，必媚切。竝云惡米也。蓋一字。此⿱北米字，乃⿱非米字之譌，篆文非作兆，因譌而爲北矣。蓋初作北，寫篆文者又依北字篆文作北耳。

《火部》「灰」下〔六〕

灰，王先生曰：字蓋从火，又聲。今本《說文》：「灰，从火从又。又，手也。火既滅，可以執持。」此後人不知古音而妄改之也。从又聲者，《說文》：「⿱有皿，从皿，有聲。讀若灰。一曰若賄。」是灰在之部也。《管子・地員》篇：「芬然若灰。」與「菭」爲韻。《莊子・應帝王》

篇：「吾見濕灰焉。」與「怪」爲韻。《知北遊》篇：「心若死灰。」與「骸」、「持」、「晦」、「謀」、「哉」爲韻。《庚桑楚》篇：「心若死灰。」與「之」、「來」、「災」爲韻。《徐無鬼》篇：「心固可使若死灰乎。」與「尤」、「骸」爲韻。《鴻烈·精神》篇：「心若死灰。」與「之」、「來」、「骸」爲韻。《本經》篇：「燔艸而爲灰。」與「時」、「財」爲韻。《道應》篇：「心如死灰。」與「骸」、「持」、「恢」、「謀」、「哉」爲韻。阮瑀《七哀詩》：「身體爲土灰。」與「來」、「臺」、「能」、「杯」、「萊」爲韻。阮籍《詠懷詩》：「身竟爲土灰。」與「臺」、「哉」、「萊」、「來」、「埃」爲韻。《釋名》：「晦，灰也。火死爲灰，月光盡，似之也。」則灰在之部明矣。《吕氏春秋·君守》篇：「有事則有不恢矣。」與「識」、「事」、「備」、「疑」、「來」爲韻。《鴻烈·道應》篇：「墨墨恢恢。」與「骸」、「灰」、「持」、「謀」、「哉」爲韻，《莊子》作「媒媒晦晦」。宋玉《九辯》：「收恢臺之孟夏兮。」恢臺，叠韵字。《内則》：「取牛羊麋鹿麕之肉，必恢之。」即《易·咸》「其脢」之「脢」。是从灰之字，亦在之部也。

《心部》「䇲」下

䇲，《繫傳》云：册聲。王先生云：《史記·趙世家》：「秦讖於是出矣。」《扁鵲傳》「讖」作「策」。《賈生傳》：「策言其度。」《漢書》「策」作「讖」。讖、策通作，則䇲从册聲之證也。册在支部，⿱册心在談部，而談部與元部相關通，故支通元，竝通談也。⿱册心之从册聲，猶删、珊、狦、姗之从册聲。而今本《説文》删从刀册，册，書也。珊、狦、姗竝删省聲。皆後人不知古音妄改耳。

【説明】

《諧聲補逸》，十四卷，宋保撰。「是書將許書中聲之傳寫奪漏者，與夫徐氏所删，依例補説，並《繫傳》有聲字者，悉行補出。」張炳翔《跋》。全書「篆文補聲三百有九，古籀重文補聲者八百卅有六，凡一千一百四十五。」宋保《後記》。而宋氏補聲之依據，就是王念孫古韻二十一部和段玉裁合韻説。

王念孫肯定宋氏書「分别精審，考究確當」，同時刊正多條，寄示宋保，事在嘉慶十六年。

王念孫刊正文字，原分載於張炳翔光緒十年校録刊行之《諧聲補逸》相關各字之下，以「王先生曰云」表出。劉盼遂《高郵王氏父子著述考》定名爲《刊正〈諧聲補逸〉》，惜未録文字。一九三六年，日本東方文化研究所據北平人文科學文化研究所藏本重抄本油印《高郵王氏父子論音韻文稿》收録王氏四種以外之刊正文字，題作《籤記宋小城〈諧聲補逸〉十四條》。其文訛脱衍倒比比皆是，殊不足觀。今據張炳翔校刊本標明「王先生曰云」的文字採入合集，標題依劉盼遂所定。

【校注】

〔一〕「郭」下脱「敝卒七千，禽其司馬」八字，當補足。

〔二〕説同小徐。

〔三〕如王説，「删」當从刀从册，册亦聲。

〔四〕此條又見《經義述聞》卷十。

〔五〕又見《經義述聞・尚書》。

〔六〕又見《〈說文解字繫傳〉批校語》。

《說文段注》籤記

第一篇上，凡十九條：

帝三。（言）「〔辛〕」字不當刪。祫十一。當有「聲」字。齋十二。「齋」字不當改爲「齋」，又不當以「𠧪」爲「齋」。禜十三。「衞」上當有口字。社十五。當有「聲」字。禓十六。改「禓」爲「禓」，非。祲同上。「感」當爲「成」。（崇）〔祟〕同上。當有「聲」字。禰禮〔一〕二字似不當刪。璠廿。「與璠」二字不當倒轉。「二則（字）〔孚〕勝」，「二」當爲「一」。瓊同上。不當改「赤」爲「亦」。珛廿二。「从玉，有玷」四字以意爲之。珩廿六。當有「聲」字，「止」當爲「步」。琚卅二。似不當改「名」爲「石」，查。瑰卅六。「玫瑰」非雙聲，「圜好」上當有「珠」字。琿字似不當增。班卅八。「班」字似不讀如份。瑁四十。似當「聲」字。中同上。查。从口亦未確。

第一篇下，凡三十七條：

⿰爿草三。 似非「⿰丬夫」之譌。 蓏同上。 當有「聲」字。 萁四。 「〔豆〕」字非後人所改。 蘿同上。 「少」當作「葉」。 道〔一〕七。 《說文》蓋以道、首爲二物。 芎八。 非《凡將篇》。 ⿱艹巩十。 ⿱艹巩、筑皆从巩聲。 ⿱艹巩與蓄通。 蓳十一。 許竹、丑六二音不誤。《齊民要術》亦音五六反。 苦十二。 「蕭」字似非後人所加。 薊、芺二字亦不類列，策、藗、萷字亦不類蓨。 苓十七。 「也」字不當改「艸」。 蔽十八。 「薊」非「蒯」字譌。 蒐廿。 「藘」疑本作「慮」，注當有「聲」字。 蓫廿二。 非《凡將篇》。 蘜廿四。 篆文誤。 蕅廿七。 不當改「蕅」爲「藕」。 芋卅。 當以「苗曲」連讀。〔三〕 芘卅二。 查。〔四〕 並卅三。 當有「聲」字。〔五〕 蘕卅四。 《唐韻》似不韻。 蓨卅五。 此字非後人所增。 蓻同上。 「不生」當爲「才生」。 蔭卅六。 當有「聲」字。 菽同上。 當作「蔋」，不當改爲「蘨」。 芼卅七。 段說皆非。 菸卅九。 「暵」非「菸」之借字。 蔫同上。 莜、旆、淠不同字。 蒥四十一。 陳說是。 蘇四十七。 「厥艸惟蘨」不誤。 蔫同上。 此字非後人所加。 蔌四十二。 似非兼从艸木。 芰四十三。 當有「聲」字。 茨同上。 注不當改。 薀蘊四十四。 二字蓋□□。 蕈四十五。 當引《山海經》。 茵四十八。 非《凡將篇》。 □鍇本各字多不相屬，與□本不同，見「左文五十三」下段注。 藻五十。 注當□藻或从澡。 蒲、漢、荇、蓱、萍、藩。 𦿆五十三。 注「拔」字不誤。

第二篇上，凡三十條：

少一。（乀）〔ノ〕諧聲未明。查。八一。注江浙俗語誤。豕二。從豕聲，非合韻。叛五。注不宜改。牛同上。解注未妥。牡同上。改注大謬。犅同上。此字非會意。犖六。誤引廣注新編〔六〕。牢八。不當補「也」字。當作从牛[illegible]。犫九。誤解。□犫二字。[illegible]十八。注有誤。噭廿。非應聲。右廿一。又亦聲。哇廿三。注「諂」字疑作「謟」。嗙廿三。非《凡將篇》。吚廿四。疑从尹聲。嘆廿五。注「吞嘆」二字説具《吕覽・序意》篇注。吝廿六。當有「聲」字。否同上。當有「聲」字。吠廿七。當作「吱」。唬廿八。當有「聲」字。台同上。「陷」不當改「滔」。容廿九。注解（辛）〔穿〕鑿。吅卅。注（視）〔〔祝〕〕字不當重。喪□注□□〔七〕趀卅四。「久」字改「文」，查。趚卅六。當作「趣」。趧卅六。注未妥。赶同上。注未妥。歸□□□□

第二篇下，凡二十三條：

辵一。注未妥。辵二。古音不讀如〔超〕。迋〔八〕三。「王者我迋」，乃「迋」之借字。送七。當有「聲」字。邁同上。注誤。迨八。「復」當作「遉」。鞸舊本作「韗」。达同上。注不當有「聲」字。迭九。注不當有□字。遂十。古文疑从黍聲。逐同上。外从豕省。遏十一。注内脱一「蝎」字。迂十二。注當作「辟」。遼同上。注妄改。道十三。當有「聲」字，注未妥。御十七。當有「聲」字。衙十八。注引《（用）

〔周〕禮》誤，言非聲。衛十九。韋非聲。齗同上。注非。踦廿三。注非。足廿四。注未妥。踽廿五。注未妥。跛廿九。此字不當删。

第三篇上，凡十三條：

㗊一。「公羊」二字後人所加。喬四。當有「聲」字。謂七。「王謂（張）〔叔〕父」，謂，命也。諒十。注未妥。識十二。注不誤。諶十三。注不誤。[illegible]十四。所引未備。誣廿二。注當（古）〔加〕「言」字。詯廿二。注謬。訇廿四。「訇」非「訇」字之變。誂廿六。當有「聲」字。討卅。疑有「聲」字。畁卅六。不當改爲（凷）〔甶〕聲。

第三篇下，凡五條：

孰十四。注「聲」字非衍。㞢十九。非從肯省聲。㪅廿五。注非。敕卅五。「聲」非衍字。敹同上。「聲」亦非衍字。

第四篇上，凡十八條：

䁥二。似當作「䁥」。眡四。《釋文》似不誤。瞶七。《太玄》似非合韻。瞑十。（認）「〔眠〕」在真部。

䀠十四。　注「醜」字不當改爲「䣢」。魯十五。　注誤解《左傳》。翎廿。　注爲「上句反鄉」，非。羿同上。　非十五部。（毉）〔翳〕廿三。　「纛」字蓋從毒聲。魋卅。　不當入隹部。犨卅五。　注「讀若晉」不誤。鳳卅八。　《左傳〔正〕義》「鸖鵚鴛思」四字乃後人所改。鶪四十八。　「鴂」者「鶪」之借字，非誤字。鴂四十九。　所引司馬相如説乃《上林賦》。鵝同上。　注（宫）〔穿〕鑿。鳶〔九〕五十。　《夏小正》「鳴弋」非「鳶」。鵬五十一。　「鳶飛戾天」之「鳶」不當改爲「鳶」。鷙五十二。　「執」聲不誤。

第四篇下，凡十八條：

畢一。　非从田，亦非田聲。叀三。　注妄增。胡十三。　从肉，非从月。臚廿。　「臚言」、「臚句」之「臚」，皆不讀爲敷。膏、肪、脟並廿三。　注（明）〔〔肥〕〕字皆不誤。肊同上。　「教」字非後人所增〔一〇〕。臑廿四。　注當作「羊豕臂也」。肥廿七。　注當作「肉己聲」。腄廿八。　注不當改。《長楊賦》有。脯卅三。　《淮南注》已讀爲蠢閏。膩卅七。　注不聲〔一一〕。散卅八。　注「雜」字當作「離」〔一二〕。胆四十。　注穿鑿。肙同上。　當有「聲」字。刑五十。　开聲在十二部未確。耕五十三。　當有「聲」字。粃同上。　改「册叉」爲「册叉」〔一三〕，非。隼四十一。　注穿鑿。

第五篇上，凡二十一條：

等五。當有「聲」字。笄六。古音當在十一部。籩七。注穿鑿。籌九。「宋楚謂竹篝牆居也」衍「竹」字。个十二。此字不當補。笙十七。當有「聲」字。管六。注當作「物開地而牙」。第廿一。此字未可遽補。迉廿二。《述聞》有辨〔一四〕。埀廿四。非从乖省聲。覞廿六。見亦聲〔一五〕。奇卅一。可亦聲。彭卅四。「聲」非衍字。豈卅八。案：《(枚)〔投〕壺》之「壺中實小豆焉」，是古亦謂(未)爲豆。虩卅九。弟亦聲。虍四十一。並無譌字。虔四十二。「聲」字非衍。虡四十四。千石鐘、萬石虡本出《齊策》。號四十三。「聲」字似非衍。盬五十一。「聲」字不可刪。盇五十二。古音不在十五部。

第五篇下，凡八條：

青一。當(古)〔有〕「聲」字。餔十一。當有「日加」二字。央廿六。誤解「未央」二字。䀰廿七。當从舌聲。糇卅二。注穿鑿。𩎟卅八。誤解「軒」字。韏四十二。改「辨」爲「辧」，非。韓同上。改「井垣」爲「井橋」，大謬。

第六篇上，凡十一條：

棃一。誤讀《爾雅》。栩十。注當有「實」字。本廿一。注不宜改，下「末」字同。槀廿二。「搖白」也乃「摇兒」之（僞）〔譌〕。杙同上。「聲」非衍文。栺廿六。誤解「忽高」二字。槸廿七。此非「其灌其栵」之栵。檥卅一。解「檥船」不確。栝五十三。改「括」爲「栖」，非。「囟」又讀若□〔一六〕。祝五十四。注妄解。栵卅三。此字本在前諸木名内，後人移置於「栖」字之上。而段氏四爲之説，謬矣。《玉篇》「栵」字在「樻」、「栲」二字之閒，不與「栖」字相連。

第六篇下，凡九條：

孛三。注不必補。索同上。注强解。甤四。古音似在十五部〔一七〕。朿八。□説非。貞十五。疑从小聲。⿰山弓廿八。弓聲不誤。郝廿九。注「鄂」字衍，段説非。邛卅一。注支離。邙卅二。注「亡」字不當改。

第七篇上，凡十八條：

晉四。當有「聲」字。㬥十。非从赤。⿱否日十三。注不妥。旇十五。注「蛇」字誤。旟十六。句讀誤。旞十七。句讀誤。旄廿。注非。曑廿三。参聲不誤。曟同上。注多事。盟廿六。注「立」字不誤，「血」字不當改。東卅一。篆文及（査）注皆不宜改。秀卅八。非从人。馨五十八。誤讀秝卿《詩傳》。米同上。注「實」字不誤。粱同上。不當增「禾」字。粊六十。當從非聲。𠧪六十六。此非「粟」字。圅卅。　注謬。後六十七頁補注亦謬。

第七篇下，凡二十三條：

緐二。　此非三部字。　朩同上。　「壺中實小豆焉」〔一八〕。　敊三。　辯同上。　院七。　注有二誤。　容十。　爲大徐所惑。　寒十三。　「湅」字不可改爲「冷」。　寂十四。　不當改「寂」爲「竄」。　突十八。　注當有「聲」字。　穿十九。　古音在十三部。　窫同上。　當有「聲」字。　窬廿一。　穿踰非踰牆。　窔廿三。　「宊」即「窔」之譌。　疾廿六。　「聲」非衍字。　瘉卅五。　誤解《爾雅》、《毛傳》，又誤解《説文》。　冣卅六。　「最」字恐不可皆讀爲取。　冢卅七。　冖亦聲。　冒卅九。　小徐有「聲」字。　最同上。　當有「聲」字。　羈四十三。　大在□□部〔一九〕。　帤四十五。　「幣」字不誤。小徐作「一曰幣布是」五字。　帣五十四。　「犬」乃「狀」之誤，非許誤筆。　香〔二〇〕（上）五十七。　本从甘聲。　疻卅二。　誤解「涕」。

第八篇上，凡十六條：

佩三。　當有「聲」字。　伊五。　當有「聲」字。　侍十三。　當有「聲」字。　位十四。　當有「聲」字。　倪廿二。　誤解詩詞。　偄廿六。　當有「聲」字。　佻廿九。　解「愉愉」之義牽强。　㑆卅九。　古音在之部，不在脂部。　㒰四十五。　誤解《爾雅》。　裦五十五。　「聲」非衍字。　襽五十八。　《周禮・夏采》注作「襚」不作「襀」。　袳五十九。　所引《春秋傳》(几)〔乃〕公羊，非左氏。　兖〔一一〕同上。　「几」非聲。　襞六十二。　《爾雅》「辨」字乃「辟」字之譌。　眉七十一。　當有「聲」字。　便廿二。　古音當在真部。

第八篇下，凡十三條：

(几)〔儿〕七。　注「仁人也」當作「仁也」，不當刪去。　允八。　當有「聲」字。　亮同上。　不當增。　禿十二。　注穿鑿。　覞十八。　注以「覞」爲「覵」，非。　覼同上。　注牽强。　欽十九。　注牽强。　歂款廿二。　字皆諧聲。　歈廿一。　說「嗌嗌」二字非。　歔廿五。　(目)〔且〕唾者，將唾也。　次同上。　當有「聲」字。　七音在十五部，非在十二部。　凡從次聲者並同〔一二〕。　羨廿六。　次亦聲。　歎廿二。　《演說文》語不宜增入。

第九篇上，凡十三條：

頁一。　「頁」非「稽」字。　碩二。　「徒谷」乃「徒各」之譌。　順七。　當從小徐補「聲」字。　鎮八。　搖頭，動其頞耳，非如今人所謂搖頭也。　顲十四。　姚說不可從。　靦〔一三〕十五。　注本作「人面貌」。　首十六。　「百同」二字不宜刪。　㣎廿。　當有「聲」字。　髮廿一。　注當作「拔也」。　詞卅。　當有「聲」字。　苟卅九。　「我是用急」，「急」字非，俗改。　誳四十四。　盾者聲也。　魏同上。　此字古音在十五部。

第九篇下，凡九條：

岨〔二四〕五。「岨」非「沮洳」之義。崇六。注不當改。巹八。此字非後人所加。廟十八。「聲」非衍字。晳卅。不當改爲「晳」。砭卅二。引《山海經注》改「砥針」爲「砭針」，非是。豢卅六。彘子，非先穀字。豨卅六。「豨」非「豰」之或字。豕卅七。招之，外豕之也。

第十篇上，凡三十一條：

騭一。「讀若郅」三字不宜删。馬同上。注不妥。駹四。誤解「惟」字。駓同上。「馬」字不當删。篤十一。頓遲猶遲鈍也。馺十二。「讀若」非衍文。馮同上。注穿鑿。騺十五。似不當改爲「鷙」。駘十六。注穿鑿。駟十七。注穿鑿。駉同上。「聲」字不當删。駮十八。解「六駮」不如錢説〔二五〕。灋廿。去聲也〔二六〕。麀同上。合「麀」、「牡」爲一字，非。麐廿一。吝聲不在十三部，「麐」字不當删。𨗥廿四。《廣雅》音「匹迹」，當是「四迹」之譌〔二七〕。狧〔二八〕廿九。「聲」非衍字。㹩卅一。「聲」非衍字。戾同上。注穿鑿。狄卅二。改「亦」爲「朿」，非。猶卅四。注穿鑿。烈四十一。注穿鑿。熛四十二。注穿鑿。炗四十三。不當改爲「炗」。「燅」或作（錟）〔鍌〕。奧四十六。「聲」字不宜删。燓四十八。不當改爲「焚」。烕五十二。當有「聲」字。烡五十四。不當作爲「烟」。燅同上。蓋從坴聲。粦五十五。疑从舛聲。黑同上。不當增注。

第十篇下，凡三十二條：

悤一。注穿鑿。窗同上。不當刪。熒同上。解「泆」爲「熒」，穿鑿。夾五。改注中「俠」字爲「夾」，非。亦七。注穿鑿。夭八。説「申申夭夭」之義殊謬。騎九。誤解《左傳》。懿十二。注穿鑿。頍〔二九〕十五。頁與□不同字。臯十六。不當牽扯「湲」義。規十九。當有「聲」字。竦廿。當有「聲」字。逯廿一。當有「聲」字。思廿三。「容」字不當改，「聲」字亦不當刪。息廿四。當有「聲」字。意同上。當有「聲」字。恬廿七。不當改爲「炳」。恢同上。古音在一部，不在十五部。忏卅五。恐是困極之義。愢卅六，當有「聲」字。元談二部亦有相通之字，故「愢」或作「〔憸〕」〔三〇〕。恁卅七。注不可改。悒同上。注穿鑿。悆卅八。注穿鑿。愚卅九。當有「聲」字。態同上。當有「聲」字。恣四十。古音在十五部。忩四十一。注穿鑿。惑四十二。注穿鑿。悳四十八。當有「聲」字。患四十八。下文作「悳」，則「患」非「貫」之譌。忝五十。《字林》「他〔會〕〔念〕切」不謬。縈五十一。「佩玉縈兮」未必入韻，當有「聲」字。

第十一篇上，凡三十條：

漆十六。誤解漆水。洛十八。《地理志》注「入河」本作「入渭」。漳廿三。《地理志》「大河」，「大」非衍字。洋四十六。當作「泮」，从半。衍一。當有「聲」字。澔〔三一〕三。此字非後人所造。湝同上。差許誤記，如「東方明矣」之類〔三二〕。冲四。「倏革沖沖」非「涌搖」之義。泬五。誤解《爾雅》。瀳十一。「至」字不可解。氿十四。《爾雅》「厬泉」字作「氿」，借字耳。滎十六。解「熒澤」穿鑿。瀆十八。「曰」字不宜補。汓廿二。當有「聲」字。濿同上。當有「聲」字。又不當改爲「㵗」。汜廿五。注穿鑿。瀌廿七。注不宜改。溓同上。注當作「小水」，「濂」字不宜補〔三三〕。潐廿八。注穿鑿。漮同上。誤解「水之空」三字。汱卌一。誤解《爾雅》、《楚辭》。淪卌三。注穿鑿。湑卌四。《毛傳》之「藪」即《方言》之「籔」，注非。溢卌五。注穿鑿。埿卌八。讀若隴，不誤。汎卌九。注穿鑿。染同上。差从九木，注穿鑿。泰同上。說「太」字穿鑿。瀻四十一。當有「聲」字。漏四十二。不當依《韻會》。

第十一篇下，凡十七條：

顰一。顰字仍在真韻。衇六。當有「聲」字。覛同上。亦當有「聲」字。冶八。當有「聲」字。䨣十三。當有「聲」字。霚十四。據《天官書》，則古音當在四部〔三四〕。霿同上。二字終難分別。需十五。當有「聲」字。鮪十七。「鱦」非「鮪」之俗字。鰥十八。「矜」非「清」之借字。鯫廿四。誤以「鮿」爲「鯫」。鰕廿七。注不當改。𤅡卅。注穿鑿。龍卅一。「龍」非「邕」之借字。龕同上。注穿鑿。龖同上。古音當在七部〔三五〕。𩇕卅。「聲」字不可刪。

第十二篇上，凡二十條：

乙一。注不當改。⿱臸土三。注穿鑿。棲四。「棲遲」、「棲棲」之「棲」皆不可改爲「西」字。鹽五。注不當改。扇六。注不當改。戹同上。「聲」非衍字。闗八。「闗」非「闟」字。開十。古音在五部〔三六〕，不在十二部。閉十三。古音在十二部〔三七〕。耳十五。凡(從)言「焉爾」者，不必皆作「於此」解。耽十六。《淮南》「耽耳」乃「耴耳」之譌。耿同上。注穿鑿。搯廿四。誤以「掐」爲「搯」。摯廿七。當有「聲」字。挾廿八。不當改爲「挾」。捫廿八。撫持猶把持也。拒卅四。注穿鑿。摼五十一。「讀若」二字非衍文。抌同上。注「抌」字非譌。掖五十五。改「赴」爲「仆」，非。

第十二篇下，凡三十條：

妃五。「聲」字不當删。媿六。當有「聲」字。奴十。當從又，女聲。媊十。前聲不在十二部〔三八〕。閟十。注誤，在前十頁內。闟十三。說解《金縢》，在前十三頁內。姡十六。誤解「靦」、「姡」二字〔三九〕。孎十八。注內「孎」字不改爲「倨」。如同上。當從口，女聲。嬪十九。注穿鑿。媻同上。不當改「媻」爲「媻」。妟同上。注穿鑿。嬰廿。注不當改。媢廿二。注不妥。婎廿五。注不妥。嫫廿七。《說文》「糢，讀若嫫母之嫫」，則師古音不誤。娗廿九。注穿鑿。妥廿九。誤解「妥而後傳言」。厂卅二。「厂，明也」即《廣雅》之「拽」。戟卅六。「聲」字不宜删。戲卅八。「虗」非聲，大有二徐之意。羛四十三。即□之□

體〔四〇〕。乍四十五。注妄改，且穿鑿。匿四十七。「目暱焉」與「息」、「極」爲韻，則「匿」字當在職部。匡四十九。説「頃匡」穿鑿。匱五十。注穿鑿。弭五十七。注穿鑿。引五十八。當有「聲」字。弜六十。不當改。弼六十一。注穿鑿。

第十三篇上，凡十六條：

繭一。注未可改。繼五。不當改爲「㡭」。縮七。注穿鑿，又誤解「蹴也」二字。繯八。解《齊語》未妥。緷九。解「上也」二字穿鑿。綷十。誤解《甘泉賦》。緀十七。緀、緅似非一字。絬廿七。説舌聲之義穿鑿。緐卅。「聲」字不宜删。彝卅七。「聲」字不當删。螾四十一。「蠢潤」之音不誤。蟲四十五。注穿鑿。蠪四十六。「蠪朾」上字不連讀。蠓五十一。注穿鑿。蟄五十七。注穿鑿。(蠶)

第十三篇下，凡十七條：

蠶一。改□爲任，非〔四一〕。蟁二。蟁、蛸非雙聲。蚤四。叉非象形。蠹六。注皆非。黿十。注穿鑿。墬十六。不當改「彖」爲「㒸」。坴廿。「逐」字不宜改。亶廿九。當作𩫖。坒卅一。次、即古音不同部。埤同上。注穿鑿。圣同上。古音當在一部。圮卅四。古音在十五部。勃五十四。引俗語不切。勡五十九。「剽」字注：「一(口)〔曰〕剽劫人也。」疑後人所加。劫同上。當有「聲」字。劦五十五。不當言力制切。坻廿七。《左傳釋文》音旨，又丁禮反，則當作「坻」矣。

第十四篇上，凡十五條：

鍤九。注穿鑿。銛十。不可改爲「銛」。鍪廿三。汪當作羊車也，耑有鐵。釿卅一。斤亦聲。所同上。丁丁、所所不宜分二義。斯同上。（斯）〔其〕聲不誤。斦卅二。「來可切」不誤。新同上。「亲」聲不誤。斜卅四。衺古通作斜，俗譌。軓四十。説「前軓」二字未妥〔四二〕。軎四十七。杜注「軹」、「軒」二字不可互易。軌五十三。注謬〔四三〕。蹤五十四。當有「聲」字。輂同上。當依《繫傳》舊本作「輂」。輔五十五。當有「聲」字，注穿鑿。

第十四篇下，凡十三條：

隉五。誤解班固説。陘七。注穿鑿。阺八。與前〔從〕氏字（從）自相矛盾〔四四〕。䧁十六。當有「聲」字。辥廿三。注穿鑿。㝃廿四。當有「聲」字。存廿六。「聲」字不宜删。育廿八。注穿鑿。毓廿八。蓋從每聲。醫四十。殹亦聲。醉卅九。當有「聲」字。醺同上。「聲」字不可删。配卅六。已聲不誤。

第十五篇上，凡四條：

敘曰一。此二字不應移置於前。四曰會意五。凡無聲者謂之會意，其意兼聲者即是形聲。苛人受錢，苛之字止句也「苛」之所以誤解爲「止句」者，乃隸書譌變，注未明晳。俗儒鄙夫「鄙」字誤解。

【說明】

稿以籤記的形式是正段玉裁《說文解字注》中的誤删誤改誤說，共計五百三十二個字條。字條按《說文注》三十篇十五篇各分上下。的順序排列。每個字條，先出楷體，次注明該字在段注篇中的頁碼，再指出其錯誤所在。籤記文字以小字雙行排列在字頭之後。

稿無序跋，無年月。據段、王二氏年譜推算，大概作於嘉慶二十年段氏逝世之後，當時王氏已年逾古稀。

稿存《稷香館叢書》，首頁有「于省吾印」、「雙劍誃」兩枚小篆鈐記，證明手稿由于先生捐出。閱讀《籤記》，當參見《說文解字校勘記殘稿》及王氏父子在《經義述聞》諸書中考釋《說文》的文字。段氏《說文解字注》、《汲古閣說文訂》亦當互參。

凡原闕之字，用□表示。

【校注】

〔一〕「禰」爲大徐新附字；「禯」字不載。小徐有此二字。

〔二〕今本段注無此字。

〔三〕此條殆有誤。

〔四〕《説文解字校勘記》改「芘茉木」爲「芘茉」，是也。

〔五〕此條殆有誤。

〔六〕「廣注新編」不詞，當作「《廣雅》、《新論》」。段注誤引，詳《廣雅疏證補正》。

〔七〕有奪文。《説文解字校勘記》從小徐作「从哭，亡聲」。

〔八〕「迋」當作「迋」。下引《春秋傳》當作「子無我迋」。

〔九〕詳《經義述聞・通説上》「鳶鳶不同字」條。

〔一〇〕段注「肊」下説解中無「教」字，「教」似當爲「聲」字。

〔一一〕「注不聲」殆有誤。

〔一二〕詳《讀書雜志》卷九之二。

〔一三〕段注改爲「冊叉」，非「册叉」。

〔一四〕詳《經義述聞》十八「遒人」條。

〔一五〕詳王念孫《刊正〈諧聲補逸〉》。

〔一六〕「丙」有三讀，見《説文》三上《谷部》。

〔一七〕「豨」在十五部，即段、王脂部。段、王時微部尚未從脂部中獨立出來。微部獨立，是王力先生的貢獻。

〔一八〕「壺中實小豆焉」，語出《禮記・投壺》。參見第五篇上「巹」字下王注。

〔一九〕「羈」，俗作「羇」，從奇聲。此注下「大」字疑爲「奇」之壞字。奇在十七歌。

〔二〇〕此字本在第七篇上。

〔二一一〕「兖」，古文「㕣」。

〔二一二〕「七音」，疑「古音」之誤書。次，當在支部。

〔二一三〕詳見《讀書雜志》卷十六「有靦其面」條及《經義述聞·爾雅》「靦姡也」條。

〔二一四〕岨同砠，戴土之石山，見《詩·周南·卷耳》毛傳。沮洳，疊韻聯綿詞，低濕之地，見《詩·魏風·汾沮洳》孔疏。段注「苦」下云：「凡合二字爲名者，不可删其一字以同於他物。如單云蘭，非芄蘭；單云葵，非鳬葵是也。」而「岨」字下段氏自亂其例。

〔二一五〕錢大昕《潛研堂集》卷六《答問三》：「《詩》中『山有』、『隰有』對舉者，皆草木之類。此『六駮』必草木之名，其非獸名審矣。《釋木》云：『駮，赤李。』謂李之子赤者也，其即《詩》之『六駮』乎？又《釋草》云：『㕧，九葉。』樊光本『㕧』作『駮』。」

〔二一六〕灋省作法，在葉曷部。去，在魚部。灋从去聲，則爲魚葉通轉。

〔二一七〕依「四迹」反音，則字當作「麤」，从速聲。今大徐本作「麤」，誤。大徐音桑谷反，亦誤。故段注删削此篆。

〔二一八〕《經義述聞·爾雅》「其名謂之鰈」條云：《説文》狧字……今本作从犬从舌，乃徐鉉不知古音而妄改之，玆據《繫傳》本正之。

〔二一九〕此下當闕「頡」字。

〔二二〇〕詳拙著《高郵王氏父子學術初探》第五章。華中理工大學出版社，一九九七年十月。

〔二二一〕今本《説文》及段注無此字。

〔二二二〕「湝湝」，許慎引《詩》作「淒淒」，故曰誤記。「東方明矣」，見《詩·齊風·鷄鳴》。

〔三三〕《詩·小雅·伐木》毛傳：「以筐曰釃，以藪曰湑。」孔疏：「藪，草也。」段注：「是則毛傳『湑』訓以《藪茜》之『藪』。」

〔三四〕段氏以爲在三部，王氏以爲在四部，王說是，段氏幽侯分别不嚴。

〔三五〕段氏以爲在八部，王氏以爲在七部，王說是，段氏之談葉、侵緝分别不嚴。

〔三六〕開在十五部，此脱去「十」字。

〔三七〕閉在十二部，即質，真部入聲，王氏質部獨立。

〔三八〕當在十四部元。

〔三九〕詳《經義述聞·爾雅》「靦，姡也」條。

〔四〇〕羛，義之古文，見《讀書雜志》卷七之一「義」條。

〔四一〕脱「吐」字。

〔四二〕詳見《經義述聞·詩經上》。

〔四三〕詳見桂馥《說文解字義證》「軌」下引王氏。段說又見《經韻樓集》。

〔四四〕從氏之字，指坻，見第十三篇下。

籤記《形聲類篇》

王氏懷祖曰〔一〕：張氏之書〔二〕，念孫所未見。其合緝、盍二部爲一，非也。而謂爲無平上之部，則正與鄙見相同。蓋入聲之分配平、上、去，必以三代之音爲準。考《三百篇》、羣經、《楚辭》所用緝、盍二部之韻，皆在入聲中，而無與平、上、去同用者。至于《老》、《莊》、諸子，無不皆然。則此二部之本無平、上、去明矣。雖「我位孔貶」之「貶」，本从乏聲，然亦如「勞心怛怛」之「怛」之从旦聲耳，不得因此而遂以乏爲凡之入也。諧聲之字，原多轉紐。且如真臻先之於質櫛，諄文殷魂之於術物迄没，元寒桓删山仙之於月曷末黠鎋辥，其偏旁之互通者多矣。然而卒不能通，何也？以《三百篇》之不同用也。大箸兼用顧、江、段、孔、張五氏之書，其入聲之分配平、上、去皆不用《切韻》之例〔三〕，而此二部獨相沿而不改，是兩歧之見也。

王氏懷祖(曰)〔案〕：至韻之至聲、(摯)〔挚〕聲、疐聲，霽韻之閉字，質韻之質聲、日聲、一聲、乙聲、失聲、七聲、桼聲、吉聲、壹聲、栗聲、畢聲、必聲、瑟聲、悉聲、疾聲、實、逸字，職韻之抑字，黠韻之八聲，屑韻之卪聲、即聲、戜聲、血聲，辥韻之設聲、徹聲、別聲，皆當分出爲質部，而不與術、物等部通。九經、《楚辭》中以質、術同用者，唯《詩·載馳》三章之濟、閟，《皇矣》八章之類、致，《抑》首章之疾、戾，及《楚辭·九章》之至、比，不得因此而謂其全部皆通也。若《賓之初筵》二章「以洽百禮。百禮既至，有壬有林。錫爾純嘏，子孫其湛」，此以兩禮字爲韻，壬、林、湛爲韻，而至字不入韻。「子孫其湛。其湛曰樂」，亦以兩湛字爲韻。凡下句之上二字與上句之下二字相承者，皆韻也。《玄鳥》篇：「四海來假，來假祁祁。景員維河。殷受命咸宜，百禄是何。」此以兩假〔字〕爲韻，河、宜、何爲韻，而祁字不入韻。用韻之法正與此同。顧氏以禮、至爲韻，段氏以爲合韻，皆非也。質、術之相近，猶術、月之相近。《詩・候人》四章之薈、蔚，《雨無正》二章之滅、戾、勩，《小弁》四章之嘒、淠、届、寐，《采菽》二章之淠、嘒、駟、届，《瞻卬》首章之惠、厲、瘵、疾、届，此〔亦〕〔以〕質、術、月三部並用。《易・旅・象傳》之位、快、逮，《涣・象傳》之外、大、位、害，《楚詞・九章》之慨、邁，《九辯》之帶、介、慨、邁、穢、敗、昧。術、月之通較多于質、術，而言古韻者，尚以爲不可通，則質、術之不可通明矣。念孫以爲質、月二部皆有去而無平上，術爲脂之入，而質非脂之入，故不與術通。猶之月非脂之入，故亦不與術通也。段氏以質爲真之入，非也，而分質、術爲二，則是。張氏不以質承真，是也，而合質、術爲一以承脂，則非。〔四〕

又曰〔五〕：《周頌・酌》詩全篇無韻。顧氏以師、熙爲韻，晦、介爲韻，受、造爲韻，嗣、師爲韻，非也。故段氏《詩經韻表》皆不載入。《説文》「害」从丰聲，丰讀若介，則介、害同在一部明矣。《楚詞・九辯》「負左右之耿介」與「帶」、「慨」、「邁」、「穢」、「敗」、「昧」韻。《太玄・竈・次二》「黄鼎介」與「裔」、「害」韻，《堅・次四》「蛡不介」與「蝷」韻。其介聲之字，則《管子・度地》篇以「界」與「敗」韻，《淮南・説山》篇以「芥」與「大」韻，司馬相如《子虛賦》以「界」、「芥」與「外」韵，《太玄・戾》「測〔曰：殺生相矢，中爲〕（以）界」與「敗」韵，《説文》「乔」从介聲，讀若蓋〔六〕。又曰：《説文》「魝」从刀从魚，讀若鍥；「薊」从艸，魝聲。《史記・賈生傳》「細故慸薊」，《漢書》作「蔕芥」。〔七〕

王氏懷祖曰：《詩》中「舊」字皆讀忌上聲，而其字从臼聲者，止、有二韵最相近，故聲相通也〔八〕。《説文》以舊爲鴟鵂之鵂，則又讀若休矣。若臼字，則本讀若舅，故舅字亦从臼聲。《繫辭傳》：「斷木爲杵，掘地爲臼。臼杵之利，萬民以濟。」此以利、濟爲韵，而臼字不入韵。上文之「斲木爲耜，揉（本）〔木〕爲耒」、「刳木爲舟，剡木爲楫」，下文之「弦木爲弧，剡木爲矢」，皆不用韵也。顧氏誤以臼、利、濟爲韵，遂云臼古音其以反，不知改讀其以反，仍與利、濟不協也。周平王宜臼，《國語》作「宜咎」；《史記》「屈宜臼」，《説苑》作「屈宜咎」；《韓子》「魏惠王爲臼里之盟」，《戰國策》作「九里」。是臼之讀若舅，古今無異也。〔九〕

王氏懷祖曰：「巫覡」之「覡」，《荀子・王制》篇作「擊」。〔一〇〕

王氏懷祖曰：《禮運》「然後飯腥而苴孰」與「復」爲韵，下文以望、藏、〔上〕、鄉爲韵。《老子》「成之孰之」與「畜」、「育」、「覆」爲韵，《莊子・列禦寇》篇「何相孰也」與「告」、「毒」爲韵。宋衷注《世本》云：「壽、孰音相近。」見《史記・吴世家》索隱。〔一一〕又曰：臯字，九經、《楚詞》及周秦人書皆未嘗入韵，唯《淮南子・原道》篇「爲天下臯」與「宛」、「躁」、「嬈」爲韵。又《莊

子·繕性》篇「澩醇散樸」，澩即澆字。又梟首字本作県。〔一二〕

王氏懷祖曰：頫即俯仰之俯。《左傳》「三命而俯」與「僂」、「傴」、「走」、「侮」、「口」爲韻。〔一三〕

王氏懷祖曰：别談于覃咸、别虞于魚模以合侯，别蕭于宵豪以合幽，《古韻標準》已然，不始于孔氏也。〔一四〕

又曰：分祭、泰、夬、廢及月、曷、末、鎋、辥自爲一部，先師戴氏及念孫皆有此説，非始于莊君也。〔一五〕

王氏懷祖曰：《周頌》多不用韻者。若必錯綜其文，强之使韻，則以韻害辭矣。後皆仿此。〔一六〕

王氏懷祖曰：「百姓昭明」與「姓」合韻〔一七〕。下文「邦」、「雍」自爲韻。〔一八〕

王氏懷祖曰：《爾雅》以「戎菽」解「荏菽」，非讀「荏」爲「戎」、讀「戎」爲「荏」也。〔一九〕

王氏懷祖曰：「懆」之爲「慘」，乃形之譌，非聲之通。孔氏以宵豪爲侵覃之陰聲，而未有確據，故假此以自實其説耳。荆郊之鄙謂淫曰遥，非讀淫爲遥也。〔二〇〕

王氏懷祖曰：「賁渾」乃「沓渾」之僞。沓，古文睦字。睦、陸古字通。説見《潛研堂文集》。〔二一〕

王氏懷祖曰：京、原乃字之誤，非聲之通。〔二二〕

○○案：《昊（命）〔天〕有成命》全詩無韻。「夙夜基命宥密」之「密」，與「肆其靖之」之「靖」不必强謂之協韻。史公述《尚書》，多以同訓字相代。《今文尚書》「惟形之謐」，（引）《史記》〔引〕「謐」爲「静」，乃義之同，非聲之通也，似非耕脂二部通合之證。〔二三〕

王氏懷祖曰：孫炎以「涒灘」爲傾垂之貌〔也〕，〔非〕讀「灘」爲「垂」也。〔二四〕

王氏懷祖曰：蘖、肄乃聲之轉，非字之通也。〔二五〕

王氏懷祖曰：《繫辭》「儀」、「卦」非韻，下文亦非韻。〔二六〕

○○案：《臣工》首二句用韻，餘皆不用韻。《酌》則全篇不用韻，似不必以《臣工》之「求」、「卒」爲協「介」，《酌》之「受」、「造」爲協「晦」、「熙」、「嗣」。〔二七〕

王氏懷祖曰：《繫辭》以「者」、「野」爲韻，「樹」、「數」爲韻，而「椁」字不入韻〔二八〕。

王氏懷祖曰：惴字古盖讀若專。《小宛》六章：「温温恭人，如集於木。惴惴小心，如臨于谷。戰戰兢兢，如履薄冰。」木、谷爲韻，兢、冰爲韵，而惴惴二字上與温温爲韻，下與戰戰爲韻。惴惴讀若專專。《列女傳·序》云：「專專小心，永懼匪懈。」是其明證也。（專）《説文》作「叀」，（註）云：「叀叀，小謹也。」今本脱一（叀）〔專〕字。《莊子·齊物論》篇云：「大言閑閑，小言閒閒。大言炎炎，小言詹詹。」又云：「小恐惴惴，大恐漫漫。」閑、閒爲韻，炎、詹爲韻，惴、慢爲韻。惴亦讀若專。《孟子》「吾不惴焉」音義云：「惴，丁本作遄。」則惴之從耑聲明矣。揣字古盖讀若喘。《方言》：「度高爲揣。」郭璞音常絹反。《廣雅》：「揣，度也。」曹憲音丁果、尺兖二反。《漢書·賈誼傳》「何足控揣」，與「患」爲韻，如淳曰「揣音團」，《史記》作「摶」。《文選·長笛賦》「冬雪揣封乎其枝」，李善曰「揣與團古字通」，則揣之从耑聲又明矣。《昭三十二年左傳》「揣高卑」，釋文：揣，丁果反，又初委反。蓋元歌相近，歌支亦相近。〔二九〕故揣从耑聲，而轉爲丁果反，又轉爲初委反。考古者，要當從其朔也。惴惴二字，皆不當改爲瑞省聲，且當收元部，不必兼收歌部。瑞字《說文》本从耑聲，而小徐以爲無「聲」字，故大徐削之。周秦書之存于今者，皆未嘗以瑞字入韻。《說文》从耑聲，則焉知古音之不在元部乎？《說文》褍字讀若端，《玉篇》丁丸、丁果二切，而丁丸在前。褍即端章甫之端。椯字《說〔文〕》訓爲度，則仍與揣同。《玉篇》：「椯，市專切，又丁果切。」亦是市專在前。此三字皆不必兼收歌〔部〕。唯鍴字从耑聲，而讀若捶擊之捶，乃可兼收歌〔部〕耳。〔三〇〕

古〔書〕〔之〕納字本作内，故軜从内聲。凡聲兼意者，仍是諧聲，非會意也。大箸《通合篇》于合韻論之詳矣，而軜字必改爲會意，〔是〕〔豈〕猶有人之見者存耶？〔三一〕

㔷从丙聲，誠不可曉，自當闕疑。大徐以爲从内會意，師心變古，斷不可从。《漢鄭固

碑》「陋」字正从丙。〔三二〕

王氏懷祖曰：殺字當是从乂，朮聲。術、月二部最相近，故聲相通。〔三三〕

王氏懷祖曰：「見」入真部，未詳。所據「悁」、「霰」、「顯」入真部，亦未詳。〔三四〕

王氏懷祖曰：《易・晉》「裕」協「考」，「考」蓋「咎」字之譌。然「罔孚，裕，无咎」非韻也。〔三五〕

王氏懷祖曰：《酌》詩全篇不用韻。又曰：《繫辭》「如臨父母」與「保」爲合韻，不與上文「度」、「懼」、「故」合韻。〔三六〕

【説明】

丁履恒《形聲類篇》《大亭山館叢書》。是一部古韻學著作。是書「以《唐韻》合之《説文》形聲，復以《説文》形聲合之經典用韻」，龐大堃《跋》。分古韻爲十九部。丁氏粗成《部分》、《通合》二篇，携稿至京師，就正於王念孫。王氏不辭老邁，細心審閲，隨稿附簽三十五條，實有三十八條。詳加駁正。奬掖之情，溢於言表。

此籤記，有王念孫手書艸稿《昭代經師手簡》。本，在《與丁大令若士書》後。丁氏分條録出，散入《形聲類篇》各部。劉盼遂收入《王石臞文集補編》時，似曾參閲二稿。一九三六年油印本《高郵王氏父子論音韻文稿》亦收録此籤記。綜校後三家所録，其條數、順序、文字互有歧異，且與王氏手稿多有不同。今以丁氏排印本爲底本，按手稿出校。

【校注】

〔一〕《形聲類篇》所記各條冠以「王氏懷祖曰」或「又曰」，手稿記作「〇〇案」，「〇〇」即「念孫」二字，古人書信手稿往往如是。丁氏稱以字，示敬。此條在《形聲部分篇・乙部》。

〔二〕張氏，即張惠言（一七六一——一八〇二）。張氏《説文諧聲譜》本爲未竟之書，其子成孫續成之，凡五十卷，見《端虛勉一居文集》。《續清經解》有龍啟瑞節録本，僅九卷。張氏分古韻爲二十部，多取江有誥、王念孫之説。緝、盍併爲揖部，則與江、王不同。

〔三〕詳《與李鄦齋方伯論古韻書》。

〔四〕此條在《形聲部分篇・己部》。至部獨立，乃王氏創見，故力辯。

〔五〕此條在《形聲部分篇・己部》。劉氏未收，《文稿》脱一句。依手稿，丁氏此條脱漏、顛倒。此條前脱一條，在手稿天頭，用綫勾入正文，兹録如下：

〇〇案：《説文》「魝」從刀魚，讀若鍥；「薊」從艸，魝聲。《史記・賈生傳》「細故慸薊」，《漢書》作「蔕芥」。介聲，説見後之部。則魝聲當入祭部，不當入脂部。

又此條「周頌」二字本無。前脱一行，兹録如下：

〇〇案：介聲入辛部者，據《周頌・酌》篇之「是用大介」也。今案：

「今案」下接「《酌》詩」。

〔六〕「蓋」後脱一句：則介聲當入己部下，不當入辛部。古音之部。手稿在「己」右注一「祭」字，謂《部分篇・己部》字，古音歸祭部。殆丁氏原稿列辛部，改正後歸己部。

〔七〕此「又曰」條，即前脱一條之殘文，又倒置於後。

〔八〕止、有二韻，爲《廣韻》韻目。忌上聲在止韻，臼在有韻。而上古音止、有、舊並在之部，臼在幽部。舊从臼聲，爲之、幽旁轉，猶《詩・絲衣》紑、俅、基、牛、鼒、觩、柔、休合韻，《楚辭・遠游》疑、浮合韻。王氏言古韻，韻目名稱或依《廣韻》，或从成説，自亂其例。

〔九〕此條在《形聲部分篇・辛部》。

〔一〇〕此條在《形聲部分篇・庚部》，證「覡」爲支部字。手稿在「梟」字條之後、「禮運」條前。手稿「擊」後還有一句：「則《切韻》收入錫韻是也。今收入宵韻，未詳所據。」王氏此説，又見《諧聲補逸・巫部》識語。

〔一一〕此條在《形聲部分篇・壬部》。手稿列「巫覡」條後。「索隱」二字後，手稿尚有一句：「則孰字當入幽部，不當入矦部。」

〔一二〕「又曰」條，手稿在「巫覡」條前，又脱略字句。茲據手稿録文如下：

○○案：梟字从鳥在木上，今本《説文》作「梟」，（之）〔云〕「从鳥頭在木上」，段氏《説文注》已辯之。非从鳥聲。九經、《楚辭》及周秦人書皆未嘗以梟字入韻，唯《淮南子・原道》篇「爲天下梟」與「窕」、「躁」、「嬈」爲韻。又《莊子・繕性》篇「⿰氵梟醇散樸」，⿰氵梟即澆字，則⿰氵梟字當入宵部，不當入幽部。又梟首字本作県，梟、県二字皆當入宵部。

又県，《漢隸拾遺》：《北海相景君銘》。「県，梟首本字。」

〔一三〕此條在《形聲部分篇・癸部》。「爲韻」後，手稿尚有一句：「則類字亦當入矦部，不當入魚部。」

〔一四〕此條在《諸家部分篇》。孔氏，即孔廣森，有《詩聲類》。

〔一五〕此條在《諸家部分篇》。「念孫」二字，手稿作「某」。　莊君，即莊述祖，有《古音考》，佚，僅存《序》。分古韻二十部，詳劉逢禄《詩聲衍・條例》。莊述祖、張惠言、丁履恒均爲江蘇武進人。又，「莊君」之後，手稿尚有一句：「唯阮芸臺制軍知之。」

〔一六〕此條在《形聲通合篇・東冬比類通合一》。丁氏强不用韻之文使之叶韻，如《烈文》。淆亂韻例，王氏故如此説。

〔一七〕「百姓昭明」，見《尚書・堯典》。

〔一八〕此條在《形聲通合篇・東談通合》。明、姓相協，爲陽、耕二部合韻。邦、雍並在東部本韻。丁氏淆亂韻例，以爲明協邦、雍，「此爲東陽通合」。

〔一九〕此條在《形聲通合篇・冬侵蒸比類通合四》，劉氏漏收。丁氏誤取《詩・生民》「荏菽」，《爾雅》謂之「戎菽」，爲冬侵通合之證。荏、戎一聲之轉，實不同音讀。

〔二〇〕此條在《形聲通合篇・侵蒸耕真幽同列通合五》。丁氏以形誤之字爲聲通之字，又誤信孔廣森之説，故其侵宵通合之説實爲無據。又丁氏、劉氏此條後較手稿少一段文字：

《詩・匏有苦葉》是軌字也。（軓字）軌乃車轊頭，非車轍，段氏誤以軓爲合韻。高郵李進士名惇及某皆辯其誤，後段君《經韻樓集》依改焉。此非侵幽二部相合之證。

又，《經義述聞・詩述聞》較此爲詳，桂馥《説文解字義證》「軌」下引述。

〔二一〕此條在《形聲通合篇・真文通合》。丁氏以《公羊春秋》「賁渾戎」，《左傳》作「陸渾之戎」，證文幽陸在幽部入聲覺。通合之説。「賁」非「陸」之異文，而是「陸」之訛文。又，此條後，手稿尚有一句：「此非文幽二部相合之證。」

〔二一二〕此條在《形聲通合篇·陽元耕真比類通合八》。丁氏以《禮記》「九京」讀同「九原」，證陽元通合。手稿此條原文作：

○○案：《禮記》「九原」之「原」作「京」，乃字之誤，非聲之通，似非陽元二部通合之證。

《形聲類篇》、《王石臞文集補編》殘缺。

〔二一三〕此條見手稿，丁氏、劉氏未録入。「命」、「引」二字，手稿訛、倒。前條謂「字之誤，非聲之通」，此條謂「義之同，非聲之通」，下下條謂「聲之轉，非字之通」，均爲王氏發明之緊要條例，亦爲丁氏著作中錯誤之類型。

〔二一四〕此條在《形聲通合篇·元祭歌宵魚同列通合十二》。丁氏誤以灘讀爲垂，證元歌通合。又，此條末尾手稿尚有一句：「似非元歌二部通合之證。」

〔二一五〕此條在《形聲通合篇·脂祭支歌之比類通合十三》。丁氏以《方言》「萌蘖」之「蘖」，秦晉之間曰肄，證脂祭通合。此條手稿原文作：

○○案：《方言》「萌蘖」之「蘖」，秦晉之間曰肄，乃聲之轉，非字之通，似非脂祭通合之證。

丁氏、劉氏所收殘缺。

〔二一六〕出處同上。丁氏以儀、卦爲韻，證支歌通合。又，此條末尾手稿尚有一句：「似非支歌通合之證。」據筆迹，此條似出王引之之手。丁氏、劉氏所收殘缺。

〔二一七〕此條見手稿，丁氏、劉氏均未收録。

〔二一八〕此條在《形聲通合篇·幽宵侯魚比類通合十五》。丁氏誤以《繫辭》野、椁、樹、數協韻，證侯、魚通合。「椁」在魚部入聲鐸，「數」在侯部入聲屋，王氏此二部入聲未獨立，故云魚、侯。又，「繫辭」

下，手稿有「古之葬者七句」六字；「入韻」後，手稿有「不得以野、椁與樹、數爲協韻」十一字。《讀書雜志・史記三》「醳之愉」條亦以魚侯不通。

〔二九〕此條在《形聲餘論》。丁氏曰：「瑞从耑，非聲。揣、惴二字可从瑞省聲，收歌部。」王氏以書證和音轉理論正之。

〔三〇〕《讀書雜志・漢書八》「鄲侯」條、《淮南子十四》「物莫不足滑其調」條并云：「歌元二部古或相通。」又《經義述聞・周易上》「无祇悔」條、《書錢氏〈答問・説地字音〉後》並云：「古聲支歌二部相通。」

〔三一〕此條在《形聲餘論》。聲兼意，以聲爲主，王説是。《説文》不明言亦聲者，類與此同。

〔三二〕此條見《形聲餘論》。「㔶」前，手稿有「〇〇案」。

〔三三〕此條在《形聲餘論》。「杀」字前，手稿有「〇〇案：《説文》殺从殳，杀聲，而無杀字」一句。

〔三四〕此條在《形聲通合篇・真文元比類通合九》，而不在手稿二十八條之内。後二條同。疑丁氏録自王氏其他著作。

〔三五〕此條在《形聲通合篇・之幽侯比類通合十四》。丁氏誤以《周易》裕、考協韻，證幽侯通合。裕韻咎，乃侯幽合韻。裕在屋部，王氏侯、屋不分。而《諧聲補逸・网部》「罶」下王注：「古音侯多轉入尤。」尤即幽部。王氏此云裕、咎非韻，似前後矛盾。

〔三六〕此條在《形聲通合篇・之幽侯比類通合十四》。

《經傳考證》校正語

《周易》

《屯》：「以從禽也。」

念孫案：從與縱同，《周易古義》有之。

「古之聰明睿知、神武而不殺者夫。」

念孫案：殺讀隆殺之殺，〔不殺〕，不衰也。釋文：「殺，馬、鄭、王肅、干所戒反。」虞翻亦云：「乾、坤、坎、離，反復不衰。」《士冠禮記》「德之殺也」，鄭注云：「殺猶衰也。」《呂氏春秋·長利》篇「子孫彌殺」，高注亦云：「殺，衰也。」《樂記》「志微噍殺之音」，《史記·樂書》「殺」作「衰」。是不殺即不衰也。言必聰明睿知、神武而不衰者，乃能與于此。「寂然不動，感而遂通天下之故，非天下之至神，其孰能語于此？」語意與此相似。前訓殺爲察，而不以察之爲明，則又生一義，非上文所有矣。且下言「察于民之故」，則不殺非不察也。似當從鄭、王、虞讀爲是。

《尚書》上

《盤庚上》：「曰其如台。」

念孫案：諸「台」字皆訓爲「何」，段若膺《古文尚書撰異》已詳言之。

「無或敢伏小人之攸箴。」

念孫案：箴、銛聲雖相近，然古未有讀箴爲銛者。且小令所利，此「利」字與「害」相對。若「銛利」之「利」，則與「鈍」相對。今讀「箴」爲「銛」，而訓爲銛利，又轉而爲「利害」之「利」，則牽合而失其本旨矣。馬注之「箴，諫也」，下文云「猶胥顧于箴言」，則「箴」字似不如仍舊解。

《盤庚中》：「鮮以不浮于天時。」

念孫案：「鮮可以飽」，見《苕之華》篇，「鮮」訓爲「少」，不訓爲「斯」。若齊魯之間「鮮」聲近「斯」，乃《瓠葉》篇「有兔斯首」之箋，非「鮮可以飽」之箋也。

「恭承民命。」

念孫案：《漢石經》亦作「民中絶命」，則古今文皆然，似未可據《史記》改。

《西伯戡黎》：「格人元龜。」

念孫案：《潛夫論・卜列》篇引此作「假爾元龜」，則「人」字似是「尒」字之譌。然「假爾泰龜」、「假爾泰筮」，「爾」字皆指龜策言之。祖伊諫紂，固無取於「假爾泰龜」之文也，且與「罔敢知者」句文義不貫。《潛夫論》疑有誤也。《史記·殷本紀》亦作「格人」，《論衡·卜筮篇》引此，亦作「格人」，而釋之云：「賢者不舉，大龜不兆。」《論衡》所引皆《今文尚書》，而以格人爲賢者，則古今文皆作「格人」明矣。

《尚書》下

「公無困哉。」

朱彬引《水經注》卷三十三：吕忱曰：「溨水出蜀，許慎以爲涐水也。」是哉與我古字通。

念孫案：我哉、涐溨皆以形近而譌，非古字通也。

《多方》：「爾乃迪屢不静，爾心未愛。」

念孫案：《康誥》云：「今惟民不静，未戾厥心，迪屢未同。」此云「尔乃迪屢不静，尔心未愛」，三「未」字文同一例。今以「未愛」爲「昧薆」，似未安。《律志》之「昧薆」，不足以證《周書》也。

「則惟爾多方探天之威。」

念孫案：「威」可訓爲「力」，不可訓爲「功」。下文「致天之罰」，正與「威」字相承。若云「貪天之功」，則又與下意不協。

《立政》：「桀德惟乃弗作。」

念孫案：「弗作之爲作也」，語不可曉，蓋寫者之誤。

「率惟謀，從容德。」

念孫案：訓「從容」爲「舉動」，「率惟心，舉動德」，則大爲不辭，必多加數字以釋之而後可矣。某氏傳解「從容德」云「從文王寬容之德」，轉爲妥協。尊意訓謀爲心是也。言武王惟心從文王寬容之德，以受此丕丕基耳。兩「率」字皆語辭。

《費誓》：「無敢傷牿」、「勿敢越逐」、「無敢不逮」、「無敢不供」。

念孫案：「無敢傷牿」，若爲敢傷牿，則「牿之傷」句可删矣。「勿敢越逐」，若爲敢越逐，則句當云「汝則有常刑矣」。而下文乃云：「祗復之，我商賚汝。乃越逐，不復，汝則有常刑。」是「勿敢越逐」之「勿」，仍是禁止之詞，非空爲詞助也。若云「敢越逐」，則既與「祗復之」二句義不相屬，又與「乃越逐」之文相復矣。至「無敢寇攘」云云下，不更言「寇攘」。云云者，蒙上而省耳，後皆放此。

《毛詩》上

《牆有茨》：「不可讀也。」

彬謂《廣雅·釋詁二》：「讀猶語也。」

念孫案：《廣雅》：「讀，説也。」無「讀猶語也」之文。

《唐·山有(櫙)〔樞〕》：「宛其死矣。」

念孫案：「宛彼北林」之「宛」，讀爲「鬱而宛其死矣」。「宛然左辟」、「宛彼鳴鳩」，未必皆可讀爲鬱。宛、鬱一聲之轉，再轉而爲「倏然」之「倏」，則聲遠而義不可通矣。「宛然左辟」，亦非「倏然」之謂。

《小雅·蓼蕭》：「燕笑語兮，是以有譽處兮。」

念孫案：如鄭箋，以「譽」爲「不譽」，則「譽處」二字義不相屬，而「處」字可删。是譽、豫古字通，當從蘇氏説訓譽爲安樂，方與上文一貫。《左傳》：「寵光之不宣。」寵光亦非名譽之謂。《〔禮〕記》言「則安則譽」，而繼之以「養諸侯〔而〕兵不用」，則譽亦非名譽之謂也。鄭注以譽爲名譽，亦非。「庶幾夙夜，以永終譽」〔一〕，言「譽」而不言「處」字，此「譽」字不同。

《節南山》：「覆怨其正。」

念孫案：《大司馬》：「賊殺其親，則正之。」鄭注引《王霸記》曰：「正，殺之也。」無「正君也」其文。

《小弁》：「歸飛提提。」

念孫案：鄭注引《詩》本作「好人折折」〔二〕，蓋鄭注《禮記》時，未見《毛詩》，故據二家《詩》，引作「折折」。釋文云：「折折，大兮反，注同。」故知鄭注本作「好人折折」，後人據《毛詩》改爲「提提」，則既與經文不合，又與釋文「注同」二字不合。孔疏作「提提」，亦是後人所改。至《考文》引古本經文亦作「提提」，則又據誤本注疏改之。《考文》所引古本、足利本，皆竊取《釋文》、《注疏》及他書所引爲之。念孫向爲所誤，故所刻書中多引之，今不可追改矣。幸《唐石經》及各本《釋文》皆作「折折」，《釋文》又有「注同」二字，足正展轉改易之謬。《廣韻・十二齊》「折」字下引《禮記》，亦作「折折」。

《甫田》：「以我齊明，與我犧羊。」

念孫案：齊明，即明齊，倒文協韻耳，與「齊明盛服」不同，古無謂粢盛爲齊明者。訓明爲絜，轉而爲盛，又轉而爲「粢盛」之「盛」，似失之迂。

《毛詩》下

《棫樸》：「淠彼涇舟。」

念孫案：彼傳訓毖爲流〔三〕，是指水言之。此言「淠彼涇舟」，則指舟言，非指水言，「舟行貌」之訓，似不可易。

《板》：「天之方難，無然憲憲；天之方蹶，無然泄泄。」

念孫案：「亦訓厭」三字似可删。瘼、莫通可也，然「求民之莫」仍當依《毛傳》訓爲「定」〔四〕。

《雲漢》：「敬恭明神，宜無悔怒。」

念孫案：毛傳：「悔，恨也。」諸書訓「悔」爲「恨」者多矣。此即「神罔時怨」、「神罔時恫」之意〔五〕，「無」字似非語詞。《生民》云：「庶無罪悔。」「無」字亦非語詞。

《韓奕》：「籩豆有且。」

念孫案：「籩豆有踐」、「籩豆有楚」、「籩豆有且」〔六〕，三者文同一例，皆狀籩豆之貌，非指籩實、豆實言之，亦未嘗舉豆以該籩也。菹通作且，於古亦無據。

《江漢》：「作召公考。」

念孫案：《詩》作「先王」，不作「先祖」。

《瞻卬》：「匪教匪誨，時維婦寺。」

念孫案：「亂匪降自天」、「匪教匪誨」，三「匪」字文同一例。下二「匪」字，不必改訓爲

「彼」。

《召旻》：「兢兢業業，孔填不寧，我位孔貶。」

念孫案：「我居圉」、「我邦」、「我位」、「我躬」，皆指幽王言之，非詩人自謂。

《周頌・烈文》：「無競維人，四方其訓之。」

念孫案：「無競維人」，競維人也。「不顯維德」，顯維德也。「無」、「不」皆語詞。抑以「有覺」對「無競」，「無」、「有」亦語詞。

《商頌・那》：「(倚)〔猗〕與那與，莫我敢遏。」〔七〕

念孫案：集傳云：「曷、遏通。」似無庸再釋。

《禮記》

《曲禮》：「稷曰明粢。」

念孫案：「稷曰明粢」，古本所無。程氏《九穀考》、臧氏《經義雜記》皆詳言之。

《檀弓》　畏

念孫案：《左傳・成十七年》：「(長魚)矯以戈殺駒伯、苦成叔於其位。温季曰：『逃威也。』遂趨。」逃威，即逃畏。

《月令》：「是察阿黨。」

念孫案：《考文》所引足利本不可信，《校勘記》已辨之。

（玉藻）《〔少儀〕》：「不訾重器」、「毋訾衣服成器」。

念孫案：朱子以訾爲計度，引《國語》、《漢書》爲證，與鄭義相近。若以訾爲詆訶，則與上三句不一律。鄭注兩處皆訓訾爲思，殆非無據。

《祭義》：「舟而不游。」

念孫案：「道」與「徑」不同，「舟」與「游」不同，「游」字非連「舟」字言之。齊侯乘舟於囿，必舟之小者，故蔡姬能蕩之，若大舟，則不能蕩矣。且蔡姬之湯舟，與公戲耳，未聞乘舟而目蕩之者。

《祭統》：「不求其爲。」

念孫案：「不求其爲」，承上文「必受其福」而言。《詩》「公尸燕飲，福禄來爲」是也〔八〕，似非不求人知之謂。

《表記》：「率法而强之，資仁者也。」

念孫案：「率法而强之，資仁者也」，謂資仁以自成，非咨諏之謂。

「非其人弗自。」

念孫案：陳澔云：「自，所由以進者也。」〔九〕似當引陳説而申言之。

《儒行》：「不隕獲于貧賤。」

念孫案：隕與落同義，而「隕落」之「落」與「瓠落」之「落」則不同。瓠落，大貌也。《莊子》：「瓠落無所容。」簡文云「瓠落猶廓落」是也。司馬之瓠布、護落、零落，則非無所商之義矣。獲，刈也。籜，落也。穫、籜雖同在一韻，而聲義皆别。

《左傳》

《桓六年傳》：「隨侯懼而修政，楚不敢伐。」

念孫案：《八年》：「〔隨〕少師有寵，〔楚〕（闕）〔鬬〕伯比曰：『可矣，讎有釁，不可失也。』」然則懼而脩政之時，楚國未敢伐也。楚不敢伐，據見在言之，非終言之。

《莊十二年傳》：「惡於宋而保於我，保之何補？」

念孫案：《説文》：「宲，藏也。」宲與保通，《襄十一年傳》云：「毋保姦，毋留慝。」

《僖七年》：「若總其罪人以臨之。」

念孫案：《離騷》「總」訓爲「結」，乃「結繫」之「結」，非「與人相交結」之「結」，似當從杜注。

《宣十年傳》：「鄭人討幽公之亂，斲子家之棺而逐其族。」

念孫案：斲从㽜聲，㽜，徒口反。音琢磨之琢，於古音屬屋部，轉去聲則入矦部。斮从昔聲，側略反，於古音屬鐸部，轉去聲則入暮部。斲、斮古不同部，故字不相通。又斮崔杼之棺，《左傳》無此語。

《宣十七年傳》：「易者實也。」

念孫案：易者移也，故杜以爲遷怒。本怒齊，而及於我，是齊之外，又益以我也，故曰「余懼其益之也」。然則「易」者，怒彼而移於此，非謂輕易其怒也。《襄十（三）年傳》：「既無（詎）〔武〕守，而又欲易余罪，曰：『是實班師，不然克矣。』」言汝既無（詎）〔武〕守，而又欲藉班師以移罪於我也。尊著訓易爲治，殆非也。首營爲中軍將，即使有罪，荀偃等亦不能治之，況無罪乎？《定十年傳》：「侯犯將以郈易於齊。」言以魯之郈移於齊也。《盤庚》曰：「我乃劓殄滅之，無遺育，無俾易種于茲新邑。」言無使移種于新邑也。正義以爲變易，失之矣。《魯語》曰：「譬之如疾，余恐易焉。」言恐禍之移於我也。解者或失之。

《成二年傳》：「齊侯伐我北鄙……遂南侵及巢丘。」

念孫案：南侵及巢丘，非取巢丘也。所取之地無巢丘，則所及之地以無巢丘矣。又案：「賂以紀甗（若）〔玉〕磬與地」者〔一〇〕，謂以地賂晉，非謂反地於魯、衛也。若反地於魯、衛，則不得言賂矣。下文賓媚人致賂之詞曰：「惟是先君之敝器土地不敢愛。」云先君之土地，則非取之於魯、衛者矣。至下文「子得其國寶，我亦得地」，則指魯、衛之地而言，與上文不同。

《襄二十六年傳》：「以足其性，而求名焉者。」

念孫案：「以足其性」，即承上文「小人之性」而言。足其性，猶言還其心耳。使小人得逞其心，故曰「非國家之利」。若云以促其生，則與下文無涉。

《襄三十一年傳》：「我實不得，而以隸人之垣以贏諸侯。」

念孫案：瘠諸侯之語，亦未安。

《昭五年傳》：「葬鮮者自西門。」

念孫案：「人不以壽死曰鮮」，乃殷敬順釋文〔一一〕，今本誤入張湛注，唯藏本不誤。又案：「鮮而食之」，與「葬鮮者」之「鮮」不同義。此殷氏誤證也。

《昭十一年傳》：「唯蔡於感。」

念孫案：釋文：「感，户暗反。」似無庸再釋。

《昭十二年傳》：「子大叔使其除徒執用以立。」

念孫案：功不可執以立，當仍舊解。

《昭十三年傳》：「從善如流，下善齊肅。」

念孫案：釋文：「下善，遐嫁反。不從，子用反。」似皆無庸再釋。

《昭二十年傳》：「憯不畏明。」

念孫案：既云「憯不畏明，猶言曾不畏猛」，則無庸更讀「畏」爲「威」矣。王氏懷祖曰：「古者明、孟同聲。《大戴禮・誥志》篇。

《昭二十七年傳》：「母老子弱，是無若我何。」

念孫案：「是無若我何」，言王雖可弒，而無若我之母老子弱何也。《襄三十一年傳》之「無若諸侯之屬辱在寡君者何」、《昭十二年傳》「無若諸侯之賓何」，皆與此文同一例。蓋鱄諸欲以老弱託光，而光答之曰：「我爾身也。」則已受其託，故鱄諸得以安心刺王也。服、杜注雖誤以「是無若我何」爲「我無若是何」，然大指尚不誤。太史公誤會《傳》意而謬加數語，則與「我爾身也」之文風馬牛不相涉矣。《索隱》曲附《史記》，殆不可從。王肅注之專諸言母老子弱也，即惑於《史記》而誤。

「天命不慆久矣。」

念孫案：慆亦僭也，僭，差也。言天既禍君，必不福君。慆、謟古字通，即前《傳》之「天道不謟，不貳其命」也[一二]。若訓「慆」爲「悦」，則當言「天心」，不當言「天命」。

《定公五年傳》：「吾未知吴道。」

念孫案：《傳》言「吴道」，不言伐吴之道。此時秦師在楚地，非在吴地。不得言吴路，亦不得言伐吴之路也。此似當仍舊解。

《定公八年傳》：「然則如叛之。」

念孫案：《公羊》注以「如」爲「不如」，是也。若《左傳》中諸言「如」者，皆訓爲「當」。「然則如叛之」，謂「然則當叛之」也。《正義》及《日知録》皆以「如」爲「不如」，非也。何以明之？《成二年傳》云：「若知不能，則如無出。今既遇矣，不如戰也。」上言「如」，下言「不如」，則「如」非「不如」可知。以是明之。〔一三〕

《論語》、《孟子》

「畏大人。」〔一四〕

念孫案：《〔士〕相見禮》疏引鄭注云：「大人，謂天子、諸侯爲政教者。」

「無以，則王乎！」〔一五〕

念孫案：《集注》云：「以、已通用。」

「即不忍其觳觫若無罪而就死地。」〔一六〕

念孫案：「一句讀」下，似當增「觳觫若，猶言觳觫然」八字。

「汙不至阿其所好。」〔一七〕

念孫案：「汙不至阿其所好」，語意難曉，闕之何如？

「使虞敦匠。」〔一八〕

念孫案：《集注》以敦爲董治，已不用趙注矣。

「堯之於舜也」一節〔一九〕。

念孫案：此條《日知録》已有，似當引而信之。

「夫苟不好善，則人將曰訑訑」〔二〇〕。

念孫案：前言「蛇蛇」，次言引趙注「自足其智，不嗜善言之（願）〔貌〕」，此又以爲「人欺我」，與前解不合。竊謂「人將曰」之「人」，乃涉下文三「人」字而衍。「夫苟不好善，則將曰訑訑，予既已知之矣」，皆指聽言者言之，故曰「訑訑之聲音顔色，距人於千里之外」。若以訑訑爲欺，則自進言者言之，與下文不合矣。凡不受善言者，皆謂人莫己若，非以人爲欺我也。欺訑之訑，古書亦未有重言之者。

【説明】

《經傳考證》，八卷，朱彬撰，稿本，有浙江圖書館藏印。今在國家圖書館見其縮微膠卷。王念孫校正語，在相關條目天頭上，用籤條籤出。宜禄堂刊本上僅有四條。今據筆者手抄謄正。稿中先出經文，下出王氏校正語。爲省篇幅，不録朱氏考證文字。訛、脱之處，筆者隨文勘正。

【校注】

〔一〕見《詩・振鷺》。

〔二〕見《詩・葛屨》釋文。

〔三〕見《詩・泉水》。

〔四〕見《詩・皇矣》。

〔五〕見《詩・思齊》。

〔六〕見《詩・伐柯》、《賓之初筵》。

〔七〕經文有誤。「猗與那與」句，見《那》。「莫我敢遏」，《長發》作「則莫我敢曷」。毛傳：「曷，害也。」鄭箋：「誰敢禦害我？」曷、遏並與害通。《詩・文王》：「無遏爾躬。」毛傳訓遏爲止，釋文：「《韓詩》：『遏，病也。』」病、害義同。

〔八〕見《詩・鳧鷖》。

〔九〕見陳澔《禮記集説》。

〔一〇〕見《成公二年傳》。

〔一一〕見《列子》釋文。

〔一二〕見《昭二十六年傳》。

〔一三〕另見《經傳釋詞》。

〔一四〕見《論語・季氏》。

〔一五〕〔一六〕見《孟子·梁惠王上》。
〔一七〕見《公孫丑上》。
〔一八〕見《公孫丑下》。
〔一九〕見《萬章下》。
〔二〇〕見《告子下》。「訑」，十三經本作「訑」，同。

《爾雅郝注》刊誤

（《釋詁》）

《釋詁》第一

《爾雅》之作，主於辨别文字，解釋形聲，故諸篇俱曰「釋」焉。

念孫案：《爾雅》之作，主於釋義，非以辨别文字，解釋形聲。

賚、貢、錫、畀、予、貺，賜也。

賚者，《説文》云：「賜也。」引《周書》曰：「賚爾秬鬯。」今《洛誥》作「予以秬鬯」。是「賚」爲「賜」，又爲「予」，故此云「賚，賜」，下云「賚、予」，予、賜其義同也。

念孫案：《説文》所引乃《文侯之命》，非《雒誥》也。

怡、懌、悦、欣、衎、喜、愉、豫、愷、康、妉、般，樂也。悦、懌、愉、釋、賓、協，服也。

欣者，《説文》云：「笑喜也。」喜亦樂也，通作訢。《説文》云：「訢，喜也。」《樂記》云：「天地訢合。」鄭注：「訢讀爲憙。」非。釋文：「訢一讀依字，音欣。」是也。

念孫案：文韻與之韻，古音互相轉。訢之讀爲憙，亦猶曹公子欣時，《公羊》作「喜時」也。《韓詩外傳・八》：「景公嘻然而笑。」即欣然而笑。此古音古義也，不可駁。

釋者，《説文》云：「解也。」解散與輸寫義近。釋訓服者，《書訓・大禹謨》及《左氏・襄廿一年傳》并云〔一〕：「釋茲在茲。」釋宜訓服，與「念茲」義近，僞孔訓「釋」爲「廢」，杜預訓「釋」爲「除」，竝非也。且「念茲」、「釋茲」與「名言」、「允出」，文俱匹對，義分淺深，何故「釋茲」獨訓廢、除，文義俱舛。證知釋「服」之訓，當從《爾雅》矣。

念孫案：釋之訓服，仍是悦服之義，非「釋茲在茲」之釋。

遹、遵、率、循、由、從，自也。遹、遵、率，循也。

循者，《説文》云：「行順也。」通作順。《詩・江漢》箋：「循流而下。」釋文「循流」亦作「順流」。又通作修。《易・繫辭》云：「損德之修。」釋文：「修，馬作循。」《莊子・大宗師》篇云：「以德爲循。」釋文：「循本亦作修。」修、循一聲之轉也。

念孫案：隸書循、脩二字相似，寫者多亂之。《漢北海相景君碑陰》：「故脩行都昌台丘遲。」《隸續》云：「循、脩二字，隸法止爭一畫，書碑者好奇，所以從省借用。」然皆形之誤，非聲之通也。或者不察，遂謂循、修二字古通，誤矣。韻書「循」在諄部，「脩」在尤部，尤與諄可通用乎？其或作「修」者，又「脩」之誤耳。

敀、郃、盍、翕、仇、偶、妃、匹、會，合也。

案：匹與正字形相亂，故《禮器》云：「匹士大牢而祭。」釋文：「匹士本或作正士。」《緇衣》云：「唯君子能好其正，小人毒其正。」鄭注：「正當爲匹字之誤也。」蓋漢隸書匹、正形近，所以致誤，非古字通也。

念孫案：《爾雅》誤字，所當辯者也。若他書之誤字而亦辯之，則是書之富，必至積案盈箱，不止於七卷矣。

忥、謐、溢、蟄、慎、貉、謐、顗、頠、密、寍，静也。

慎者，溢之訓也。《説文》(文)云：「謹也。」上文云：「誠也。」誠、謹俱安静之意。慎猶順也。凡恭慎而柔順者，其人必誠静，故《謚法》云：「柔德考衆曰静，恭己鮮言曰静。」《官人》篇云：「沈静而寡言，多稽而儉貌，曰質静者也。」又云：「誠静必有可信之色。」然則慎訓誠，又訓静，皆其證矣。

念孫案：「誠静必有可信之色」，静乃古情字，非安静之静。情者，實也。故曰「必有可信之色」。

尸、職，主也。尸，寀也。寀，寮官也。

寀者當爲采。下文云：「采，事也。」能其事者食其地，亦謂之采。《禮運》：「大夫有采，以處其子孫。」《韓詩外傳》：「古者天子爲諸侯受封，謂之采地。」然則尸訓寀者，蓋爲此地之主，因食此土之毛。故《鄭語》云：「主芣騩而食溱洧。」是其義也。釋文：「寀，李、孫、郭並七代反，樊七在反。」按：七在音是，今從樊光讀。

念孫案：「大夫有采以處其子孫」，非謂大夫有主以處其子孫也。「主芣騩而食溱洧」，非謂采芣騩而食溱洧也。尸可訓主，采不可訓主。采可訓事，尸不可訓事。乃云「能其事者食其地，亦謂之采」，毋乃近於鑿乎？

犯、奢、果、毅、剋、捷、功、肩、戡，勝也。

毅者，《説文》云：「有決也。」《左氏·宣二年傳》：「殺敵爲果，致果爲毅。」《楚語》云：「毅而不勇。」韋昭注：「毅，果也。」是毅與果同，但義有淺深耳。

念孫案：《爾雅校勘記》以「毅」爲衍字，甚確，當從之。

卬、吾、台、予、朕、身、甫、余、言，我也。

吾者，《説文》云：「我自稱也。」《士冠禮》云：「願吾子之教之也。」鄭注：「吾子，相親之辭。吾，我也；子，男子之美稱。」《管子・海王》篇云：「吾子食鹽二升少半。」尹知章注：「吾子謂小男小女。」案：吾子猶言我子耳。

念孫案：《管子》云：「終月大男食鹽五升少半，大女食鹽三升少半，吾子食鹽二升少半。」吾子猶言餘子。故尹注云：「吾子謂小男小女也。」今云「吾子猶言我子」，「我」字不知何指，真不可解矣。

身又通作伸。《釋名》云：「身，伸也，可屈伸也。」《荀子・儒效》篇云：「是猶傴伸而好升高也。」楊倞注：「伸讀爲身，字之誤也。」

念孫案：伸者，僂之壞字也。言身不肖而以賢者自誣，是猶傴僂而好升高也，指之者愈衆矣。楊注非。

痡、瘏、虺、頹、玄黄、劬、勞、咎、顇、瘽、瘉、鰥、戮、癙、癵、㾵、痒、疷、疵、閔、逐、疚、痗、瘥、痱、擅、瘵、瘼、癠，病也。《詩》：「或慘慘畏咎。」與「劬勞盡瘁」句意相對。此即《爾雅》訓咎爲病之義。咎通作臯，臯陶古作咎繇。臯有緩意，筋脈弛緩亦人之病。故《左氏・哀廿一年傳》：「魯人臯。」又云：「以爲二國憂。」臯之爲病，又其證矣。

念孫案：咎有病義，而臯無病義，不得訓臯爲病也。齊人之歌本謂魯人，儒書以爲二國憂，于皋字絶不相涉。今删去中三句，但以首句之「皋」字率合末句之「憂」字，而不知皋之不可訓爲憂也，況訓爲病乎？以此爲「咎，病也」之證，真可謂風馬牛不相及者矣。《易》：「无祇悔。」鄭注亦云：「只，病也。」又别作疧。《爾雅》釋文：「疧本作疲。字書云：『疲，病也。』《聲類》猶以爲疷字」。案此則《爾雅》復有作「疲」之本。《説文》云：「疲，勞也。」勞亦病。通作罷。《齊語》云：「罷士無伍，罷女無家。」韋昭注：「罷，病也。」是罷即疲，疲亦病。《爾雅》古有作「疲」之本，亦其證矣。

念孫案：釋文「疲」字乃「疺」字之譌，《校勘記》已辨之。

勞、來、强、事、謂、翦、篲，勤也。

或疑强、事二字經典無訓勤之文，邵氏晉涵《正義》因以「强」、「事」本舍人注傳寫溷入正文。今案《詩》云：「偕偕士子。」偕，强也；士，事也。此即强、事之義。《曲禮》曰：「四十曰强而仕。」强仕即强事，而云《爾雅》本無强字之文，過矣。

念孫案：「四十曰强而仕」，强乃强壯之强，仕乃仕宦之仕，皆非謂勤也。今釋「强、事，勤也」之義，而云强仕即强事，則是四十曰强而仕，即四十曰勤而勤也，豈其然乎？

鞠、訩、溢，盈也。

訩者，《説文》作「詾」，或作「訩」，又作「説」，云訟也，本《釋言》文。「降此鞠訩」傳亦本

《釋言》，蓋詾從匈聲。言語爭訟，其聲匈匈，故又訓盈，所謂發言盈廷者也。

念孫案：《校勘記》以「詾」爲衍字，是也，當從之。

曩、塵、佇、淹、留，久也。

塵又轉爲烝。《釋言》云：「烝，塵也。」《詩》：「烝在桑野。」箋以爲久處桑野，古者聲窴、填、塵同也。「烝也無戎」箋亦云：「古聲填、窴、塵同。」是皆義存乎聲矣。孫、郭緣詞生訓，均爲失也。今登萊間人謂時之久者，或曰烝日，或曰鎮日，或曰塵日，謂年亦曰烝年、鎮年、塵年，皆古音也。

念孫案：烝、塵乃聲之轉，非字之通。鄭言「古聲填、窴、塵同」矣，未嘗言古聲烝、塵同也。

逮、及、暨，與也。

逮者，《說文》云：「唐逮，及也。」經典逮俱訓及。通作隶。《說文》云：「隶，及也。」又通作隸。《說文》云：「隸，及也。」隸與迨同。迨、逮《釋言》並云及也。及亦與也。《詩·(標)〔摽〕有梅》釋文引《韓詩》云：「迨，願也。」願、與義近，聲又相轉也。

念孫案：迨與逮義同而聲異，不得混爲一字。此非精於三代兩漢之音者，固不能辯之。

拒、拭、刷，清也。

《史記·萬石張叔傳》云：「期爲不絜清。」絜清即絜静也。又通作清。《周禮·宫人》注：「沐浴，所以自潔清。」釋文：「清本亦作清。」《爾雅》釋文亦云：「清，如字。劉音《儀禮》慈性反。」是清、清通矣。

念孫案：清無慈性之音，慈性乃是竫字之音，非清字之音。《宫人》釋文「清本亦作清」者，字之誤耳，不可援以爲據。

拒者，揰之假音也。《説文》拒訓給也，約也，别有揰訓拭也，从堇聲。經典俱作拒，音震，與振同。

念孫案：《説文》「揰」字雖訓爲飾，俗作拭。而其字自从堇聲，音居焮切，與「拒」从臣聲而音振者不同。經典作拒者，乃振之假音，非揰字之假音也。

遷、運，徙也。

遷通作還。《曲禮》云：「跪而遷屨。」鄭注：「遷或爲還。」今案：還讀若旋，般旋與遷徙義近。

念孫案：遷之爲還，乃形之譌，非聲之通。《淮南·天文》篇：「是謂小遷。」今本「遷」譌作「還」。

汱、渾、隕，墜也。

汱當汏字之譌。汏者，淅米之墜也，故《説文》云：「汏，淅瀒也。」「淅，汏米也。」《廣韻》云：「汏，濤汏。」然則濤之汏之，沙礫處下，故《爾雅》以爲墜落之義。《釋文》既从顧音，汏，徒蓋反，則其字宜作汏，而又爲誤本之汱字作音，非矣。今據《説文》及顧本訂正之。

汱聲轉爲隤，隤亦墜也。故《説文》云：「隤，下隊矣。」

念孫案：此以「汱」爲「汏」之譌，蓋爲邵説所惑。《校勘記》辨之詳矣，當從之。

元、良，首也。

《説文》「良」古文作「目」，「首」篆文作「𦣻」，二字形近相亂，疑《爾雅》「元良」即「元首」之譌也。或頗以「元首，首」重文爲疑，殊不知元首連文，經典非一書。「元首起哉」，《文選·辨亡論》注引《尚書大傳》云：「元首，君也。」《廣雅》同。是皆以元首爲君，或單稱元亦爲君，猶之以元首爲首，或單稱元亦爲首，皆省文耳。證以《逸周書·武順》篇云：「元首曰末。」孔晁注：「元首，頭也。」此即本《爾雅》爲訓。故《書·益稷》正義引《釋詁》云：「元首，首也。」又申之云：「元與首各爲頭之别名，此以元首共爲頭也。」是孔穎達所據《爾雅》本即爲「元首」，不作「元良」。二孔所見古本俱不誤，唯郭本作「元良」，故云「良未聞」矣。元良連文，見於經典亦非一，而俱不訓首。故《文王世子》云：「一有元良。」鄭注：

「元，大也。良，善也。」梅《書・太甲下》作「一人元良」，孔傳以爲天子有大善，與鄭義同。《廣雅》云：「元良，長也。」是皆不以元良訓首之證。然則《爾雅》之「元良」爲「元首」，殆無可疑矣。

念孫案：宋十行本及閩本《尚書正義》皆作「《釋詁》云：元良，首也」，自明監本始作「元首，首也」，此涉上文「元首」而誤耳。若《爾雅》「元良」二字古本有作「元首」者，則《釋文》必載之矣。今《釋文》並無異詞，則舍人及樊、李、孫、郭皆作「元良」明矣，何云唯郭本作「元良」乎？《尚書》「元首明哉」，首之爲頭，無煩引證，故正義但引《爾雅》「元良，首也」及「狄人歸先軫之元」，以證元爲首之義，而釋之曰「元與首各爲頭之別名」。此此字指《尚書》而言。則以元、首共爲頭也，若《爾雅》以「元首」二字連讀，而云「元首，首也」，孔何得云「元與首各爲頭之別名」乎？今讀正義不審，輒據誤本之「元首，首也」，而謂孔所據《爾雅》本作「元首」，不作「元良」，又附會以《說文》「良」古文作「[illegible]」，與篆文首字相似而誤，不幾於將錯就錯乎？此殆惑於邵說而誤也。

貉縮，綸也。

貉讀爲「貊其德音」之貊。貉縮謂以繩牽連緜絡之也。聲轉爲莫縮。《檀弓》云：「今一日而三斬板。」鄭注：「斬板謂斷莫縮也。」莫縮即貉縮，謂斬斷束板之繩耳。又轉爲摸蘇。《淮南・俶真》篇云：「以摸蘇牽連物之微妙。」高誘注：「摸蘇猶摸索。」又變爲落索。《顔氏家訓》引諺云：「落索阿姑餐。」落索蓋緜連不斷之意，今俗語猶然。又變爲莫落。《新序・雜事二》云：「翡翠珠璣，莫落連飾。」又爲幕絡。《釋名》云：「膜，幕也，幕絡一體也。」又云：「幕，絡也，言牢絡在衣表也。」又云：「煑繭曰莫。莫，幕也，貧者著衣可以幕絡絮也。或謂之牽離，煑熟爛牽引使離散如絲然也。」凡此諸文，皆與《爾雅》「貉縮」義近。

念孫案：《檀弓》注本作「斬板謂斷其縮也。」縮即繩也，故又引《詩》「縮板以載」，即《爾雅》所謂「繩之謂之縮之也」，釋文出「斷其」二字，云音短，則鄭注本作「斷其縮」甚明。宋監本、撫州本、岳本、明嘉靖本、衛氏《集説》本及《禮記考文》所引古本、足利並作「斷其縮」，自明監本始誤爲「斷莫縮」，而其義遂不可通。今以「莫縮」爲「貉縮」，則誤之又誤矣。

《釋言》〔第二〕[一]

臞脙，瘠也。

脙者，《説文》云：「齊人謂臞脙也。」《玉篇》云：「齊人謂瘠腹爲脙。」按：瘠腹之義，《玉篇》當有所本。今驗蛷螋之蟲腹甚瘠瘦，《廣雅》謂之「蛷螋」，《博物志》謂之「蠷螋」，與臞脙、瘦聲義正同。臞脙雙聲，脙瘦疊韻也。

念孫案：齊人謂瘠瘦爲脙，瘠瘦指人而言，非謂蛷蝬也。蛷蝬之蟲，自首至尾無獨肥之處，亦無獨瘠之處，何以謂蛷蝬之腹甚瘠？今本《玉篇》作「齊人謂瘠腹爲脙」者，「腹」乃「朘」字之譌，朘俗作膄，與腹相似而誤。朘即瘦字也。《玉篇》之注即本於郭注，非別有所本也。今因一脙字而牽合蛷蝬，又因《玉篇》之朘訛作腹，而謂蛷蝬之腹甚瘠，此誤之又誤也。

氂，罽也。

氂者，毳之譌文也。《説文》：「毳，獸細毛也。」《周禮・司服》注引鄭衆曰：「毳，罽衣也。」然則鄭以毳爲罽衣，許以𦆅爲毳布，證以《釋文》云「氂，李本作毳，昌鋭反」，可知《爾雅》古本「氂罽」作「毳罽」矣。「毳衣如菼」，經有成文，故此釋之。今本「毳」作「氂」，氂，《説文》以爲犛牛尾，非可作罽。經典借爲豪氂之氂，又以爲毛氂，故《一切經音義》九引《三蒼》云：「氂，毛也。」《書・禹貢》正義引舍人曰：「氂謂毛罽也，胡人續羊毛作衣。」又引孫（菼）〔炎〕曰：「毛氂爲罽。」《詩・韓奕》正義引郭璞云：「氂音貍。」又引舍人，與《書正義》小異。舍人所以知罽爲羊毛作者，據《内則》云「羊泠毛而毳羶」，《一切經音義》一引《三蒼》云：「毳，羊細毛也。」又引《字林》，義同。然則羊毛細者稱毳，舍人所據《爾雅》本正作毳，與李巡同，唯郭本誤作氂，有「氂音貍」三字可證。正義引舍人及孫炎亦作氂，蓋因郭本作氂，相涉致誤耳。

念孫案：氂字之訓非一，《説文》不能盡載。《説文》訓氂爲犛牛尾，非謂氂之必不可訓罽也。《詩》、《書》正義並引舍人曰：「氂謂毛罽也。」則舍人本之作氂甚明，乃因舍人注内有「羊毛」二字，遂謂舍人本必作毳，不作氂，是誣舍人也。《書》正義引孫炎曰：「毛氂爲罽。」此即郭注所本，則孫本之作氂又甚明，乃云唯郭本誤作氂，是誣景純而並誣叔然也。又謂正義引舍人及孫炎亦作氂，蓋因郭本作氂相涉致誤，則又誣及孔沖遠矣。若舍人本、孫本皆作毳，則作毳者不獨李巡矣，《釋文》何以言李本作毳乎？李本作毳，衹可兼存其説，奈何舉其一而廢其三乎？

奘，駔也。

此有二本：郭本作「奘，駔也」，《説文》：「奘，駔大也。」奘與壯同。《釋詁》云：「壯，大也。」此皆郭義所本。樊光、孫炎本並作「將，且也」。將、且皆未定之詞，故《秦策》云：「城且拔矣。」《吕覽·音律》篇云：「陽氣且泄。」《淮南·時則》篇云：「雷且發聲。」高誘注並云：「且，將也。」且既訓將，將亦訓且，故《詩》「方將萬舞」、「將恐將懼」箋並云：「將，且也。」《燕燕》及《簡兮》、《丰》、《楚茨》、《文王》、《既醉》、《烝民》、《敬之》傳並云：「將，行也。」《樛木》、《那》、《烈祖》箋並云：「將猶扶助也。」行與助有趑趄之意。趄、且古字通，古讀「且」七余切，將、且聲轉，故同義同訓。《檀弓》云：「夫祖者，且也。」鄭注：「且，未定之辭。」是亦以且爲將，且音七余切，今讀七也切，非古音矣。此音樊、孫所本，郭氏不從，據「奘，駔」別本爲之作注。但「奘，駔」理新而於經典無會，「將，且」習見而爲經典常行。《廣雅》亦作「將，且」，所據蓋即樊、孫之本。唯沈旋《集注》作「奘，

䮐也」，合將、且爲一字，猶依郭本「奘」字，意在兩存，則誤甚矣。賴有《釋文》備列諸家，今得依以申明古義，用袪疑惑焉。

念孫案：《方言》云：「秦晉之閒，凡人之大謂之奘，或謂之壯。」《說文》之「奘駔大也」皆本《爾雅》，且《釋文》之孫、樊二本並作「將且」，則舍人、李巡本之作「奘駔」可知。奈何謂郭氏不當據別本作「奘駔」乎？又謂《廣雅》作「將且」，所據蓋即樊、孫之本，此尤非也。《廣雅》者，所以補《爾雅》之未備也。若《爾雅》本作「將且」，則《廣雅》之補贅矣。

菼，騅也。菼，薍也。

「菼薍」見《釋草》，此云騅者，《說文》云：「菼，雚之初生，一曰薍，一曰騅。」《詩·大車》傳：「菼，騅也。」箋云：「菼，亂也。」皆本《爾雅》。

念孫案：《校勘記》以「菼薍也」爲後人所加，是也，當從之。

宣，緩也。

宣者，《說文》作「組」，云：「緩也。」《樂記》云：「其聲嘽以緩。」嘽字亦假音，《說文》作

「縪」，云「帶緩也」，又云「縴，偏緩也」。音義皆相近。宣無緩義，經典亦無此訓，宣與緪俱從亘聲，《爾雅》蓋借宣爲緪矣。

念孫案：《説文》：「綎，系綬也。」「緪，綬也。」二文相連，則「緩」乃「綬」字之譌。《玉篇》：「緪，胡官切，緪綬也。」是其證。

袍，襺也。

《公羊·哀十四年傳》：「涕沾袍。」蓋謂霑溼裏衣。何休注以袍爲衣前襟，誤矣。

念孫案：「涕沾袍」之袍，乃褒之假音。《玉篇》褒與袍同，又步報切，衣前裣也。然則「涕沾袍」即「涕沾襟」，非「衣敝緼袍」之袍也。《論衡·指瑞篇》之「反袂拭面，泣涕沾襟」是其證，何注不誤。

障，畛也。

《詩·載芟》傳：「畛，埸也。」埸、障聲義近也。

念孫案：《載芟》傳：「畛，易也。」釋文：「易本又作埸，音亦。」非埸字也。

䩄，婟也。

《方言》云：「楚、鄭或謂狡獪爲婟。婟猶獪也，凡小兒多詐謂之婟。」是李、孫義同，所引《方言》，臧鏞堂《爾雅漢注》定爲孫引也。

念孫案：《方言》「姡」字自是狡獪之義，非《爾雅》「靦姡也」之姡。引《方言》者，乃陸德明，非孫炎也，臧君誤認耳。

《釋訓》〔第三〕

抑抑，密也。秩秩，清也。

又「秩秩，智也」，見此篇上文。智與清亦近。《書》曰「汝作秩宗」，下云「直哉惟清」，是秩有清義也。

念孫案：「女作秩宗，夙夜惟寅，直哉惟清。」非「秩秩，清也」之謂。

辟，拊心也。

辟者假音，當作擗。《説文》云：「兩手擊也，从卑聲。」借作辟，或加手作擗。《玉篇》引《詩》：「寤擗有摽。」《爾雅》釋文因云「辟字宜作擗」，引《詩》與《玉篇》同，不知擗蓋擘之或體，故《柏舟》釋文：「辟本又作擘。」然擘字亦假音，若作擗，則音義俱得矣。

念孫案：擗謂兩手擊，非拊心也。

《釋親》（第四）

子之子爲孫，孫之子爲曾孫，曾孫之子爲玄孫，玄孫之子爲來孫，來孫之子爲晜孫，晜孫之子爲仍孫，仍孫之子爲雲孫。

來孫者，《釋名》云：「此在無服之外，其意疏遠，呼之乃來也。」案：此説「來」字似望文生義。來之言離也，離亦遠也。下文「謂出之子爲離孫」，離、來音義同耳。

念孫案：「來」於古音屬之部，「離」於古音屬歌部，不得言來之言離。動輒謂漢人望文生義，而所改又不當，不如其已也。

《釋宮》（第五）

西南隅謂之奥，西北隅謂之屋漏，東北隅謂之宧，東南隅謂之窔。

《釋名》云：「東南隅曰窔。窔，幽也，亦取幽冥也。」與《説文》合。《爾雅》釋文从宀作窔，誤矣。郭引《既夕禮》云：「埽室聚諸窔。」釋文誤與《爾雅》同。別作穾。《漢書·叙傳》云：「守穾奥之熒燭。」應劭注引《爾雅》「東南隅謂之穾」。又或作穾。《御覽》引舍人曰：「東方萬物生，蟄蟲必出，必、畢同。無不由户穾。」是舍人本窔作（穾）〔穾〕。

念孫案：「穾」乃「穾」之譌。

隄謂之梁，石杠謂之徛。

郭引《孟子》「徒杠」，又曰：「今石橋者。」孫奭疏引《説文》云：「石矼，石橋也。」是郭所本，今本《説文》脱去矼字矣。

念孫案：《孟子》僞疏乃淺學人所爲，不可援以爲據。

《釋器》〔第六〕

嫠罟謂之九罭。九罭，魚罔也。嫠婦之笱謂之罶。

《釋訓》云：「凡曲者爲罶。」《詩·魚麗》正義引孫炎曰：「罶，曲梁。其功易，故謂之寡婦之笱。」今按：孫炎義未免望文生訓。蓋寡婦二字合聲爲笱，嫠婦二字合聲爲罶。正如不來爲貍，終葵爲椎。古人作反語往往如此。孫炎以義求之，鑿矣。

念孫案：《爾雅》謂嫠婦之笱爲罶，非謂嫠婦爲罶也。今以寡婦之合聲爲笱，嫠婦之合聲爲罶，則是寡婦謂之笱，嫠婦謂之罶矣，豈其然乎？

衣統謂之𧙈。

統者，流之或體也，釋文：「統本又作流。」《玉藻》云：「齊如流。」鄭注：「衣之齊如水之流」，是也。𧙈者，郭云衣縷，釋文：「縷又作褸。」《方言》云：「褸謂之衽。」衽即衣襟。

《釋名》云：「衽，襜也，在旁襜襜然也。」然則裗裞猶言流曳，皆謂衣衽下垂，流移摇曳之貌。故云「在旁襜襜然也」。

念孫案：《玉藻》謂圈豚行不舉足，則衣之齊如水之流。此衣裗乃是衣衽，非齊如水流之謂，裞亦非摇曳之謂。

康謂之蠱。

康者，《説文》作「穅」，云「穀皮也」，或省作「康」。又云：「穭，穅也。」是穅亦名穭。穭，古外切，與康雙聲。若依此爲訓，當言「康謂之穭」，便爲明白易曉，而云「康謂之蠱」，蠱訓疑也，康爲穀皮，有何可疑？《左氏·昭元年傳》：「穀之飛爲蠱。」杜預注：「穀久積則變飛蟲，名曰蠱。」《論衡·商蟲篇》云：「穀蟲曰蠱，若蛾矣，粟米饐熱生蠱。」按：今麥腐生小白蛾，粟生小黑甲蟲，即蛘子也。若依《左傳》穀飛爲蠱，參以《論衡》所言，然則《爾雅》當云「穀謂之蠱」，蓋穀能爲飛蟲，康不能爲飛蟲矣。

念孫案：以康、穭雙聲，而謂《爾雅》當作「康謂之穭」，然則康、蠱獨非雙聲邪？蠱訓爲疑，别是一義，與「康謂之蠱」何涉？乃引之以駁《爾雅》，可乎？《左傳》「穀之飛爲蠱」，乃指穀蟲而言，非指穀而言，不得言「穀謂之蠱」也。既云《爾雅》當言「康謂之穭」，又云《爾雅》當云「穀謂之蠱」，則將何所適從耶？

木謂之虡，旄謂之蘢。

旄者，氂之假借也。《説文》云：「氂，犛牛尾也。」《周禮·樂師》：「有旄舞。」鄭衆注：「旄舞者，氂牛之尾。」是旄即氂也。故《序官·旄人》注：「旄，旄牛尾，舞者所持以指麾也。」是旄即氂，氂从犛省，當讀若釐，與蘢相韻，亦以聲爲義也。釋文「旄音毛」，蓋失之矣。《樂師》釋文亦云：「氂舊音毛，劉音來，沈音狸。」案狸、來古同聲，沈、劉二音是也。蘢者，《説文》訓艸，《繫傳》云：「蓋旄似此草也。」望文生義，亦失之鑿。

念孫案：氂可讀爲犛，旄不可讀爲犛。鄭仲師以旄爲氂牛尾，非讀旄爲氂也，何得以旄爲氂之假借？至蘢字，則从龍聲，今音在支部，古音在歌部。而氂字自在之部，音釐，與旄、蘢二字之音絶不相涉，何得謂氂與蘢相韻？

簡謂之畢，不律謂之筆，滅謂之點。

滅者，没也，除也。點者，《説文》：「點，小黑也。」釋文：「李本作沾，孫本作坫。」案：坫，宋本作「玷」，玷俗字也。《説文》作「㓠」，云「缺也」，引《詩》「白圭之㓠」。沾即添之本字。《説文》：「沾，益也。」然則滅除其字故爲玷缺，重復補書故爲添益。李、孫作「沾」、作「玷」，其義兩通。郭本作「點」，當屬假借，而云以筆滅字爲點，蓋失之矣。古人書於簡牘，誤則用書刀滅除之。《説文》作「㓠」爲是，非如後世誤書用筆加點也。郭氏習於今而忘於古耳。

念孫案：既云「滅除其字故爲玷缺」，又云「重復補書故爲添益」，然則點字將訓爲玷缺乎？抑訓爲添益乎？添益與玷缺義正相反，何云其義兩通邪？且滅除其字，亦非玷缺之謂。《説文》：「刮，缺也。從刀，占聲。」此謂刀有缺耳，非謂簡牘有誤字須用刀滅除之也。「不聿謂之筆」，與「滅謂之點」連文，則點者正謂以筆滅字也。既云書之用筆，由來舊矣，則以筆滅字亦非始於後世，何云郭氏習於今而忘於古乎？

（《釋樂》）

《釋樂》第七

《史記·樂書》索隱引孫炎釋「廉直經正」云：「經，法也。」「類小大之稱」云：「作樂器，小大稱十二律也。」「奮至德之光」云：「至德之光，天地之道也。」「動四氣之和」云：「四時之化。」「樂主其反」云：「反謂曲終，還更始也。」所引孫注，於《爾雅》文無所附，疑古本在篇内，今缺脱矣。此篇首舉五音之别號，次及八音大小之異名，皆言其器，未論其義，其篇末將有闕文歟？

念孫案：《索隱》所引乃孫炎《禮記注》，非《爾雅注》也。孫有《禮記注》二十九卷，見

《釋文序録》。

大瑟謂之灑。

《釋文》引孫炎曰：「音多變布出如灑也。」《月令》正義引作「音之布告，如埽灑也。」灑，所蟹、所綺二反。按灑从麗聲，所蟹非古音，灑、瑟以聲轉爲義。

念孫案：灑者，大瑟之名，故孫（之）〔云〕「音多變布出如灑也」。若云「灑（灑）、瑟以聲轉爲義」，則當云「瑟謂之灑」，而「大」字可删矣。後解「大磬謂之毊」，云喬、磬一聲之轉，誤與此同。

徒鼓瑟謂之步，徒吹謂之和，徒歌謂之謡。

《初學記》引《韓詩章句》有「章曲曰歌，無章曲曰謡」，又引《爾雅注》云：「謂無絲竹之類獨歌之。」《詩正義》引孫炎曰：「聲消揺也。」然則謡有消揺之義。《檀弓》云：「孔子消揺於門而歌。」此歌即徒歌矣。

念孫案：「消揺於門」，非徒歌之謂，下文乃言歌耳。

《釋天》〔第八〕

祭星曰布，祭風曰磔。

《淮南·氾論》篇云：「羿除天下之害而死爲宗布。」高誘注：「羿，堯時諸侯，有功於天下，故死託於宗布。或曰，司命傍布也。」案：司命是星名，祭星之布義或本此。羿死而爲宗布，蓋猶傅説騎箕尾爲列星矣。

念孫案：羿死爲宗布，與祭星之義無涉，高注「司命傍布也」五字當有脱誤，即以布爲星名，亦非祭星之謂。

秦人磔狗禦蠱，當亦祭風之意。《易·蠱·象》云：「山下有風蠱也。」

念孫案：「山下有風蠱」，非禦蠱之謂。

《釋地》〔第九〕

下溼曰濕，大野曰平，廣平曰原，高平曰陸，大陸曰阜，大阜曰陵，大陵曰阿。

阿有二義：《詩·菁菁者莪》傳用《爾雅》，《考槃》傳又云：「曲陵曰阿。」不同者，蓋四邊高而中央卷曲低下，故《一切經音義》一引《韓詩傳》云：「曲京曰阿。」京亦高大之名也。

念孫案：「曲陵曰阿」，謂陵之曲者耳，非四邊高而中央卷曲低下之謂。上既以中央高四邊低下者爲陵，則不得又云四邊高中央下矣。《釋名》云「陵，體高隆者」，亦謂其中央高，非謂其四邊高也。

東至於泰遠，西至於邠國，南至於濮鉛，北至於祝栗，謂之四極。

祝栗者，《史記·周紀》「封黄帝之後於祝」，《樂記》作「封帝堯之後於祝」。蓋祝、薊俱近燕，皆北極地名，疑祝即祝栗也。

念孫案：「祝即祝栗」，於古無據，又闌入「薊」字，更風馬牛不相及。

岠齊州以南戴日爲丹穴，北戴斗極爲空桐，東至日所出爲太平，西至日所入爲太蒙。

太平者，《大荒東經》云：「東海之外，大荒之中，有山名曰大言，日月所出。」蓋此即太平也。太平、大言，古讀音近。

念孫案：平與言，古今音皆不相近。

《釋丘》〔第十〕

天下有名丘五，其三在河南，其二在河北。

翟氏灝《爾雅補郭》云，「今以郭意求之，惟西域有崑崙、軒轅二丘，海外西北有平丘，東南有蹉丘，東有青丘。依《山海經》所言，此五丘爲天下最魁梧桀大，而名稱於上古。軒轅、平丘在河以北，蹉、青在河以南，河出崑崙西北，則崑崙亦河南」云云。案：此説亦無以知其必然，姑存之。

念孫案：《爾雅》所謂河南、河北，皆指中國言之。翟説荒唐，不可用。

《釋山》〔第十一〕

屬者嶧，獨者蜀。

蜀有獨義。蜀形類蠶，棲霞縣北三十里有蠶山，孤峯獨秀，旁絶倚連，舊名爲蠶，合於《爾雅》矣。

念孫案：蜀有獨義，而蠶無獨義。因蜀形類蠶，而即謂蠶山以獨得名，可乎？

大山宫小山，霍；小山別大山，鮮。

張聰咸説，見《經史質疑録》。古本「鮮」當作「解」，後人加「山」。鮮、解古得通借。「鮮」古音在紙部，「解」古音在寘部。解讀若嶰，鮮讀若斯。

念孫案：鮮與解字形相似而誤，非古字通借也。「解」字古音在紙部，「嶰」字古音在歌部，亦不得言「解讀若嶰」，張説非。

多小石，磝；多大石，礐。

錢氏坫説，以《左傳》「晉師在敖、鄗之閒」，敖即嶅，鄗即礐也。

念孫案：經傳言「之閒」者，皆國名、水名、地名，若陳、鄭之閒，齊、魯之閒，洙、泗之閒，河、濟之閒，嬴、博之閒，脾、上津之閒是也。若山多小石磝，多大石礐，即可謂之「磝、礐之閒」，則亦可稱「崧、岑之閒」、「嶧、蜀之閒」、「霍、鮮之閒」、「岵、嵠之閒」、「崔嵬、砠之閒」矣。而經傳皆無之，則不得謂敖、鄗即磝、礐也。且鄗於古音屬宵部，礐於古音屬幽部，礐字亦不得與鄗通。錢説非也。

《釋水》〔第十二〕

泉一見一否爲瀸。

《説文》云：「瀸，漬也。」引此文「否」作「不」，古今字耳。蓋泉有時出見，有時涸竭，水脈常含津潤，故以瀸漬爲言，此古説也。郭意則以瀸爲孅，孅小意也。

念孫案：泉之或見或否者，其泉必不旺，故郭以瀸爲孅小。若以瀸爲瀸漬，則天下無不瀸漬之泉，何必或見或否而後謂之瀸乎？

天子造舟，諸侯維舟，大夫方舟，士特舟，庶人乘泭。

金鶚云，「併船」是「方」本義，通而言之，凡相並皆曰方。《鄉射禮》云：「不方足。」鄭注：「方猶併也。」《詩》：「維鳩方之。」亦謂并處於一巢也。

念孫案：居之、方之、盈之，三「之」字皆指巢而言，若云鳩與鵲并處，則二章「之」字獨指鵲而言，與上下章不類矣。

（《釋草》）

《釋草》第十三

《淮南·原道》篇云：「秋風下霜，倒生挫傷。」高誘注：「草木首地而生，故曰倒生。」《莊子·外物》篇云：「草木之倒植者過半。」《説文》「菿，艸木倒」是也。

念孫案：倒生，統草木言之，非專謂草也。《説文》「菿，草木到」，乃「草大也」之譌，段氏《注》已辨之，不得以爲倒生之證。

茹藘，茅蒐。

古讀「蒐」从鬼得聲。陸氏釋文：「蒐，色留反。」非矣。

念孫案：從鬼得聲者，亦得音色留反。鬼與九聲相近，「鬼侯」通作「九侯」是也。且茹藘、茅蒐皆疊韻，而「蒐狩」之「蒐」，古又通作「搜」。《説苑·脩文》篇亦云「蒐者，搜索之」，是「蒐」字古讀若搜，不得以「（石）〔色〕留反」爲非。

果臝之實括樓。

《説文》云：「䓗蔞，果蓏也。」「在木曰果，在地曰蓏。」苦蔞實兼二名。

念孫案：在木曰果，在地曰蓏，二物也。果蠃之實，則一物也。果蠃疊韻字，豈得分以爲二？

蘥，雀麥。

邵氏《正義》引枚乘《七發》云「穱麥」。案：穱音捉。鄭注《内則》：「生穫曰穛。」《説文》作「穛」，云「早取穀也」。穛與穱音義同，可知穱麥非爵麥矣。又楊慎謂「麥」有味音，引范文正公安撫江淮進民間所食烏味草，謂即今燕麥草，亦非也。烏味草不知何物，就今以爲烏麥，則蕎麥蕎麥之蕎，似應作莜。亦名烏麥，何必此。

念孫案：《内則》之「飯黍稷、稻粱、白黍、黄粱、稰穛」鄭注：「生穫曰穛。」《説文》：「穛，早取穀也。」皆非穱麥之謂，穱麥不得謂之穀也。是書用邵説者十之五六，皆不載其名，而駁邵説者獨載其名，殆於不可，況所駁又不確乎！「蕎麥」之「蕎」從喬聲，古音在宵部。若「莜」字，則從收聲，古音在幽部。《詩》「視爾如莜」，與「椒」爲韻，古音皆在幽部也。説見江氏《古韻標準》。謂蕎麥之蕎當作莜，不知何據。

熒，委萎。

陶注《本經》有「女萎」，無「萎蕤」。疑「女萎」即「萎蕤」也。又云「女萎」疑「委萎」之文省。

念孫案：「女萎」乃「委萎」之別名。「女」字在語韻，「委」字在支韻，「女」字非「委」字之省。

䪥，鴻薈。

䪥一名鴻薈，《本草》名菜芝䪥。鴻薈，雙聲疊韻字也。《釋言》云：「虹，潰也。」此云鴻薈，並以聲爲義。

念孫案：䪥與薈古音不同部，䪥非鴻薈之合聲。鴻薈乃雙聲，非疊韻。鴻薈與潰古音亦不同部。《釋言》以潰解虹，與草名鴻薈無涉。鴻薈之義不可知，不得强解。

虋，赤苗。芑，白苗。秬，黑黍。秠，一稃二米。

虋猶璊也。《説文》「璊」字解云：「禾之赤苗謂之虋，言璊玉色如之。」今按：芑猶玖也，玉色如之，古讀玖如芑字，《毛詩》以芑爲菜。陸機《疏》謂似苦菜，並與此異。

念孫案：《説文》：「玖，黑色石。」不得與白苗相似。

莪，蚍衃。

《詩》秋烹葵，《禮》夏用葵，古人常食，今人不識。惟揚州人以爲常蔬，清油淡𤎖，味極甘滑。余因檢郭此注及「肎，戎葵」注並云似葵，不知所云葵者復是何物，蓋郭注亦不識葵耳。其云紫華則是，謝氏得之。

念孫案：郭氏不識葵之語，未免輕古人太甚。

艾，冰臺。

《埤雅》引《博物志》，言削冰令圓，舉以向日，艾承其影，則得火。此因艾名冰臺，妄生異説，不知「冰」古「凝」字，艾从乂聲，臺古讀如題，是「冰臺」即「艾」之合聲。

念孫案：經典中「仌」字皆作「冰」，則「冰臺」之「冰」亦無以知其必讀爲凝字。艾與臺古音不同部，不得以「艾」爲「冰臺」之合聲。且臺字古音屬之部，題字古音屬支部，又不得言「臺古讀如題」也。

菡，蘆。

《釋文》引《字苑》云：「𩋂，苴履底。」然則菡之言藾也，藾又名蔽，可以織屨。苴之言麤也，草履爲麤。麤與苴、菡與類並一聲之轉也。

念孫案：藾一名鼒薫，一名蔽，一名芽菡，一名蘆，雖同爲作履所用之草，其實非一物也，不得言「菡之言藾」。

蔨葦，竊衣。

邢疏：「俗名鬼麥。」鬼、蔨聲相轉。

念孫案：䔧與麥聲不相轉，則鬼麥亦非蔨䔧之轉，不得但以上一字爲轉聲也。

蒿侯，莎，其實媞。

《本草别録》：「莎，一名夫須。」須、莎、蓨俱雙聲。其根名香附，其實名媞。《夏小正》云：「正月緹縞。」縞也者，莎隋也。緹也者，其實也。縞鎬、隋蓨、緹媞並聲借字也。夫須即臺，臺，古讀如緹。

念孫案：莎，一名夫須，指莎而言，非指其實而言；其實則名緹，不名夫須也，不得以夫須爲緹。緹於古音屬支部，臺於古音屬之部，又不得言「臺古讀如緹」。

紅，蘢古，其大者蘬。

上文「蘢，天蘥」即此，通作「龍」。

念孫案：「蘢，天蘥」即「紅，蘢古」，未詳所據。

萹苻、止濼，貫衆。

扁苻名見《本草》，唯「止濼」二字《本草》所無，郭讀「扁苻止」爲句，故云未詳。然據《本草》一名伯藥，釋文「濼，孫餘若反」，是即「藥」字之音，或藥、濼聲借。伯、止形譌，若讀「止濼」爲句，即伯藥矣。

念孫案：伯、止二字字形全不相近，何得言「伯、止形譌」？

大菊，蘧麥。

蘧、瞿、巨、句，音俱相近。「巨句」又即「瞿」之合聲。

念孫案：「巨句」非「瞿」之合聲。

菤耳，苓耳。

《本草》：「枲耳，一名胡枲，一名地葵。」《別録》：「一名葹，一名常思。」陶注：「一名羊負來。昔中國無此言，從外國逐羊毛中來。」案：蒼耳子多刺，故生此説，實未必然。負、來二字古音相近，常思、常枲其聲又同。此皆方俗異名，未必皆有意義也。

念孫案：「負」古讀若背，與「來」字音不相近。

葽繞，棘蒬。

《説文》：「蒬，棘蒬也。」「葽，艸也。」引《詩》「四月秀葽」劉向説：「此味苦，苦葽也。」《廣雅》云：「棘苑，遠志也。其上謂之小草。」苑與蒬同。《廣雅》不言葽繞，《説文》葽不言繞，《詩傳》與《説文》同。葽繞疊韻，疑《爾雅》古本無繞字，或有而葽繞與棘蒬別自爲條，《本草》始合爲一，故云「遠志一名棘菀，一名葽繞，葉名小草」。

念孫案：《説文》之「葽」，非《爾雅》之「葽繞」，故言葽而不言繞。葽繞已見《爾雅》，故

《廣雅》不言葽繞，非《爾雅》古本無繞字也。既知葽繞爲疊韻，則不得分爲二物矣。至謂葽繞與棘蒬別自爲條，則葽繞二字上無所屬，棘蒬二字下無所屬矣，尤非。

蕭，萩。

今萩蒿葉白似艾而多岐，莖尤高大，如蔞蒿可丈餘。《左·襄十八年傳》「伐雍門之萩」是也。

念孫案：蒿艾之屬不中爲器，晉人無爲伐之。雍門之萩即楸字也。《説文》：「楸，梓也。」徐鍇注曰：「《春秋左傳》『伐雍門之楸』作『萩』，同。《漢書·東方朔傳》『萩竹籍田』，《貨殖傳》『山居千章之萩』，顔注并云：『萩即楸樹字。』」萩之言揪，蕭之言脩，以其脩長高大甲於諸蒿，故獨被斯名矣。

搴，柜朐。

上文「蘀，藅」，釋文「蘀本亦作搴」，然則搴即蘀也，郭俱未詳。搴、柜雙聲，柜、朐疊韻。

念孫案：「蘀，藅」即「搴，柜朐」，不知何據。若因釋文「蘀本亦作搴」之語而謂此搴即彼搴，則草木之同名者多矣，豈皆可合爲一物乎？若可合爲一物，則郭氏豈不知之，而俱云未詳耶？搴以一字爲名，柜朐以二字爲名，不得以搴柜爲雙聲。柜與朐古不同部，亦不得以柜、朐爲疊韻。

《釋木》〔第十四〕

稻，山榎。

孫炎曰：「《詩》云：『有條有梅。』條，稻也。」義本《毛傳》。條、稻雙聲疊韻，故古字通。

念孫案：條、稻乃疊韻，非雙聲。

髡，梱。

《釋文》：「梱，五門反。」則與㮯聲義近。《説文》：「㮯，梡木未折也。」㮯落樹頭爲髡。《齊民要術》有髡柳法，又云：「大樹髡之，小則不髡。」

念孫案：上下文皆木名，若引《説文》「㮯，梡木未折也」及《齊民要術》髡柳法爲解，則與上下文不類矣。此蓋惑於邵氏《正義》而誤。

栵，栭。

栭或作檽，今依宋本作「栭」是也。栭當讀若「反其旄倪」之倪，倪訓小也，栭亦小也。栵、栭字之疊韻。

念孫案：栭於古音屬之部，倪於古音屬支部，栭字不得讀若倪。栵於古音屬祭部，栵、栭亦非疊韻。

杋，繫梅。

《釋文》：「繫，樊本作槅，工戹反。」按《廣韻·十二齊》云：「繫，苦奚切。」引《爾雅》則讀若期。杋古音如雞，梅如迷，然則杋、繫雙聲，又與梅疊韻也。

念孫案：繫於古音屬支部，期於古音屬之部，苦奚切則讀若谿，非讀若期也。杋屬幽部，雞、繫屬支部，梅屬之部，迷屬脂部，杋不得讀如雞，梅不得讀如迷，杋、繫與梅亦非疊韻。

棆，無疵。

《說文》：「棆，母杶也。从〔木〕侖聲，讀若《易》卦《屯》。」按此則棆、杶雙聲兼疊韻。母與無古字通〔三〕。《釋文》：「疵，字書作⿰木疵。」《玉篇》、《廣韻》並作「⿰木疵」。是無正文，疑與杶形近而誤也。

念孫案：棆字讀若屯，則與屯同音，既非雙聲，又非疊韻矣。⿰木疵、枇皆疵之異文，非與杶形近而誤。《說文》「母杶」乃「母枇」之誤。

寓木，宛童。

寓猶寄也。寄寓木上故謂之蔦，蔦猶鳥也，其狀宛宛童童，故曰宛童。

念孫案：「蔦猶鳥也」云云，近於望文生義。

楔，荆桃。

楔，古黠反，今語聲轉爲家櫻桃，以別於山櫻桃，則謬矣。

念孫案：楔、家雖一聲之轉，然俗語言家櫻桃者，以別於山櫻桃耳，非楔字轉爲家也。

棗，壺棗。邊，要棗。櫅，白棗。樲，酸棗。楊徹，齊棗。遵，羊棗。洗，大棗。煮，填棗。蹶泄，苦棗。晳，無實棗。還味，棯棗。

《魏志·杜畿傳》注：「畿爲河東太守，劉勳嘗從畿求大棗。」即郭所謂大如雞卵者矣。又案《白帖》以「洗犬」儷「遵羊」，又以「蹲鴟」對「洗犬」，犬、大形淆。可知唐本「大」亦作「犬」，《釋文》不收，陸德明蓋未見此本也。

念孫案：（郭注）郭注云「大棗子如鷄卵」，《釋文》又無作「犬」之本，則本作大棗明矣。《初學記》引此亦作「大棗」，《白帖》以遵羊、蹲鴟對洗犬，乃用當時俗本，不足爲據。

蹶曳者，今登萊人謂物之短尾者蹶洩，音若厥雪，棗形肥短，故以爲名。《釋文》：「蹶，居衛反。洩，息列反。」《初學記》引《廣志》云：「有桂棗、夕棗之名。」然則桂、蹶聲同，夕、洩聲轉，疑桂夕即蹶洩矣。

念孫案：蹶洩以二字爲名，桂與夕以一字爲名，不得單以一字爲轉聲。蹶於古音屬祭部，桂於古音屬寘部，亦不得言桂、蹶聲同。謂棗形肥短者爲蹶泄，亦不知何據。

終，牛棘。

《士喪禮》云：「決用正，王棘若檡棘。」鄭注：「王棘與檡棘，善理堅刃者皆可以爲決，世俗謂王棘矺鼠。」釋文：矺，劉音託。《夏官・繕人》注亦引「檡棘」，然則矺、檡音同，其矺鼠則不知何語也。

念孫案：矺鼠乃王棘，非檡棘也，不得以矺鼠爲檡棘。

木自獘，柛。立死，椔。蔽者，翳。

柛猶伸也，人欠伸則體弛懈如顛仆也。

念孫案：「柛猶伸也」云云，迂曲而不可通。

小枝上繚爲喬，無枝爲檄，木族生爲灌。

檄者猶言弋也。弋，橜也。樹無旁枝，檄擢直上，即上梢梢擢也。

念孫案：檄於古音屬藥部，弋於古音屬職部，不得言「檄者猶言弋」。

《釋蟲》〔第十五〕

螜，天螻。

《說文》：「螻，螻蛄也。」「一曰螜，天螻。」本《夏小正》文。又云：「蠹，螻蛄也。」是蠹與螢同物。《方言》云：「蛄詣謂之杜蛒，螻螲謂之螻蛄，或謂之蟓蛉。蓋南楚謂之杜狗，或謂之蛞螻。」蓋此類皆方言語異。蛞、狗、蛒俱聲相轉。

念孫案：杜蛒或謂之杜狗，「蛒」、「狗」二字皆在「杜」字之下，故杜蛒可轉爲杜狗。若「蛞螻」之「蛞」在上一字，則不得與杜蛒、杜狗相轉矣。

蟥衜，入耳。

案：蚟即蛉窮之合聲。蟥蚟、蚰蜒聲相轉，蚰蚭、蛸蚔聲相近。入耳、蟥蚟亦音轉字變也。

念孫案：蚟、蛉、窮三字皆同紐，則蚟非蛉窮之合聲。蟥衜善入人耳，故謂之入耳。入耳亦非蟥衜之轉聲也。

蜩，蜋蜩、螗蜩。蚻，蜻蜻。蠽，茅蜩。蝒，馬蜩。蜺，寒蜩。蜓蚞，螇螰。

按：《方言》作「蚗蟧」，《夏小正》作「鶗鴂」，《廣雅》作「蟪蟧」，《説文》作「蛁蟟」，《淮南・道應》篇注作「貂蟟」。今東齊人謂之德勞，或謂之都盧，揚州人謂之都蟟，皆蜓蚞、螇螰之語聲相轉。其不同者，方言有輕重耳。

念孫案：自「《方言》作蚗蟧」以下八者皆是轉聲，但非蜓蚞、螇螰之轉聲。

蛣蜣，蜣蜋。

《説文》：「渠蝌，一曰天社。」《廣雅》云：「天社，蜣蜋也。」《集韻》、《類篇》引《説文》作「渠蝌蜋」，《御覽》九百四十六引作「蝌蜋」，無「渠」字。《玉篇》云：「蝌與蜣同，又其虐切。」《廣韻》：「蝌，其虐切，又丘良切。」是蜣字正作蝌，故《説文》以蝌爲蜣，今本「渠蝌」下脱「蜋」字，當據《集韻》、《類篇》增補。然則蝌蜋即蜣蜋，「渠」字似衍，故《御覽》引無「渠」字。然以聲義求之，渠蝌雙聲，蜣蜋疊韻，蛣蜋亦雙聲也。準是而言，《説文》之渠蝌，即《爾雅》之蛣蜣，《御覽》蓋脱「渠」字耳。證以「蜉蝣渠略」《説文》作「蟲蟟」，蟲與渠同，並古字異文，是其例矣。

念孫案：渠蝌即渠蜣也。蛣蜣、渠蝌皆雙聲字，《集韻》引《説文》衍「蜋」字，而《類篇》從之；《御覽》所引有「蜋」無「渠」，皆非也。蓋後人多聞蜣蜋，少聞渠蝌，故以意增改而成誤本。若依《集韻》作渠蝌蜋，則文不成義矣。

不蜩，王蚥。

蜩螻，郭既注云「螻蛄類」，則不蜩亦必蜩類。翟氏《補郭》云：「《詩》、《書》及古金石文『不』多通『丕』，丕，大也。王蚥亦大之稱，此必蜩中之大者。前文蜩凡五見，《方言》云：『蟬大而黑者謂之蛂。』是蝒馬蜩之外尚有名蛂一種，爲蜩之大者。此丕蜩，疑其物。今呼黑大蜩爲老鐵，鐵即蛂音之轉，《集韻》蛂亦才仙切是也。俗人或謂之王師太，猶古王蚊之遺言也。」

念孫案：「不蜩」之「不」，發聲耳。若以「不」通作「丕」，而即訓爲大，則下文之「不過蟷蠰」及釋龜之「左倪不類」、「左倪不若」亦將讀爲丕過、丕類、丕若乎？翟説不可從。

皇蠡，蠜。草蠡，負蠜。蜇蠡，蜙蝑。蟿蠡，螇蚸。土蠡，蠰谿。

《説文》蠡、蝗互訓。蠡或作螺。《春秋》書「蠡」，《公羊》作「螺」。牟廷相《説詩》云〔四〕：「『衆維魚矣』，衆疑螺之省文。蓋螺魚相化，協於夢占。」牟説是也。

念孫案：牟氏謂衆爲螺之省文，蓋用《鐘山札記》所載丁希曾説耳。今案：此説非也。丁云，凡池湖陂澤中魚嘯子皆近岸旁淺水處，若遇歲旱，水不能復其故處，土爲風日所燥，魚子蠕蠕而出，即變爲蝗蟲，以害苗；今不爲蝗而爲魚，故以爲豐年之徵。據丁説，是歲不旱而水復其故處，則魚子仍化爲魚，非螺化爲魚也。螺之生子，必於田野閒之高處。若螺子見水而化爲魚，則已成水災，非豐年之兆矣。余在順天數十年，但聞魚子化爲螺，未聞螺化爲魚也。

蜆，縊女。

孫炎讀蜆爲俔，得其音矣。釋文：「蜆，下顯反。」《字林》：「下硯反。」俱失之。

念孫案：蜆既讀爲俔，則亦可讀下顯反、下研反矣。方言輕重，本有不同，不可執一。

土蠭，木蠭。

《方言》云：「蠭，燕、趙之閒謂之蠓螉。」按：蠓螉之合聲爲蜂。

念孫案：蜂非蠓螉之合聲。

密肌，繼英。

《釋鳥》有密肌、繫英，與此同名。或説此蟲即肌求也。《秋官·赤犮氏》注：「貍物䗪肌求之屬。」釋文：「求本作蛷。」《説文》「蠤」或作「蛷」，「多足蟲也」。《廣雅》云：「蛷螋，蟱蛷也。」《一切經音義》九引《通俗文》云：「務求謂之蚑蛷，關西呼𠯠嗖爲蚑蛷。」然則蚑蛷即肌求，聲之轉也。蛷螋又轉爲蠷螋。《博物志》云：「蠷螋蟲，溺人影，隨所著處生瘡。」《本草拾遺》云：「蠷螋，狀如小蜈蚣，色青，黑長足。」陶注：「雞腸草主蠷螋溺也。」案：此蟲足長行駃，其形髿髿。今棲霞人呼草鞵底，亦名穿錢繩，揚州人呼蓑衣蟲，順天人呼錢龍是也。密肌，《廣韻》作「密䑕」；繼英，《玉篇》作「蠿蝧」，俱或體字。

念孫案：密肌、繫英即肌求，不知何據。若見正文内有一肌字，遂以爲即是肌求，則郭所未詳者何在不可附會乎？殊乖蓋闕之旨。

有足謂之蟲，無足謂之豸。

《史記·黄帝紀》云：「淳化鳥獸蟲蛾。」索隱曰：「蛾一作豸。」正義曰：「蛾音豸，直

（起）〔氏〕反。」引《爾雅》。又通作止。《莊子・在宥》篇云：「災乃草本，禍及止蟲。」止即豸之聲借。

念孫案：止在止韻，豸在紙韻，古音本不相通，不得言豸通作止。

《釋魚》第十六

《天官・鼈人》：「春獻鼈蜃，秋獻龜魚。」《晉語》云：「黿鼉魚鼈，莫不能化。」韋昭注：「化謂蛇成鼈黿、石首成鵃之類。」按《曲禮》云：「水潦降，不獻魚鼈。」《論衡・無形篇》云：「臣子謹慎，故不敢獻。」是也。

念孫案：引獻魚鼈之事，與釋魚無涉。

鱦，小魚。

《說文》：「鮞，魚子也。」《魯語》韋昭注：「鮞，未成魚也。」然則鯤爲魚卵，鮞爲小魚之名，鮞即鱦聲之轉。

念孫案：鮞、鱦非聲之轉。

鯬，鯠。

《釋草》有釐蔓華，《說文》「釐」作「萊」。陸機《疏》：「萊，藜也。」鄭注《儀禮》云：「貍之言不來也。」是魾、鰲、鰊三字古皆聲近。《爾雅》物名多取聲近之字，胥此類也。

念孫案：魾與鰲、鰊聲不相近。

鼁䵶，蟾諸，在水者黽。

《説文》：「黽，鼁黽也。」郭云耿黽者，耿與蟈聲相轉。

念孫案：蟈以一字爲名，耿黽以二字爲名，不得但以一字爲轉聲。

鼈三足能，龜三足賁。

案：能古以爲三台字，則當音奴代反。又《左·昭七年傳》：「化爲黄熊。」釋文「熊」作「能」，本《爾雅》，則能應讀如字。古音能、熊同在東部也。

念孫案：古音能在之部，熊在蒸部，皆不在東部，説見《唐韻正》。

《釋鳥》〔第十七〕

鷂，鷂。其雄鶛，牝庳。

《釋文》：「庳，婢支反。施音婢，郭音卑。」按：鶛之言介也，雄者足高，介然特立也。庳之言比也，雌者足卑，比順於雄也。

念孫案：鶛於古音屬脂部，若介字則屬祭部。周秦兩漢之文，非但無與脂部通用者，并無與平上聲通用者，不得言鶡之言介。若庳字，即取卑小之意，不必轉訓爲比。

鷵，沈鳧。

按：此即今水鴨。謂之沈者，《急就篇》云：「春草雞翹鳧翁濯。」顔師古注：「翁，頸上毛也。」然則鳧善沈水，灑濯其頸，故曰沈鳧。或説鳧好晨飛，因名晨鳧。「魏文侯嗜晨鳧」是也。

念孫案：沈者，没也，但濯頸於水而已，則不得謂之沈。此又用邵説而誤也。晨鳧之義不可曉，亦不得强解。

鵲鶪醜，其飛也翪；鳶烏醜，其飛也翔。

鳶即鴟也，今之鷂鷹。鳶古字本作弋，《夏小正》「鳴弋」是也。隸變作鳶，音以專反，又變作鳶，去古人作弋之意尤遠矣。

念孫案：此用段氏《説文注》而誤。鳶字本作鳶，譌作鳶，又譌作鳶，非《夏小正》「鳴弋」之弋。説見余所作《廣雅疏證》。

亢，鳥嚨，其粻嗉。

《詩·燕燕》云：「頡之頏之。」頏即亢矣。頡，直項也。

念孫案：《毛傳》：「飛而下曰頏。」非謂鳥嚨也。

《釋獸》(第十八)

鹿，牡麚，牝麀，其子麛，其跡速，絶有力麝。

其跡名速，《説文段注》以速爲速字之誤。據籀文，迹作速，从束，其説是矣。王逸《九思》云：「鹿蹊兮躖躖。」《説文》：「躖，踐處也。」是躖即鹿之迹。《詩》：「町畽鹿場。」鹿場猶麋畯，皆謂所踐處也。

念孫案：段注因曹憲音而誤，不可從。

豕子，豬。豶，豮。幺，幼。奏者豱。豕生三，豵；二，師；一，特。所寢，橧。四蹢皆白，豥。其跡，刻。絶有力，豟。牝，豝。

其跡名刻，今豚子逾年謂之刻老，或曰刻婁，本此。

念孫案：「豚子逾年謂之刻老」云云，非「其迹刻」之謂。

豺，狗足。

《埤雅》云：「豺，柴也。」又曰：「瘦如豺。」是矣。

念孫案：豺於古音屬之部，柴於古音屬支部。陸佃不知古音，故云「豺，柴也」。

貙獌似貍。

蓋獌之言曼，延長也，借作蟃蜒。郭注《子虚賦》云：「蟃蜒大獸似貍，長百尋。」此蓋孟浪之言。《廣韻》作「貜㹫長八尺」，近是也。郭云呼貙虎之大者爲貙豻。貙豻即貙貜，聲之轉。《子虛賦》云：「𧌒蜒貙豻。」皆以聲爲義耳。

念孫案：《子虛賦》：「白虎玄豹，𧌒蜒貙豻。」是𧌒蜒、貙豻各爲一物，不得以𧌒蜒爲貙豻，亦不得以貙豻爲𧌒蜒。

威夷，長脊而泥。

邵氏《正義》引《説文》云：「委虒，虎之有角者也。」委、威聲近，虒有夷音，如「周道倭遲」，《韓詩》作「周道威夷」，是威夷即委虒矣。《廣韻》云：「虒似虎，有角，好行水中。」案《釋文》「泥，奴細反」，若依《廣韻》「好行水中」，則「泥」應讀如字。

念孫案：夷屬脂部，虒屬支部，虒無夷音，則委虒亦非威夷，邵説誤也。若爲虎之有角者，則非寓屬矣。

時，善椉領。

《爾雅考證》云〔五〕：「『時善椉領』當連上文讀。言蜼好登山峯，非別有獸名時也。」

按：時與是古字通，此説可從。

念孫案：「蜼好登山峯」不知何據。且獸皆能登山峯，非獨蜼也。「善乘領」上加一「時」字，《爾雅》亦無此文法，《考證》説不可從。

闕洩，多狃。

《爾雅考證》云：「洩與渫同。猩猩有牝無牡，故云闕洩；伏行交足，故云多狃。非別有獸也，當連『猩猩小而好啼』讀。」

念孫案：以猩猩有牝無牡而謂之闕洩，以交足而謂之多狃，其鑿也甚矣。且交足亦非足多指之謂。

獸曰釁，人曰（橋）〔撟〕，魚曰須，鳥曰狊。

釁者，隙也。獸卧引氣鼓息，腹脅閒如有空隙，故謂之釁。須者，《易》云「需，須也」，魚當停泊，鼓鰓吹息以自須，須謂止而息也。狊者，張目視也。鳥之休息，恒張兩翅，瞪目直視，所謂「鳥伸鴟視」也。

念孫案：釁者，奮釁，非謂釁隙也。說「須」字、「狊」字亦穿鑿而失其本旨。

《釋畜》〔第十九〕

騋牝，驪牝。

《說文》引《詩》作「騋牝驪牝」，今作「驪牡」，「牡」字誤。《爾雅》獨雪窗本作「牝」，餘皆作「牡」，而釋文不誤，云：「牝，頻忍反，下同。」謂與驪（牡）〔牝〕同也。以此可證騋、驪雙聲，又兼疊韻。

念孫案：騋字古音在之部，驪字今音在支部，古音在歌部，騋、驪乃雙聲，非疊韻。

犤牛

《釋文》：「犤音碑，又音皮。」然則犤與每聲近，又相轉也。

念孫案：每於古音屬之部，犤於古音屬歌部，於今音屬支部，二字聲不相近。

體長，犕。

體長言呂脊長也。《釋文》：「犕，博蓋反。」按犕，《說文》作犕，「犕」，云「二歲牛」，與此義異。又：「犡，牛長脊也。」是犡與犕其義同。

念孫案：《爾雅》言體長，不言長脊。

犬生三，猣；二，師；一，玂。

《玉篇》「猣」音即，云「犬生三子」，是猣又作猣。

念孫案：《釋文》「猣，子工反」，不云「本又作猣」。《玉篇》：「猣，子公切，犬生三子也。」後有「猣」字，音即，亦云「犬生三子」，乃後人所附益，非顧氏原文也。

未成雞，僆。

僆者，《方言》三云：「凡人嘼乳而雙産，秦晉之閒謂之僆子。」郭注音輦。然則僆爲少小之稱，今登萊人呼小者謂小僆，僆音若輦，蓋古之遺言也。《秦策》一云：「諸侯不可一，猶連鷄之不能俱上於棲。」蓋連即僆矣。

念孫案：僆子取雙産之義，非取少小之義。連雞謂以繩繫之也，雞爲繩所繫，則不能俱上於棲，連亦非少小之謂。

㲋五尺爲豟。

《玉篇》作（豟）［〔䝐〕］，云：「章移切，豕高五尺。」《廣雅》説豕屬云：「梁𤟤。」《初學記》引《纂文》曰：「梁州以豕爲𤟤。」案：𤟤音之涉反，即章移切之聲轉，是𤟤即豟矣。《廣韻》：「𤟤，梁之良豕也。」

念孫案：《釋文》：「豟，於革反。」不云「本又作豟」。《五經文字》及《廣韻》皆有「豟」無「豟」。《玉篇》：「豟，於隔切，豕五尺。」後又有「豟」字，「章移切，豕高五尺」，乃後人所增，不足爲據。

【説明】 郝懿行在王念孫指導下撰成《爾雅義疏》，不久即謝世。其後人以初稿刻印行世，是爲家刻本，又誤稱爲足本。

王念孫親自審閲了《爾雅義疏》初稿寫本，發現郝書在文字、音韻、訓詁、引書、表述等方面都有失誤，遂以朱筆墨籤爲之訂正。之後，王氏又以删定稿托阮元付刻，是爲定本，又稱節本。及門弟子、武漢大學鄧福禄教授曾以足本與節本對勘，得知王氏删改凡七百七十六條，《王删郝疏訓詁失誤類析》，《古漢語研究》，二〇〇三年第二期。故删節本優於家刻本。而《刊誤》見《殷禮在斯堂叢書》。僅録一百一十三條。

《刊誤》輯印始末，羅振玉在《爾雅郝注刊誤序》中有詳盡説明，轉引如下：

兒時讀《爾雅》郝氏《義疏》，乃學海堂刊本。稍長，始得同治五年郝氏家刻所謂足本者。據長洲宋于庭先生《序》言，阮刻删去之文出高郵王石渠先生手，或云他人所删而嫁名於王。嘗取兩本並几觀之，見凡阮本所删之處多有未安，知阮本所删必出當世碩儒之手，意非石渠先生不能如是之精密也。且疑所謂足本者，乃初本，阮刻爲定本，顧無以證之。逮己未仲夏由海東返國，明年從貴陽陳松山黄門許得《義疏》寫本，首尾朱墨爛然，凡句乙處用朱筆，又凡一語有未安、一字有譌脱，亦以朱筆訂正。以書迹觀之，皆出石渠先生手，間有一二爲文簡書。其尤未安處，則石渠先生加墨籤，每條皆出「念孫案」字，凡百十有三。則知删定果出石渠先生，非託名也。其所刊正，莫不精切，如嚴師之於弟子，於此可見古人友朋論學之忠實不欺。雖石渠先生實長于蘭皋先生十餘年，然在今人即齒相若，殆亦未必如是之真切不唯阿也。考蘭皋先生卒於道光五年，阮氏《經解》之刻在道光六年，至九年而工竣。石渠先生卒於道光十二年，阮氏刻書時，郝氏初亡，而石渠先生健在。故當時以定本付刊，其後人乃誤以未定本爲足本，復爲之刊布。于庭先生作《序》，徇郝氏後人之意而爲，或云出於假託之言以阿之，知道、豐諸儒已漸失先輩質實之風矣。予平生服膺王氏之學，往歲既刊石渠先生未刊諸書，爰以戊辰暮春命兒子福頤將此編中刊正郝書諸籤録爲一卷，顔之曰《〈爾雅郝注〉刊誤》，以遺當世之治王、郝二家之學者，且以識予早歲所疑，逾四十年竟得其證，爲可喜也。五月既望，上虞羅振玉書。

讀此書，可參閲陳奐《三百堂文集》卷上《爾雅義疏跋》。

【校注】

〔一〕書訓，應即宋薛季宣之《書古文訓》，有通志堂經解本。

〔二〕此依《釋詁》之例，補「第二」二字，以下各篇同。

〔三〕段注《説文解字》「棆」字注云：「按『母杶』當作『毋疵』，皆字之誤也。《釋木》：『棆，無疵。』古毋、無通用，故許作『毋』。」

〔四〕牟廷相，字默人，山東棲霞人。乾隆六十年優貢，官觀城縣教諭。《説詩》，殆即《詩切》。

〔五〕《爾雅考證》，未詳。

《音緯》批校語

凡例下

念孫案：《易》無「連若」之文，當云「《易》之拔茅」。

目次下

念孫案：《叙》文及卷下之下俱作「備要」，此作「備考」，二字蓋誤。

卷上之下《韻總》

念孫案：《集韻》成於寶元二年，《類篇》成於治平四年。《集韻》在前，《類篇》在後，則是《類篇》本於《集韻》，非《集韻》本於《類篇》也。

卷下之上《字總》

念孫案：「穲讀若靡」，「靡」乃「黀」字之誤。《說文》「葩」或作「龘」。龘即黀字也。見《爾雅》。《廣韻》「葩」、「穲」、「黀」三字並扶沸切，故穲讀若黀。今本「黀」作「靡」者，世人多見「靡」，少見「黀」，故「黀」訛爲「靡」矣。

音緯備要

念孫案：「察而可見」，本作「察而見意」。「識」字可讀去聲，與「意」爲韻；「意」字亦可讀入聲，與「識」爲韻。《易·明夷·象傳》「獲心意也」，與「食」、「則」、「得」、「息」韻。《管子·戒》篇「身在草茅之中而無懾意」，與「惑」、「色」韻。《楚辭·天問》「何所意焉」，與「極」韻。《呂氏春秋·重言》篇「所以定志意也」，與「翼」、「則」韻。《秦之罘刻石文》「承順聖意」，與「德」、「服」、「極」、「則」、「或」韻。是「意」字古多讀入聲也。「視」與「察」分深淺，「可識」

與「見意」亦分深淺。今本「見意」作「可見」者，涉上句「可識」而誤。「可見」與「可識」無異義，則既失其義而又失其韻矣。下五條皆用韻，則此條無獨不用韻之理。《漢書·藝文志》注作「察而見意」，即本於《説文》。

念孫案：《鶴山集》謂「吳彩鸞韻別出『移鬌』二字爲一部」者，「移」乃「栘」字之誤。《廣韻·上平聲·十二齊》有「栘鬌」二字而無「移」字，今云「別出移鬌二字爲一部」，則「移」爲「栘」之誤明矣。又《廣韻·十二齊》「栘」音成鬌切，「栘」與「成」爲雙聲，故「栘」之反語爲「成鬌」。若「移」字，則音弋支反，不得與「成」爲雙聲矣。又夏竦《古文四聲韻》部分皆依《唐韻》，其《上平聲·齊第十二》、《栘第十三》，與吳彩鸞別出「栘鬌」二字爲一部者正同，「栘」字亦音成鬌切，故知「移」爲「栘」之誤。

音緯附存

念孫案：欋，《釋文》、《唐石經》並作「攫」，明監本訛作「欋」，毛本又訛作「欋」，不成字體。《字彙補》依毛本收入「欋」，誤矣。

念孫案：㚇，《釋文》作「㚇」，云：「子息反，本或作稯。」《五經文字》云：「稯，子刀反。見《爾雅》。」則本作「稯」明矣。明刻單注本皆作「稯」，至注疏本始訛作「稄」。

念孫案：《廣雅》本作「莧」，非作「莧」也。莧即「莞爾而笑」之莞。隸書「完」字或作「元」，故「莞」字或作「莞」，因訛而爲「莧」矣。

念孫案：「傅」即「傅」字也。隸書「尃」字作「専」，故「傅」字作「傅」。「傅」之作「傅」，猶「敷」之作「敷」矣。

念孫案：「濟」即「濟」字也。「濟」字本作「濟」，曰訛而爲「濟」。《方言》注引《外傳》曰：「二帝用師以相濟也。」所引乃《晉語》文，韋注云：「濟當爲擠。擠，滅也。」故《方言》訓濟爲滅。

念孫案：「蓟」即「荆」字之訛，故韋注云：「荆，楚也。」「荆」字不須音釋，故宋庠無音。若是「蓟」字，則當有音矣。宋明道本正作「荆」字。

念孫案：「醼」蓋「鹻」之俗字也，謂鹹地也。《玉篇》：「鹼，鹵也。或作鹻。」《廣韻》：「鹻，鹹也。」鹻之俗作醼，猶鹹之俗作醎，故曰涉醼磧無水。〔一〕

念孫案：夔，俗作憂，又訛爲憂。《玉篇》、《廣韻》、《集韻》並以憂爲夔之俗字。

念孫案：「棓」蓋「桮」字之誤，桮、禁、豐皆飲酒所用。篆文桮、棓二字相似，故「桮」誤爲「棓」。「觴」蓋「觴」字之誤，觴亦酒器，故次於桮、禁、豐之下。〔二〕

念孫案：「唫」乃「唫」字之譌。《黄帝素問》：「呿唫之微。」注：「呿，開口；唫，閉口。」

即此所謂「呿而不唫也」，故高注以「呿」爲開，「唫」爲閉。〔三〕

念孫案：「角鰓」二字爲「魚鱗」之訛，前已辨之矣。〔四〕

念孫案：「椉檄」當作「棐檄」。《説文》：「棐，輔也。」徐鍇曰：「輔即弓檄也。」故從木。《説文》又曰：「榜，所以輔弓弩。」又曰：「檄，榜也。」棐、榜、檄三字皆從木，其義一也。《管子》曰：「彼十鈞之弩，不得棐檄，不能自正。」《荀子・性(悪)〔惡〕》篇曰：「繁弱、鉅黍，古之良弓也，然而不得排檄，則不能自正。」《説苑・建本》篇曰：「烏號之弓雖良，不得排檄，不能自正。」「排檄」與「棐檄」同。《韓子・外儲説》曰：「榜、檄者，所以矯不直也。」《鹽鐵論・申韓》篇曰：「若隱栝輔檄之正孤刺也。」棐、輔、榜一聲之轉，或言榜檄，或言輔檄，或言棐檄，其義一也。〔五〕

念孫案：「解犞」當作「鮮槁」。《周官・庖人》：「凡其死生鱻薧之物。」先鄭司農注：「鮮謂生肉，薧謂乾肉。」鱻薧即鮮槁，故高注云：「生肉爲鮮，乾肉爲槁。」〔六〕

念孫案：「酮」乃「酮」字之訛。《酉陽雜俎》所記，皆出於《廣雅》。《廣雅》云：「醶、醶、酮，酢也。」酢與醋同。《玉篇》：「酮，酢欲壞也。」《集韻》引《埤蒼》之「酮，酢也」，則當作「酮」明矣。〔七〕

念孫案：「饙」當作「餣」。《廣雅》：「餣、飰，餌也。」曹憲音云：「餣，於劫切。」今云

「饎、飢，餌也」者，「饐」訛爲「饎」，又因上「餴」字而誤加宀耳。《方言》云：「餌或謂之饐，或謂之飢。」是其證。「餴」未詳。

念孫案：「郜」即「部」字也。「部」本作「郜」，因訛而爲「郜」。《急就篇》云：「分別部居不雜厠。」《説文·叙》云：「分别部居，不相雜厠。」反之，則爲部居殽雜矣。〔八〕

念孫案：「鮭鰭」者，「鯸鮐」之訛也。左思《吴都賦》：「王鮪鯸鮐。」劉逵注云：「鯸鮐魚狀如科斗，大者尺餘，腹下白，背上青黑，有黄文，性有毒。蒸煮餤之，肥美。」是鯸鮐即今之河豚魚也，故曰鯸鮐即河豚之大者。隸書「矦」字作「侯」，「隹」字作「隹」，二形相似，故從「矦」之字多訛作「隹」。《墨子·非命》篇：「勤勞其喉舌而利其脣呡。」今本「喉」訛作「唯」。《淮南·兵略》篇：「疾如鍭矢。」高注云：「鍭，金鏃翦羽之矢也。」義本《爾雅》，今本《淮南》「鍭」訛作「錐」。皆此類也。「鮐」與「鰭」形亦相似，故知「鮭鰭」爲「鯸鮐」之訛。〔九〕

念孫案：「謝冰」，原本作「謝沐」，此蓋寫者之誤。《漢書·地理志》蒼梧郡謝沐縣有關涯浦，當爲「洭浦」。《地理志》南海郡中宿縣有洭浦關，師古曰：「洭音匡。」今本《漢書》「關」誤作「官」，《説文》、《水經》皆不誤。「雺」字未詳。〔一〇〕

念孫案：「粲」乃「粲」字之訛。崔粲即璀璨，古字假借耳。《洛神賦》：「披羅衣之璀粲。」字亦作「粲」。

念孫案：「迿」即「迥」字也。俗書「迥」字作「逈」，因訛而爲「迿」。《爾雅》：「迥，遠也。」言竹之填衍於遠野者，方數十百里也。

念孫案：「⿱沙皿盤」當作「娑媻」。娑媻，舞貌也。《説文》「娑」字注引《詩》：「市也媻娑。」今《詩》作「婆娑」。《爾雅》：「婆娑，舞也。」《説文》所引與《毛詩》、《爾雅》不同者，蓋本於三家也。子建詩用「媻」字，蓋亦本於三家。《玉篇》、《廣韻》「媻」字並音盤。此説主人起舞，不曰「媻娑」，而曰「娑媻」者，倒言之，以與下文之「端」、「干」、「顔」、「歡」爲韻耳。今本作「⿱沙皿盤」者，「媻」誤爲「盤」，故「娑」亦誤爲「⿱沙皿」。〔一一〕

念孫案：「⿳宀日夂」本作「⿳宀⿱日一夂」，隸省作「⿳宀日夂」。《廣雅》作「⿸疒⿳宀⿱日一夂」者，從篆文也。「⿸疒⿳宀⿱日一夂」非「瘦」之訛。〔一二〕

念孫案：「⿰王賁」者，「墳」之譌。濆、墳古字通。《大雅》之「鋪敦維濆」，即《周南》之「遵彼汝墳」也。〔一三〕

念孫案：螝，一身兩口，争食相齕，即今兩頭蛇之類。故《字譜》以爲是「虵」字。今云「螝似黄狗」，又云「行遠不及其家，則以草塞其尻」，則是獸類，而非蛇類，不得與「虵」同字矣。

【説明】

《音緯》，稿本，三册二卷，内分卷上之上、卷上之下、卷下之上、卷下之下。書藏國家圖書館分館善本庫，又有縮微膠卷。是書作者羅士琳，字次璆，號茗香，室名觀我生室，清代甘泉今屬江蘇揚州市。人，《清史稿·疇人二》有傳。有《觀我生室彙稾》十二種。道光二年壬午十一月羅《序》云：是書「遵《音韻闡微》韻部爲經，字母爲緯」；「增《華嚴》十四經爲十九經以配韻」，「減温公三十六字母爲三十五緯以收音」。「經體緯用，則以韻統之，凡有字之音計得二千四百九十音；緯體經用，則以音齊之，凡同音之字計得一萬七千三百三十二字。釐爲上下四卷，復以《備要》、《附存》二種繫於後。名之曰《音緯》。」其《例言》云：「是稿悉取異文同音、異音同文者，條分類别，各爲部分。」王念孫批校語，手稿，以題籤條粘貼在《音緯》相應條目書眉上。殆寫於道光十年之内。此稿據筆者手抄謄正。

【校注】

〔一〕此條在「《唐書》」條下。

〔二〕此條在「《汲冢周書》」條下。

〔三〕此條在「《吕覽·審應》」條下。

〔四〕此條在「《吕覽·召類》」條下。

〔五〕此條在「《水經注·泡水》」條下。

〔六〕此條在「《管子》」條下。

〔七〕此條在「《新論》」條下。

〔八〕此條在「洪遵《泉志》」條下。

〔九〕此條在「《馭交記·安南黎滓》」條下。
〔一〇〕此條在「《三遵譜録》」條下。
〔一一〕此條在「王延壽《王孫賦》」條下。
〔一二〕此條在「《字彙補》」條下。
〔一三〕此條在「《山海經》」條下。

《讀書雜志》餘編

《〈讀書雜志〉餘編》目録

上卷

下卷

《楚辭》二十六條

《文選》一百一十五條

先子所著《讀書雜志》十種，自嘉慶十七年以後陸續付梓，至去年仲冬甫畢。中月，而先子病没。敬檢遺稿十種而外，猶有手訂二百六十餘條，恐其久而散失，無以遺後學，謹刻爲《餘編》二卷，以附於全書之後。道光十二年四月朔日，哀子引之泣書。

《〈讀書雜志〉餘編》上

《後漢書》

聖跡滂流

《章帝紀》：「追惟先帝勤民之德，厎績遠圖，復禹弘業，聖跡滂流，至于海表。」念孫案：「滂」當作「旁」。此因「流」字而誤加水旁耳。旁，溥也，徧也。流，行也。謂聖跡徧行天下，至于海表也。此言聖跡，非言聖澤，則「旁流」之「旁」不當作「滂」。《説文》曰：「旁，溥也。」溥亦徧也。《繫辭傳》曰：「旁行而不流。」謂徧行而不流也。説見《經義述聞》〔一〕。《周官・男巫》曰：「旁招以茅。」謂徧招於四方也。《晉語》曰：「乃使旁告於諸侯。」謂徧告於諸侯也。《楚語》曰：「武丁使以象夢旁求四方之賢。」謂徧求四方之賢也。《秦之罘刻石文》曰：「威燀旁達，莫不賓服。」謂威燀徧達也。旁與方古字通。《堯典》：「共工方鳩僝功。」《史記・五帝紀》作「旁」。《皋陶謨》：「方施象刑惟明。」《新序・節士》篇作「旁」。《吕刑》：「方告無辜于上。」《論衡・變動篇》作「旁」。《士喪禮》：「牢中旁寸。」鄭注：「今文旁爲方。」《立政》曰：「其克詰爾戎兵，以陟禹之迹，方行天下，《齊語》曰：「君有此士也三萬人，以方行於天下。」《漢書・地理志》曰：「昔任黄帝，作舟車以濟不通，旁行天下。」其義一也。至于海表，罔有不服。」此云「底績遠圖，復禹弘業，聖跡旁流，至于海表」，意本於《立政》也。

奉盤錯鍉

《隗囂傳》：「牽馬操刀，奉盤錯鍉，遂割牲而盟。」李賢注曰：「按：蕭該《音〈義〉》引《字詁》：『鍉即題，音徒啟反。』《方言》曰：『宋楚之閒謂盎爲題。』據下文云『鍉不濡血』，明非盆盎之類。《前書・匈奴傳》云：『漢遣韓昌等，與單于及大臣俱登諾水東山，刑白馬，單于以徑路刀、金留犂撓酒。』應劭云：『留犂，飯匕也。撓，攪也。以匕攪血而歃之。』今亦奉盤措匙而歃也。以此而言，鍉即匙字。錯，置也，音七故反。」引之曰：「鍉」當爲「鍉」，其字從缶不從金。《廣韻》：「鍉，都奚切，歃血器。」《集韻》：「鍉，歃器。」皆沿誤本《後漢書》。注内「題」

字當爲「㼜」，其字從瓦不從頁。《方言》：「甂，陳魏宋楚之閒謂之㼜。」郭璞曰：「今河北人呼小盆爲㼜子，杜啟反。」《廣雅》曰：「㼜、甌，甂也。」《太平御覽》引《通俗文》曰：「小甌曰㼜。」凡從瓦之字或從缶，故《字詁》「鍉」與「㼜」同。《玉篇》：「鍉，徒啟切。亦作㼜，㼜，徒啟切。小盆也。」《集韻》亦曰：「㼜或從缶作鍉。」皆其證矣。賢意謂據「鍉」字，則爲盆盎之㼜；據下文，則當訓爲匙耳。案《周官·玉府》職：「合諸侯，則共珠槃、玉敦。」鄭注曰：「合諸侯者，必割牛耳，取其血，歃之以盟。珠槃以盛牛耳，尸盟者執之。玉敦，歃血玉器。」《戎右》職：「盟則以玉敦辟盟，遂役之。贊牛耳、桃茢。」注曰：「役之者，傳敦血授當歃者。」血在敦中，以桃茢拂之。耳者，盛以珠盤，尸盟者執之。若然，則盤以盛耳，敦以盛血，二器竝設矣。今傳曰奉盤，盤外當更有盛血之器。下文曰：「有司奉血鍉進，護軍舉手揖諸將軍，曰：鍉不濡血，歃不入口，是欺神明也。」明鍉者，盆盎之類，所以盛血，如古之有敦耳，不得如賢注所云。且隗囂遵用古禮，何肯效法匈奴乎？

首施兩端〔二〕

《鄧訓傳》、《西羌傳》竝云：「首施兩端。」注曰：「首施，猶首鼠也。」念孫案：《史記·魏其武安傳》：「何爲首鼠兩端？」故李本之爲注。今案：施讀如「施于中谷」之施。首施，猶首尾也。首尾兩端，即今人所云進退無據也。春秋魯公子尾，字施父，是施與尾同意。服虔注《漢書》曰：「首鼠，一前一卻也。」則首鼠亦即首尾之意。

胎養

《魯恭傳》：「今始夏，百穀權輿，陽氣胎養之時。」注曰：「萬物皆含胎長養之時。」念孫案：胎，亦養也。《方言》曰：「台、胎，養也。晉衛燕魏曰台，汝潁梁宋之閒曰胎。」《列女傳·頌義小序》曰：「胎養子孫，以漸教化。」是胎與養同義。此言陽氣胎養萬物，非謂萬物含胎也。《方言》注曰：「台，猶頤也，音怡。」《序卦傳》曰：「頤者，養也。」胎、台、頤聲近而義同。

或褱回藩屏，或躑躅帝宮

《蘇竟傳》：「太白辰星，或褱回藩屏，或躑躅帝宮。」注曰：「帝宮，北辰也。藩屏，兩傍之星也。」念孫案：北辰在紫宮之中，與左右兩藩，皆非黃道所經，太白辰星無緣到此。今案：帝宮，謂太微宮。藩屏，謂太微之兩藩，皆五星所經也。《史記·天官書》曰：「太微，三光之廷，匡衛十二星藩臣。」《淮南·天文》篇曰：「太微者，太一之廷也。」〔二〕「太一」，當作「五帝」。辨見《淮南》。故云「褱回藩屏」、「躑躅帝宮」。

百獸駭殫

《班固傳·兩都賦》：「遂繞酆鄗，歷上蘭，六師發胄，胄，與逐同。百獸駭殫。」注曰：

「駭殫，言驚懼也。」念孫案：李訓「駭殫」爲「驚懼」，則「殫」字本作「憚」。今作「殫」者，後人據誤本《文選》改之也。韋昭注《周語》曰：「憚，懼也。」懼與驚義相通。《爾雅》：「驚，懼也。」《方言》：「懼，驚也。」故《楚辭·招魂》：「君王親發兮憚青兕。」王逸注曰：「憚，驚也。」《淮南·人閒》篇曰：「驚憚遠飛。」司馬相如《上林賦》曰：「驚憚讋伏。」驚憚，即駭憚。故《廣雅》曰：「駭、憚，驚也。」言六師發逐，而百獸皆驚也。又案《文選》：「百獸駭殫。」殫字，李善無注，張銑注曰：「言天子縱六軍，逐百獸，駭驚踐蹋，十分殺其二三。」駭驚，即駭憚；踐蹋，即下文之蹂躪，而獨不爲殫字作解。然則李善及五臣本皆作「百獸駭憚」，而今本作「殫」，亦是後人所改明矣。後人改「憚」爲「殫」者，以「憚」音徒案反，與「蘭」字韻不相協故耳。不知憚從單聲，古音徒丹反，故與蘭爲韻。《莊子·達生》篇：「以鉤注者憚。」釋文：「憚，徒丹反。」是其證也。後人不曉古音而妄改爲「殫」，殫者盡也。百獸駭盡，則甚爲不詞。且此句但言「百獸驚駭」，下文乃言「蹂躪其十二三」，卒乃言「草木無餘，禽獸殄夷」。若先言百獸已盡，則下文皆成贅語矣。此字蓋近代淺學人所改，而各本《後漢書》、《文選》皆相承作「殫」，莫能正其失，良可怪也。

保界河山

「子實秦人，矜夸館室，保界河山。」注曰：「保，守也。謂守河山之險以爲界。」念孫案：賦言「保界河山」，非謂保河山以爲界也。今案：界，讀爲介。保、介，皆恃也。言恃河山以爲固也。《僖二十三年左傳》：「保君父之命而享其生禄。」《吕氏春秋·誠廉》篇：「阻兵而保威。」高、杜注竝曰：「保，恃也。」《襄二十四年左傳》：「以陳國之介恃大國而陵虐於敝邑。」介，亦恃也。《史記·十二諸侯年表》：「晉阻三河，齊負東海，楚介江淮。」阻、負、介，皆恃也。《索隱》：「介，音界。言楚以江淮爲界。一云介者，夾也。」皆失之。《漢書·五行志》：「虢介夏陽之阸，怙虞國之助。」介、怙，皆恃也。顔師古曰：「介，隔也。」失之。《南粤傳》：「欲介使者權。」師古曰：「介，恃也。」是保、介皆恃也。作界者，假借字耳。界與介古字通。《漢書·楊雄傳》：「界涇陽，抵穰侯而代之。」《文選》「界」作「介」。《史記·晉世家》：「文公環緜上山中而封之以爲介推田，號曰介山。」《續漢書·郡國志》作「界山」。《春秋繁露·立元神》篇：「介障險阻。」《淮南·覽冥》篇「介」作「界」。《郭有道碑》「介休」作「界休」。「矜夸館室」，夸，亦矜也。「保界河山」，界，亦保也。矜夸、保界，皆兩字平列。

蘊孔佐之弘陳

《典引》：「蓄炎上之烈精，蘊孔佐之弘陳。」注曰：「蘊，藏也。孔佐，謂孔子制作《春秋》及緯書以佐漢也。弘陳，謂大陳漢之期運也。」念孫案：李云「大陳漢之期運」，則「弘陳」之下，必須加數字以解之，而其義始明矣。今案：陳者，道也。言蘊蓄聖人之大道也。李斐注《漢書·哀帝紀》曰：「陳，道也。」《微子》曰：「我祖厎遂陳于上。」言致成道於上也。《君奭》曰：「率惟茲有陳。」言有道也。《大戴禮・衛將軍文子》篇曰：「君陳則進，不陳則行而退。」言君道則進，不道則退也。竝見《經義述聞》〔四〕。「弘陳」與「烈精」相對爲文，則「弘陳」之爲「大道」明矣。

微胡瑣而不頤

「慝亡迴而不泯，微胡瑣而不頤。」注曰：「瑣，小也。頤，養也。言微細者，何小而不養也。」念孫案：李以「微」爲「細」，細即小也。小胡小而不頤，則不詞之甚矣。今案：微讀曰徽。《爾雅》曰：「徽，善也。」《立政》：「予旦已受人之徽言。」《漢石經》「徽」作「微」。是微與徽通。徽、慝二字正相對。慝，惡也。言惡者無遠不滅，善者無小不養也。

有靦其面

《樂成靖王黨傳》：「安帝詔曰：萇有靦其面，而放逸其心。」注曰：「靦，姡也。言面姡然無媿。姡音胡八反。」念孫案：李訓「靦」爲「姡」，本於《爾雅》。然云「面姡然無媿」，則未解靦字之義，并未解姡字之義也。今案：《說文》：「靦，人面皃也。」今本「人面皃」譌作「面見」。案：《爾雅》釋文引舍人曰：「靦，擅也。一曰面貌也。」《越語》：「靦然而人面。」韋昭曰：「靦，面目之貌。」是靦爲人面貌也。《小雅・何人斯》正義引《說文》：「靦，面見人。」亦是「人面皃」之譌。今訂正。或沿「面見人」之誤，解爲「無面目相見」，失之。「姡，面靦也。」《爾雅》訓「靦」爲「姡」，《說文》訓「姡」爲「面靦」，其義一也。今本「面靦」譌作「面醜」。《何人斯》釋文引《說文》：「姡，面醜也。」亦後人據誤本《說文》改之，今據《何人斯》正義及《爾雅·釋言》疏所引訂正。又案：《說文》：「嫙，好也。」「𡣕，材也。」「姡，面靦也。」「嬥，直好皃。」姡字在嫙、𡣕、嬥三字之閒，則其義亦與好相近，故《何人斯》箋曰：「姡然有面目。」則「姡」非「面醜」之貌明矣。《爾雅》：「靦，姡也。」李巡、孫炎注竝曰：「人面姡然也。」見《釋文》。然則靦與姡皆人面之貌，而非無恥之貌明矣。《小雅·何人斯》篇：「爲鬼爲蜮，則不可得。有靦面目，視人罔極。」毛傳曰：「靦，姡也。」鄭箋曰：「使女爲鬼爲蜮也，則女誠不可得見也。姡然有面目，女乃人也，人相視無有極時，終必與女相見。」是靦爲人面目之貌，故對鬼蜮言之。若以靦爲無恥，則與《詩》意相違矣。又《越語》：「余雖靦然而人面哉？吾猶禽獸也。」韋注曰：「靦，面目之貌。」是靦爲人面目之貌，故對禽獸言之。若以靦爲無恥，則與靦然人面之文不合矣。此詔云「萇有靦其面，而放逸其心」，義亦與《越語》同，言萇雖靦然人面，而放逸其心，實與禽獸無異。下文「風淫于家、娉取人妻」，是其事也。李以「靦」爲「面姡然無媿」，失之矣。又案：《方言》：「㥏，慙也。荆揚青徐之閒曰㥏。」此與「有靦面目」之「靦」異義。而左思《魏都賦》云：「有靦瞢容，神蘂形茹。」任昉《彈曹景宗奏》云：「惟此人斯有靦面目。」《玉篇》亦云：「靦，慙皃。」則是誤以「靦」爲「㥏」矣。總之，靦爲人面目之貌。或以爲恥，或以爲無恥，皆非也。或誤解《說文》之「靦」爲「㥏」，云：「㥏從心，慙在中；靦從面，媿在外。」亦沿左思、任昉之誤。不知《說文》之「靦」爲面貌，不與訓「慙」之「㥏」同義也。

不震厥教

「莪慢易大姬，不震厥教。」注曰：「大姬，即莪所繼之母也。震，懼也。」念孫案：震讀爲祗，祗，敬也。言不敬承其教，非謂不懼其教也。祗與震，古同聲而通用。《盤庚》：「爾謂朕曷震，動萬民以遷。」《漢石經》「震」作「祗」。《無佚》：「治民祗懼。」《史記·魯世家》「祗」作「震」。震字或作振。《臯陶謨》：「日嚴祗敬六德。」《夏本紀》「祗」作「振」。《粊誓》：「祗復之。」《魯世家》「祗」作「敬」，徐廣曰：「敬，一作振。」《内則》：「祗見孺子。」鄭注曰：「祗或作振。」皆其證也。祗從氐聲，古音在脂部，震從辰聲，古音在諄部，諄部之音多與脂部相通，故從辰之字，亦與從氐之字相通。《説文》：「蚳從氐聲，（或）〔古文〕作蝨，從辰聲。」又其一證也。《恒·上六》：「振恒。」《説文》引作「榰恒。」《曲禮》：「畛於鬼神。」鄭注曰：「畛或爲祗。」畛之與祗，振之與榰，猶震之與祗也。

游不倫黨

《崔駰傳》：「游不倫黨，苟以徇己。」注曰：「倫，謂等倫。」念孫案：倫，擇也。「游不倫黨」，謂交不擇類也。《説文》：「掄，擇也。」《周官·山虞》曰：「邦工入山林而掄材。」《少牢饋食禮》：「雍人倫膚九。」鄭注曰：「倫，擇也。」是倫與掄通。《荀子·勸學》篇曰：「君子居必擇鄉，游必就士。」

補䘺

《崔實傳》：「期於補䘺決壞，枝柱邪傾。」注曰：「䘺音直莧反。《禮記》曰：『衣裳䘺裂，紉箴請補綴。』」念孫案：李以「䘺」爲「䘺裂」，非也。䘺，亦補也。「補䘺決壞，枝柱邪傾」，相對爲文。若以「補䘺」爲補其䘺裂，則「補䘺決壞」四字文不成義，且與下句不對矣。「䘺」字本作「䋎」，又作「綻」。《説文》：「䋎，補縫也。」《廣雅》曰：「䋎，縫也。」《急就篇》：「鍼縷補縫綻紩緣。」顔師古曰：「脩破謂之補，縫解謂之綻。」古辭《豔歌行》曰：「故衣誰當補，新衣誰當綻？」

得之不休，不獲不吝

《張衡傳》：「應閒得之不休，不獲不吝。」注曰：「休，美也。吝，恥也。」念孫案：休，喜也。吝，恨也。言得之不喜，不得不恨也。《小雅·菁菁者我》篇曰：「我心則喜，我心則休。」休亦喜也。《吕刑》曰：「雖畏勿畏，雖休勿休。」言雖喜勿喜也。竝見《經義述聞》〔五〕。《周語》曰：「爲晉休戚。」韋注曰：「休，喜也。」《廣雅》同。今俗語猶云「休戚相關」。《楚語》曰：「教之世，而爲之昭明德而廢幽昏焉，以休懼其動。」言喜懼其動也。《説文》曰：「吝，恨惜也。」《屯·六三》：「往吝。」馬融注曰：「吝，恨也。」《廣雅》同。下文《思玄賦》曰：「柏舟悄悄吝不飛。」字或作「悋」。《方言》曰：「悋，恨也。」

豈愛惑之能剖

《思玄賦》：「通人闇於好惡兮，豈愛惑之能剖。」注曰：「剖，分也。言通人尚闇於好惡，況愛寵昬惑者，豈能分之。」念孫案：李以「愛」爲「愛寵」，非也。愛者，蔽也。《説文》：「䈇，蔽不見也。」《廣雅》曰：「䈇、壅、蔽，障也。」《爾雅》：「薆，隱也。」郭璞曰：「謂隱蔽。」《方言》：「掩、翳，薆也。」郭璞曰：「謂薆蔽也。」引《詩·邶風·静女》篇：「薆而不見。」今《詩》「薆」作「愛」。《楚辭·離騷》云：「衆薆然而蔽之。」䈇、薆、愛古字通，皆謂障蔽也。此言通人尚闇於好惡，豈蔽惑之人所能分剖也。「蔽」與「惑」義相近，「蔽惑」與「通人」義相反。若以「愛」爲「愛寵」，則與上下文俱不相涉矣。《文選》「愛惑」作「昬惑」，蓋後人不曉愛字之義而改之也。

左概嵩嶽　箕背王屋

《馬融傳·廣成頌》：「右轡三塗，左概嵩嶽；面據衡陰，箕背王屋。」念孫案：「概」，當爲「枕」，字之誤也。草書「概」字作「枕」，「枕」字作「枕」，二形相似。《水經·汝水》注、《太平御覽·地部》引此竝作「左枕嵩嶽」。「箕背」，當爲「背箕」。「背箕」與「面據」相對。箕讀爲基。《立政》：「以竝受此丕丕基。」《漢石經》「基」作「其」。《周頌·昊天有成命》篇：「夙夜基命宥密。」《孔子閒居》「基」作「其」。《説文》：「其，籀文箕字。」基，亦據也。《釋名》曰：「基，據也。在下物所依據也。」言前據衡陰，後據王屋也。

《水經・汝水》注引此正作「背基王屋」。

脰完羝，撝介鮮　梏羽羣

「絹猑虪，鏦特肩，脰完羝，撝介鮮，散毛族，梏羽羣。」注曰：「絹，繫也；與罥通，音工犬反。鏦，猶撞也，音楚江反。脰，頸也，謂中其頸也。梏，諸家竝古酷反；案《字書》，捁從手，即古文攪字，謂攪擾也。」念孫案：李訓「脰」爲「頸」，「頸完羝」則爲不詞，故又釋之曰「謂中其頸」，殆失之迂矣。今案：脰，讀爲剅，《廣雅》曰：「剅，裂也。」《玉篇》曰：「小裂也。」作脰者，借字耳。絹、鏦、脰、撝、散、梏六字，字法皆相似。若訓脰爲頸，則與上下文不類矣。「介鮮」二字亦爲不類，「鮮」當爲「鱗」，凡隸書從粦之字或作夌，故鱗字或作鯪，形與鮮相近，因譌爲鮮。以下文毛羽例之，則此當爲介鱗也。《説文》曰：「撝，裂也。」謂裂介鱗也。梏讀爲嚳。《廣雅》曰：「嚳，分也。」脰、撝，皆裂也。散、梏，皆分也。李以「梏」爲「攪擾」之「攪」，亦失之。

儀建章

《杜篤傳・論都賦》：「規龍首，撫未央。撫與摹同。覛平樂，儀建章。」注曰：「覛，視也。」「儀」字無注。念孫案：儀者，望也。《呂氏春秋・處方》篇：「射者儀毫而失牆，畫者儀髮而易貌。」《淮南・説林》篇：「射者儀小而遺大。」高注竝曰：「儀，望也。」儀古讀若俄，字或作睋。《定八年公羊傳》注訓「睋」爲「望」。班固《西都賦》曰：「睎秦領，睋北阜。」睋與儀古今字耳。「規龍首，撫未央」，撫亦規也。「覛平樂，儀建章」，儀亦覛也。「睎秦領，睋北阜」，睋亦睎也。

田田相如

「厥土之膏，畝價一金，田田相如。」注曰：「相如，言地皆沃美相類也。」念孫案：如，讀爲紛拏之拏。「田田相拏」，猶今人言犬牙相錯也。楊雄《豫州箴》曰：「田田相拏，廬廬相距。」是其證。

三十鍭

《南蠻傳》：「其民户出雞羽三十鍭。」注曰：「《毛詩》：『四鍭既均。』《儀禮》：『鍭矢一乘。』鄭注曰：『鍭猶候也，候物而射之也。』」念孫案：鍭者，矢名。此言「雞羽三十鍭」，則非謂鍭矢也。鍭讀爲翭，《方言》：「翭，本也。」《廣雅》同。郭璞曰：「今以鳥羽本爲翭。」《説文》曰：「翭，羽本也。」《九章算術·粟米》章：「買羽二千一百翭。」劉徽曰：「翭，羽本也。」數羽稱其本，猶數草木稱其根株也，義與此「雞羽三十翭」同。作「鍭」者，借字耳。

汾隰

《西羌傳》：「晉人敗北戎于汾隰。」注曰：「二水名。」念孫案：李以「隰」爲水名，非也。汾陽，謂汾水旁下溼之地。《爾雅》曰：「下溼曰隰。」《桓三年左傳》：「逐翼侯于汾隰。」杜注曰：「汾隰，汾水邊。」是也。

《老子》

信不足，焉有不信焉

王弼本第十七章：「信不足，焉有不信焉。」河上公本無下「焉」字。念孫案：無下「焉」字者是也。「信不足」爲句，「焉有不信」爲句。焉，於是也。言信不足，於是有不信也。《吕氏春秋・季春》篇注曰：「焉，猶於此也。」《聘禮記》曰：「及享，發氣焉盈容。」言發氣於是盈容也。《月令》曰：「天子焉始乘舟。」今本「焉」字在上句「乃告舟備具於天子」之下，此後人不曉文義而妄改之。今據《吕氏春秋・季春》篇、《淮南・時則》篇訂正。言天子於是始乘舟也。《晉語》曰：「焉始爲令。」言於是始爲令也。《三年問》曰：「故先王焉爲之立中制節。」言先王於是爲之立中制節也。《荀子・禮論》篇「焉」作「安」，楊倞曰：「安，語助。」或作安，或作案。《荀子》多用此字。焉、安、案三字同義，詳見《釋詞》。《大荒南經》曰：「雲雨之山有木，名曰欒，羣帝焉取藥。」言羣帝於是取藥也。《管子・揆度》篇曰：「民財足，則君賦斂焉不窮。」言賦斂於是不窮也。《墨子・非攻》篇曰：「天乃命湯於鑣宮，用受夏之大命，湯焉敢奉率其衆以鄉有夏之境。」言湯於是敢伐夏也。《楚辭・九章》曰：「焉洋洋而爲客。」又曰：「焉舒情而抽信兮。」言於是洋洋而爲客、於是舒情而抽信也。又《僖十五年左傳》「晉於是乎作爰田」、「晉於是乎作州兵」，《晉語》作「焉作轅田」、「焉作州兵。」《西周策》：「君何患焉？」《史記・周本紀》作「君何患於是」。是「焉」與「於是」同義。《莊八年公羊傳》：「吾將以甲午之日，然後祠兵於是。」《管子・小問》篇：「且臣觀小國諸侯之不服者，唯莒於是。」是「於是」與「焉」同義。河上公注云：「君信不足於下，下則應之以不信，而欺其君也。」「則」字正解「焉」字之義。《祭法》曰：「壇墠有禱焉祭之，無禱乃止。」言壇墠有禱則祭之也。《大戴禮・曾子制言》篇曰：「有知焉謂之友，無知焉謂之主。」言有知則謂之友，無知則謂之主也。《荀子・禮論》篇：「三者偏亡，焉無安人。」《史記・禮書》「焉」作「則」。《老子》第十三章：「故貴以身爲天下，則可寄天下。」《淮南・道應》篇引此，「則」作「焉」。是「焉」與「則」亦同義。後人不曉「焉」字之義，而讀「信不足焉」爲一句，故又加「焉」字於下句之末，以與上句相對，而不知其謬也。又王弼本二十三章：「信不足，焉有不信焉。」河上公本亦有下「焉」字。案：河上公注云：「君信不足於下，下則應君又不信也。」與十七章注正同，則正文亦以「焉有不信」爲句明矣。乃後人既以「信不足焉」爲句，而加「焉」字於下句之末，又移此注於「信不足焉」之下，而改注內「應君以不信」爲「應君以不足」，甚矣其謬也。又案：王弼注十七章云：「信不足，則有不信，此自然之道也。」「則有不信」，即「焉有不信」。是王弼亦以「焉有不信」爲句。今本王注作「信不足焉，則有不信」，「焉」字亦後人所加。二十三章注云：「忠信不足於下，焉有不信也。」《永樂大典》本如此。今本「也」字作「焉」，亦後人所改。此皆由不曉「焉」字之義，而讀「信不足焉」爲一句，故訓詁失而句讀亦舛。既於下句末加「焉」字，遂不得不改注文以就之矣。

夫佳兵者，不祥之器

三十一章：「夫佳兵者，不祥之器。物或惡之，故有道者不處。」釋文：「佳，善也。」河上云：「飾也。」念孫案：善、飾二訓，皆於義未安。古所謂兵者，皆指五兵而言，故曰「兵者不祥之器」。見下文。若自用兵者言之，則但可謂之不祥，而不可謂之不祥之器矣。今案：「佳」當作「隹」，字之誤也。隹，古唯字也。「唯」或作「惟」，又作「維」。唯兵爲不祥之器，故有道者不處。上言「夫唯」，下言「故」，文義正相承也。八章云：「夫唯不争，故無尤。」十五章云：「夫唯不可識，故强爲之容。」又云：「夫唯不盈，故能蔽，不新成。」二十二章云：「夫唯不争，故天下莫能與之争。」皆其證也。古鐘鼎文「唯」字作「隹」，《石鼓文》亦然。又夏竦《古文四聲韻》載《道德經》，「唯」字作「隹」。據此，則今本作「唯」者，皆後人所改。此「佳」字若不誤爲「隹」，則後人亦必改爲「唯」矣。

爲天下正

王弼本三十九章：「矦王得一以爲天下貞。」河上公本「貞」作「正」，注云：「爲天下平正。」念孫案：《爾雅》曰：「正，長也。」《廣雅》曰：「正，君也。」《吕氏春秋·君守》篇：「可以爲天下正。」高注曰：「正，主也。」爲天下正，猶《洪範》言爲天下王耳。下文「天無以清」、「地無以寧」，即承上文「天得一以清，地得一以寧」言之。又云：「矦王無以貴高。」「貴高」二字，正承「爲天下正」言之。是「正」爲君長之義，非平正之義也。王弼本「正」作「貞」，借字耳。

唯施是畏

五十三章：「行於大道，唯施是畏。」王弼曰：「唯施爲之是畏也。」河上公注略同。念孫案：二家以「施」爲「釋施」字，非也。施，讀爲迆，迆，邪也，言行於大道之中，唯懼其入於邪道也。下文云：「大道甚夷而民好徑。」河上公注：「徑，邪不正也。」是其證矣。案：「徑」，即上文所謂「施」也。邪道足以惑人，故曰「唯施是畏」。王注曰：「言大道蕩然正平，而民猶尚舍之而不由，好從邪徑，況復施爲以塞大道之中乎？」於正文之外又增一義，非是。《説文》：「迆，衺行也。」引《禹貢》「東迆北會于匯。」《孟子·離婁》篇：「施從良人之所之。」趙注曰：「施者，邪施而行。」丁公著音迆。《淮南·齊俗》篇：「去非者，非批邪施也。」高注曰：「施，微曲也。」《要略》篇：「接徑直施。」高注曰：「施，邪也。」是施與迆通。《禹貢》：「東迆北會于匯。」馬融曰：「迆，靡也。」《文選・甘泉賦》：「封巒石關，迆靡平延屬。」《漢書・楊雄傳》「迆」作「施」。《史記・賈生傳》：「庚子日施兮。」《漢書》「施」作「斜」，斜亦邪也。《韓子・解老》篇釋此章之義曰：「所謂大道也者，端道也。所謂貌施也者，邪道也。所謂徑也者，佳麗也。佳麗也者，邪道之分也。」此尤其明證矣。

《莊子》

培風

《逍遥遊》篇：「風之積也不厚，則其負大翼也無力。故九萬里，則風斯在下矣，而後乃今培風。」釋文曰：「培，重也。本或作陪。」念孫案：培之言馮也。馮，乘也。見《周官・馮相氏》注。風在鵬下，故言負。鵬在風上，故言馮。必九萬里而後在風之上，在風之上而後能馮風，故曰「而後乃今培風」。若訓「培」爲「重」，則與上文了不相涉矣。馮與培聲相近，故義亦相通。《漢書・周緤傳》：「更封緤爲鄘城侯。」顔師古曰：「鄘，吕忱音陪。」而《楚漢春秋》作「馮城侯」，陪、馮聲相近，是其證也。馮字古音在蒸部，陪字古音在之部。之部之音，與蒸部相近。故陪、馮聲亦相近。《説文》曰：「陪，滿也。」王注《離騷》曰：「馮，滿也。」陪、馮聲相近，故皆訓爲滿。文穎注《漢書・文帝紀》曰：「陪，輔也。」張晏注《百官公卿表》曰：「馮，輔也。」《説文》曰：「倗，輔也。」陪、馮、倗聲竝相近，故皆訓爲輔。《説文》曰倗「從人，朋聲，讀若陪位」；鄘「從邑，崩聲」，「讀若陪」。《漢書・王尊傳》：「南山羣盜倗宗等。」蘇林曰：「倗音朋。」晉灼曰：「音倍」。《墨子・尚賢》篇：「守城則倍畔。」《非命》篇「倍」作「崩」。皆其例也。

朝菌

「朝菌不知晦朔，蟪蛄不知春秋。」釋文：「司馬云：朝菌，大芝也，天陰生糞上，見日則死，一名日及。故不知月之終始也。支遁云：一名舜，朝生暮落。潘尼云：木槿也。」引之曰：《淮南・道應》篇引此，「朝菌」作「朝秀」。今本《淮南》作「朝菌」，乃後人據《莊子》改之。《文選・辯命論》注及《太平御覽・蟲豸部六》引《淮南》竝作「朝秀」，今據改。《廣雅》作「朝蝊」。高注曰：「朝秀，朝生暮死之蟲也，生水上，狀似蠶蛾，一名孳母。」據此，則朝秀與蟪蛄，皆蟲名也。朝秀、朝菌，語之轉耳，非謂芝菌，亦非謂木槿也。上文云「之二蟲，又何知」，謂蜩與學鳩。此云「不知晦朔」，亦必謂朝菌之蟲。蟲者，微有知之物，故以知不知言之。若草木無知之物，何須言「不知」乎？

蚉䖟僕緣

《人閒世》篇：「夫愛馬者，以筐盛矢，以蜄盛溺。適有蚉䖟僕緣，而拊之不時，則缺銜毀首碎胷。」向秀解「蚉䖟僕緣」曰：「僕僕然蚉䖟緣馬，稠穊之貌。」崔譔曰：「僕，御。」念孫案：向、崔二説皆非也。僕之言附也，言蚉䖟附緣於馬體也。僕與附聲近而義同。《大雅・既醉》篇：「景命有僕。」毛傳曰：「僕，附也。」鄭箋曰：「天之大命，又附著於女。」《文選・子虛賦》注引《廣雅》曰：「僕，謂附著於人。」案：今《廣雅》無此語。《廣雅》，疑《廣倉》之譌。

診其夢

「匠石覺而診其夢。」向秀、司馬彪竝云：「診，占夢也。」念孫案：下文皆匠石與弟子論櫟社之事，無占夢之事。診，當讀爲畛。《爾雅》：「畛，告也。」郭注引《曲禮》曰：「畛於鬼神。」畛與診古字通。此謂匠石覺而告其夢於弟子，非謂占夢也。

與造物者爲人　不與化爲人

《大宗師》篇：「彼方且與造物者爲人，而遊乎天地之一氣。」《應帝王》篇：「予方將與造物者爲人。」郭象曰：「任人之自爲。」《天運篇》：「久矣，夫某不與化爲人。」郭曰：「夫與化爲人者，任其自化者也。」引之曰：郭未曉人字之義。人者，偶也。爲人，猶爲偶也。《中庸》：「仁者，人也。」鄭注曰：「人也，讀如相人偶之人。以人意相存偶之言。」《檜風・匪風》箋曰：「人偶能割亨者。」「人偶能輔周道治民者。」《聘禮》注曰：「每門輒揖者，以相人偶爲敬也。」《公食大夫禮》注曰：「每曲揖，及當碑揖，相人偶。」是人與偶同義，故漢時有「相人偶」之語。《淮南・原道》篇：「與造化者爲人。」義與此同。高注：『爲，治也。』非是。互見《淮南》。《齊俗》篇曰：「上與神明爲友，下與造化爲人。」是其明證也。

以己出經式義度，人孰敢不聽而化諸

《應帝王》篇：「君人者，以己出經式義度，人孰敢不聽而化諸？」釋文曰：「出經，絶句。司馬云：『出，行也。經，常也。』崔云：『出典法也。』式義度人，絶句。式，法也。崔云：『式，用也，用仁義以法度人也。』」念孫案：此當以「以己出經式義度」爲句，「人孰敢不聽而化諸」爲句。義讀爲儀。儀與義古字通。《説文》：「義，己之威儀也。」《文矦之命》：「父義和。」鄭注：「義讀爲儀。」《周官·肆師》：「治其禮儀。」鄭注：「故書儀爲義。鄭司農云：義讀爲儀。」古者書儀但爲義，今時所爲義爲誼。《小雅·楚茨》篇：「禮儀卒度。」《韓詩》作「義」。《周官·大行人》：「大客之儀。」《大戴禮·朝事》篇作「義」。《樂記》：「制之禮義。」《漢書·禮樂志》作「儀」。《周語》：「示民軌儀。」《大射儀》注引作「義」。儀，法也。見《周語》注、《淮南·精神》篇注、《楚辭·九歎》注。經、式、儀、度，皆謂法度也。解者失之。

波流

「吾與之虛而委蛇，不知其誰何，因以爲弟靡，因以爲波流。」郭象曰：「變化穨靡，世事波流，無往而不因也。」釋文曰：「波流，崔本作波隨，云常隨從之。」念孫案：作「波隨」者是也。蛇、何、靡、隨爲韻。蛇，古音徒禾反。委蛇之委，古音於禾反。委蛇，疊韻字也。《召南·羔羊》篇「委蛇委蛇」，與「皮」、「紽」爲韻。皮，古音婆。《莊子·庚桑楚》篇「與物委蛇」，與「爲」、「波」爲韻。爲，古音譌。委蛇，或作委佗。《鄘風·君子偕老》篇「委委佗佗」，與「珈」、「河」、「宜」、「何」爲韻。宜，古音俄。靡，古音摩。《中孚·九二》「吾與爾靡之」，與「和」爲韻。《莊子·知北遊》篇「安與之相靡」，與「化」、「多」爲韻。《成二年左傳》「師至于靡笄之下」，靡一音摩。《史記·蘇秦傳》：「期年以出揣摩。」鄒誕本作「揣靡」。 隨，古亦音徒禾反。 波隨，疊韻字。《詩序》「男行而女不隨」，《老子》「前後相隨」，《管子·白心》篇「天不始不隨」，《吕氏春秋·審應》篇「人先我隨」，《韓子·解老》篇「大姦作，則小盜隨」，《淮南·泰族》篇「上動而下隨」，《史記·太史公自序》「主先而臣隨」，竝與「和」爲韻。又：《吕氏春秋·任數》篇「無先有隨」，與「和」、「多」爲韻。《賈子·道術》篇「有端隨之」，與「和」、「宜」爲韻。《淮南·原道》篇「禍乃相隨」，與「多」爲韻。《説文》：「隨，從辵，隋聲。」隨，音他果反。《史記·天官書》：「前列直斗口，三星隨，北端兑。」索隱曰：「隨音他果反。」

擢德塞性

《駢拇》篇：「枝於仁者，擢德塞性以收名聲。」念孫案：塞與擢義不相類。塞當爲搴，擢、搴皆謂拔取之也。《廣雅》曰：「搴，取也，《楚辭·離騷》注及《史記·叔孫通傳》索隱引許慎，竝與《廣雅》同。《方言》作「攓」，云「取也，南楚曰攓」。《説文》作「㨷」，云「拔取也」。 拔也。」樊光注《爾雅》及李奇注《漢書·季布欒布田叔傳贊》竝與《廣雅》同。 此言世之人皆擢其德，搴其性，務爲仁義以收名聲，非謂塞其性也。《淮南·俶真》篇曰：「俗世之學，擢德攓性，内愁五藏，外勞耳目，乃始招蟯振繾物之豪芒，摇消掉捎仁義禮樂，暴行越智於天下，以招號名聲於世。」又曰：「今萬物之來，擢拔吾性，攓取吾情。」皆其證也。 隸書「手」字或作「丰」，若「擧」字作「舉」、「奉」字作「奉」之類。 故「搴」字或作「搴」，形與「塞」相似，因譌而爲「塞」矣。

刻之雒之

《馬蹄》篇：「伯樂曰：『我善治馬。』燒之剔之，刻之雒之。」司馬彪曰：「雒謂羈絡其頭也。」念孫案：雒讀爲鉻，音落。字或作𠛾。通作雒，又通作落。鉻之言落也，剔去毛鬣爪甲謂之鉻。《説文》曰：「鉻，鬄也。」《廣雅》曰：「𠛾，剔也。」《吳子·治兵》篇説畜馬之法云：「刻剔毛鬣，謹落四下。」此云「燒之剔之，刻之雒之」，語意略相似。司馬以「鉻」爲「羈絡」，非也。下文連之以「羈馽」，乃始言羈絡耳。

仁義存焉　義士存焉〔六〕

《胠篋》篇：「彼竊鉤者誅，竊國者爲諸侯。諸侯之門，而仁義存焉。」引之曰：存焉，當爲焉存。焉，於是也。言仁義於是乎存也。《呂氏春秋·季春》篇注曰：「焉，猶於此也。」《聘禮記》曰：「及享，發氣焉盈容。」言發氣於是盈容也。《月令》曰：「天子焉始乘舟。」今本「焉」字在上句「乃告舟備具于天子」之下，此後人不曉文義而妄改之，今據《呂氏春秋·季春》篇、《淮南·時則》篇訂正。言天子於是始乘舟也。《晉語》曰：「焉始爲令。」言於是始爲令也。《三年問》曰：「故先王焉爲之立中制節。」言先王於是爲之立中制節也。《荀子·禮論》篇「焉」作「安」，楊倞曰：「安，語助。」或作安，或作案。《荀子》多用此字。焉、安、案三字同義，詳見《釋詞》。《大荒南經》曰：「雲雨之山有木，名曰欒，羣帝焉取藥。」言羣帝於是取藥也。《管子·揆度》篇曰：「民財足，則君賦斂焉不窮。」言賦斂於是不窮也。《墨子・非攻》篇曰：「天乃命湯於鑣宮，用受夏之大命，湯焉敢奉率其衆以鄉有夏之境。」言湯於是敢伐夏也。《楚辭・九章》曰：「焉洋洋而爲客。」又曰：「焉舒情而抽信兮。」言於是洋洋而爲客、於是舒情而抽信也。又《僖十五年左傳》「晉於是乎作爰田」、「晉於是乎作州兵」，《晉語》作「焉作轅田」、「焉作州兵」。《西周策》：「君何患焉？」《史記・周本紀》作「君何患於是」。是「焉」與「於是」同義。《莊八年公羊傳》：「吾將以甲午之日，然後祠兵於是。」《管子・小問》篇：「且臣觀小國諸侯之不服者，唯莒於是。」是「於是」與「焉」同義。此四句以誅、侯爲韻，門、存爲韻，其韻皆在句末。《史記・游俠傳》作「竊鉤者誅，竊國者侯，侯之門，仁義存」。是其明證也。《盜跖》篇：「小盜者拘，大盜者爲諸侯。諸侯之門，義士存焉。」「存焉」，亦當作「焉存」。此皆後人不曉「焉」字之義而妄改之耳。

鉤餌

「鉤餌網罟罾笱之知多，則魚亂於水矣。」念孫案：鉤，本作釣，釣即鉤也。今本作「鉤」者，後人但知釣爲釣魚之釣，而不知其又爲鉤之異名，故以意改之耳。今案：《廣雅》曰：「釣，鉤也。」《田子方》篇曰：「文王觀於臧，見一丈夫釣，而其釣莫釣。非持其釣有釣者也，常釣也。」以上六釣字，唯「其釣」與「持其釣」兩釣字指鉤而言，餘四釣字皆讀爲釣魚之釣。《鬼谷子・摩篇》曰：「如操釣而臨深淵」。《淮南·説山》篇曰：「操釣上山，揭斧入淵。」《説林》篇曰：「一目之羅，不可以得鳥；無餌之釣，不可以得魚。」東方朔《七諫》曰：「以直鍼而爲釣兮，又何魚之能得？」是古人謂鉤爲釣也。又案：《釋文》云：「餌，如志反。罾音曾。笱者苟。」此是釋餌、罾、笱三字之音。下又云：「釣，鉤也。餌，魚餌也。《廣雅》云：『罟謂之网。罾，魚网也。』《爾雅》云：『嫠婦之笱謂之罶。』」此是釋釣、餌、網、罟、罾、笱六字之義。後人既改正文「釣」字爲「鉤」，又改《釋文》「笱音苟。釣，鉤也」六字爲「笱音鉤。釣，鉤也」，其失甚矣。又《外物》篇：「任公子爲大鉤巨緇。」釋文：「鉤，本亦作釣。」亦當以作「釣」者爲是。《文選·七啟》注、傅咸《贈何劭王濟詩》注、謝靈運《七里瀨詩》注及《太平御覽·資産部十四》引此，竝作「釣」也。又《列子·湯問》篇：「詹何以芒鍼爲釣。」後人改「釣」爲「鉤」，不知《御覽》引此正作「釣」也。又下文「投綸沈釣」，今本「釣」作「鉤」，亦是後人所改。《韻府羣玉》「釣」字下引《列子》「投綸沈釣」，則所見本尚作「釣」也。又《齊策》：「君不聞海大魚乎？網不能止，釣不能牽。」後人改「釣」爲「鉤」，不知《御覽·鱗介部七》引此正作「釣」，《淮南·人閒》篇亦作「釣」也。又《淮南·説山》篇：「人不愛江漢之珠，而愛己之釣。」高注云：「釣，鉤也。」後人既改正文「釣」字爲「鉤」，又改注文爲「鉤，釣也」，則其謬滋甚。蓋後人不知釣爲鉤之異名，故以其所知，改其所不知，而古義寖亡矣。

吐爾聰明

《在宥》篇：「墮爾形體，吐爾聰明。」引之曰：「吐」當爲「咄」。咄與黜同。《徐無鬼》篇「黜耆欲」，司馬本作「咄」。韋昭注《周語》曰：「黜，廢也。」黜與墮義相近。《大宗師》篇：「墮枝體，黜聰明。」即其證也。隸書出字或省作（士）〔圡〕，若敖省作敖、賣省作賣、歖省作款之類。故咄字或作吐，形與吐相似，因譌而爲吐矣。咄之譌作吐，猶吐之譌作咄，《漢書·外戚傳》「必畏惡吐棄我」，《漢紀》「吐」譌作「咄」。

天下功

《天道》篇：「天不産而萬物化，地不長而萬物育，帝王無爲而天下功。」郭象曰：「功自彼成。」念孫案：如郭解，則「功」下須加「成」字而其義始明，不知「功」即「成」也，言無爲而天下成也。《中庸》曰：「無爲而成。」《爾雅》曰：「功，成也。」《大戴禮·盛德》篇曰：「能成德法者爲有功。」《周官·稾人》：「乃入功于司弓矢及繕人。」鄭注曰：「功，成也。」《管子·五輔》篇曰：「大夫任官辯事，官長任事守職，士脩身功材。」功材，謂成材也。《荀子·富國》篇曰：「百姓之力，待之而後功。」謂待之而後成也。萬物化、萬物育、天下功，相對爲文，是功爲成也。

癘蠆

《天運》篇：「其知憯於癘蠆之尾。」釋文曰：「癘，敕邁反，又音例。本亦作厲，郭音賴，又敕介反。蠆，許謁反，或敕邁反。或云：依字，上當作蠆，下當作蠍。」引之曰：陸讀癘爲蠆，讀蠆爲蠍，皆非也。癘音賴，又音例。陸云本亦作厲，即其證也。蠆音敕邁反，蠍音許謁反。癘、蠆皆蠍之異名也。《廣雅》曰：「蠆、蠫，蠍也。」今本《廣雅》脱「蠫」字，《一切經音義》卷五引《廣雅》：「蠆、蠫，蠍也。」《集韻》引《廣雅》：「蠫，蠆也。」今據補。蠫音盧達反。蠆、蠫皆毒螫傷人之名，蠆之言蛆，蛆音哲，《一切經音義》卷十引《字林》曰：「蛆，螫也。」《僖二十二年左傳》正義引《通俗文》曰：「蠍毒傷人曰蛆。」蠫之言瘌也。瘌音盧達反，郭璞注《方言》曰：「瘌，辛螫也。」字或作剌。左思《魏都賦》曰：「蔡莽螫剌，昆蟲毒噬。」《廣雅·釋詁》云：「毒、蛆、瘌，痛也。」是其義矣。蠫與癘古同聲。《莊子》作「癘」，《廣雅》作「蠫」，其實一字也。《史記·秦本紀》「厲共公」，《始皇紀》作「剌龔公」。剌之通作厲，猶蠫之通作癘矣。

井鼃

《秋水》篇：「井鼃不可以語於海者，拘於虛也。」引之曰：「鼃」本作「魚」，後人改之也。《太平御覽·時序部七》、《鱗介部七》、《蟲豸部一》引此，竝云「井魚不可語於海」，則舊本作「魚」可知。且《釋文》於此句不出鼃字，直至下文「埳井之鼃」，始云「鼃本又作蛙，户蝸反」，引司馬注云：「鼃，水蟲，形似蝦蟇。」則此句作「魚」不作「鼃」明矣。若作「鼃」，則「户蝸」之音、「水蟲」之注，當先見於此，不應至下文始見也。再以二證明之。《鴻烈・原道》篇：「夫井魚不可與語大，拘於隘也。」梁張綰文：「井魚之不識巨海，夏蟲之不見冬冰。」《水經・贛水》注云：「聊記奇聞，以廣井魚之聽。」皆用《莊子》之文，則《莊子》之作「井魚」益明矣。《井・九二》：「井谷射鮒。」鄭注曰：「所生魚無大魚，但多鮒魚耳。」見劉逵《吴都賦》注。《困學紀聞》卷十。引《御覽》所載《莊子》曰：「用意如井魚者，吾爲鉤繳以投之。」《吕氏春秋・諭大》篇曰：「井中之無大魚也。」此皆「井魚」之證。後人以此篇有「埳井鼃」之語，而《荀子》亦云「坎井之鼃，不可與語東海之樂」，見《正論》篇。遂改「井魚」爲「井鼃」，不知井自有魚，無煩改作鼃也。自有此改，世遂動稱井鼃夏蟲，不復知有井魚之喻矣。

拘於虚

崔譔注「拘於虚」曰：「拘於井中之空也。」念孫案：崔訓「虚」爲「空」，非也。虚與墟同，故《釋文》云：「虚本亦作墟。」《廣雅》曰：「墟，凥也。」凥，古居字。《文選・西征賦》注引《聲類》曰：「墟，故所居也。」凡經傳言丘墟者，皆謂故所居之地。言井魚拘於所居，故不知海之大也。魚居於井，猶河伯居於涯涘之閒，故下文曰：「今爾出於涯涘，觀於大海，乃知爾醜也。」

鴟鵂

「鴟鵂夜撮蚤，察豪末。」引之曰：「鵂」字涉《釋文》內「鴟，鵂鶹」而衍。《埤雅》引此已誤。案：《釋文》曰：「鴟，尺夷反。崔云：鴟，鵂鶹。」而不爲「鵂」字作音，則正文內本無「鵂」字明矣。《淮南・主術》篇亦云：「鴟夜撮蚤。」

無東無西

「無南無北，奭然四解，淪於不測；無東無西，始於玄冥，反於大通。」念孫案：「無東無西」，當作「無西無東」。北、測爲韻，東、通爲韻。

腞楯之上，聚僂之中

《達生》篇：「苟生有軒冕之尊，死得於腞楯之上，聚僂之中，則爲之。」釋文：「司馬云：腞，猶篆也。楯，猶案也。聚僂，器名也。今（家）〔冢〕壙中注爲之。一云：聚僂，棺椁也。一云：聚當作菆，僂當作蔞，謂殯於菆塗蔞翣之中。」念孫案：腞讀爲輇，謂載柩車也。《雜記》：「載以輲車。」鄭注曰：「輲讀爲輇。」釋文：「輇，市專反，又市轉反。」《士喪禮記》注曰：「載柩車。」《周禮》謂之蜃車，《雜記》謂之團，或作輇，或作槫，聲讀皆相附耳。其車之轝，狀如牀，中央有轅，前後出，設前後輅，轝上有四周，下則前後有軸，以輇爲輪。許叔重說：「有輻曰輪，無輻曰輇。」輇、輲、槫、團竝字異而義同。此作腞，義亦同也。楯讀爲輴，亦謂載柩車也。《檀弓》曰：「天子之殯也，菆塗龍輴以椁。」又曰：「天子龍輴而椁幬，諸侯輴而設幬。」《喪大記》曰：「君殯用輴。」鄭注曰：「天子之殯，居棺以龍輴。諸侯輴不畫龍，大夫廢輴。」《士喪禮》下篇注曰：「輁，狀如長牀，穿桯前後，著金而關軸焉。大夫諸侯以上有四周，謂之輴。」此謂朝廟時所用。輴與楯古字通。《雜記》注曰：「載柩以楯。」是其證也。聚僂謂柩車飾也。衆飾所聚，故曰聚僂。亦以其形中高而四下，故言僂也。《雜記》注曰：「將葬，載柩之車飾曰桺。」《周官·縫人》：「衣翣桺之材。」注曰：「桺之言聚，諸飾之所聚。」《釋名》曰：「輿棺之車，其蓋曰桺。桺，聚也，衆飾所聚，亦其形僂也。」《檀弓》曰：「設蔞翣。」《荀子·禮論》篇曰：「無帾絲歶縷翣，其貊以象菲帷幬尉也。」桺、蔞、縷、僂竝字異而義同。《呂氏春秋·節喪》篇：「僂翣以督之。」其字亦作「僂」。《釋文》所引或說以「僂」爲「蔞翣」字，是也。餘說皆失之。

殺鴈而亨之

《山木》篇：「莊子舍於故人之家，故人喜，命豎子殺鴈而亨之。」釋文：「亨，普彭反，煮也。」念孫案：亨，讀爲享。享之，謂享莊子。故人喜莊子之來，故殺鴈而享之。享與饗通。《呂氏春秋·必己》篇作「令豎子爲殺鴈饗之。」是其證也。古書「享」字作「亨」，「烹」字亦作「亨」，故《釋文》誤讀爲亨，而今本遂改「亨」爲「烹」矣。原文作「亨」，故《釋文》音普彭反。若作

「烹」，則無須音釋。

必取其緒

「食不敢先嘗，必取其緒。」釋文曰：「緒，次緒也。」念孫案：陸説非也。緒者，餘也。言食不敢先嘗，而但取其餘也。《讓王》篇：「其緒餘以爲國家。」司馬彪曰：「緒者，殘也，謂殘餘也。」《楚辭・九章》：「欸秋冬之緒風。」王注曰：「緒，餘也。」《管子・弟子職》篇：「奉椀以爲緒。」尹知章曰：「緒，然燭燼也。」燼亦餘也。見《方言》、《廣雅》。

真泠禹曰

「舜之將死，真泠禹曰：『女戒之哉。』」釋文曰：「真，司馬本作直。泠音零，司馬云：泠，曉也，謂以直道曉語禹也。泠或爲命，又作令、命，猶教也。」引之曰：「直」當爲「卤」。卤，籀文乃字，隸書作廼。卤形似直，《繹山碑》：「乃今皇帝。」「乃」字作「卤」，形似「直」字。故譌作直，又譌作真。命與令古字通。《周官・司儀》：「則令爲壇三成。」《覲禮》注引此，「令」作「命」。《僖九年左傳》：「令不及魯。」令，本又作命。《莊子・田子方》篇：「先君之令。」令，本或作命。《周官・大卜》注：「以命龜也。」命，亦作令。作命，作令者是也。卤令禹者，乃命禹也。

目大運寸

「莊子遊乎雕陵之樊，覩一異鵲自南方來者，翼廣七尺，目大運寸。」司馬彪曰：「運寸，可回一寸也。」念孫案：司馬以「運」爲轉運之運，非也。「運寸」與「廣七尺」相對爲文。廣爲横，則運爲從也。「目大運寸」，猶言目大徑寸耳。《越語》：「句踐之地，廣運百里。」韋注曰：「東西爲廣，南北爲運。」是運爲從也。《西山經》曰：「是山也，廣員百里。」員與運同。《周官・大司徒》：「周知九州之地域廣輪之數。」《士喪禮記》：「廣尺，輪二尺。」鄭注竝曰：「輪，從也。」輪與運聲近而義同，廣輪即廣運也。

三月不庭

「莊周反，入三月不庭。藺且從而問之：『夫子何爲頃閒甚不庭乎？』莊周曰：『今吾遊於雕陵而忘吾身，異鵲感吾顙；遊於栗林而忘吾真，栗林虞人以吾爲戮。吾所以不庭也。』」釋文曰：「三月不庭，一本作三日。司馬云：不出坐庭中三月。」念孫案：如司馬說，則「庭」上須加「出」字，而其義始明。下文云：「夫子何爲頃閒甚不庭乎？」若以「甚不庭」爲「甚不出庭」，則尤不成語。今案：「庭」當讀爲逞。不逞，不快也。甚不逞，甚不快也。忘吾身，忘吾真，而爲虞人所辱，是以不快也。《方言》曰：「逞、曉，快也。自關而東，或曰曉，或曰逞。江淮陳楚之閒曰逞。」《桓六年左傳》：「今民餒而君逞欲。」《周語》：「虢公動匱百姓以逞其違。」韋、杜注竝曰：「逞，快也。」逞字古讀若呈，聲與庭相近，故通作庭。張衡《思玄賦》：「怨素意之不逞。」與「情」、「名」、「聲」、「營」、「平」、「崢」、「禎」、「鳴」、「榮」、「寧」爲韻。《說文》「逞」

從辵，呈聲。《僖二十三年左傳》「淫刑以逞」，釋文「逞」作「呈」。《方言》：「逞，解也。」《廣雅》作「呈」。「三月不庭」，一本作「三日」，是也。下文言「夫子頊閒甚不庭」，若三月之久，不得言「頊閒」矣。

臣有守也

《知北遊》篇：「大馬之捶鉤者，年八十矣，而不失豪芒。大馬曰：『子巧與，有道與？』曰：『臣有守也。』」念孫案：「守」即「道」字也。《達生》篇：「仲尼曰：『子巧乎，有道邪？』曰：『我有道也。』」是其明證矣。道字古讀若守，故與守通。凡九經中用韻之文，道字皆讀若守，《楚辭》及《老》、《莊》、諸子竝同。《秦會稽刻石文》「追道高明」，《史記·秦始皇紀》「道」作「首」。首與守同音。《說文》：「道，從辵，首聲。」今本無「聲」字者，二徐不曉古音而削之也。

簡髮而扻

《庚桑楚》篇：「簡髮而扻，數米而炊。」釋文：「扻，莊筆反。又作櫛，亦作楖，皆同。郭音節，徐側冀反。」引之曰：《玉篇》：扻，苦敢切，打扻也。不得音莊筆反，又音節。「扻」當爲「𢭃」，即《玉篇》「𢱭」字，隸書轉寫手旁於左耳。《玉篇》：「𢱭，七咨切，挐也。」此借爲櫛髮之櫛，故音莊筆反，又音節。凡從次聲之字，可讀爲即，又可讀爲節。《說文》：「垐，以土增大道上。從土，次聲。〔堲〕，古文垐，從土，即聲。」引《虞書》「朕堲讒說殄行。」《玉篇》音才資、才即二切。《說文》：「楶，欂櫨也。從木，咨聲。」咨從口，次聲。即是「山節藻棁」之

「節」。《康誥》：「勿庸以次女封。」《荀子·致士》篇引此，「次」作「即」。皆其例也。扻爲櫛髮之櫛，當讀入聲，而其字以次爲聲，則亦可讀去聲。故徐邈音側冀反。

吉凶

「能抱一乎？能勿失乎？能無卜筮而知吉凶乎？能止乎？能已乎？能舍諸人而求諸己乎？」念孫案：「吉凶」當爲「凶吉」。一、失、吉爲韻，止、已、己爲韻。《管子·心術》篇：「能專乎？能一乎？能毋卜筮而知凶吉乎？」是其證。《內業》篇「凶吉」亦誤爲「吉凶」，唯《心術》篇不誤。

儒以金椎控其頤

《外物》篇：「儒以《詩》、《禮》發(家)〔冢〕。大儒臚傳曰：『東方作矣，事之何若？』小儒曰：『未解裙襦，口中有珠。《詩》固有之曰：「青青之麥，生於陵陂。生不布施，死何含珠爲？」接其鬢，壓其顪，儒以金椎控其頤，徐別其頰，無傷口中珠。』〔七〕」念孫案：「儒以金椎控其頤」，《藝文類聚·寶玉部》引此，「儒」作「而」，是也。而，汝也。自「未解裙襦」以下，皆小儒荅大儒之詞，言汝以金椎控其頤，徐別其頰，無傷其口中之珠也。而、儒聲相近，上文又多「儒」字，故「而」誤作「儒」。

哽而不止則跈

「凡道不欲壅，壅則哽，哽而不止則跈，跈則衆害生。」郭象曰：「當通而塞，則理有不泄而相騰踐也。」釋文：「跈，女展反。《廣雅》云：『履也，止也。本或作蹍，同。』」念孫案：踐履與壅塞，二義不相比附。郭云「理有不泄而相騰踐」，所謂曲説者也。「本或作蹍」，亦非也。今案：跈讀爲抮。抮，戾也。言哽塞而不止，則相乖戾。相乖戾，則衆害生也。《廣雅》曰：「抮，盭也。」盭與戾同。《方言》曰：「軫，戾也。」郭璞曰：「相了戾也。」《孟子·告子》篇：「紾兄之臂而奪之食。」趙岐曰：「紾，戾也。」此云「哽而不止則跈」，義竝與「抮」同。

上謀而下行貨

《讓王》篇：「今周見殷之亂而遽爲政，上謀而下行貨，阻兵而保威。」念孫案：「上謀而下行貨」，「下」字後人所加也，「上」與「尚」同。上謀而行貨，阻兵而保威，句法正相對。後人誤讀「上」爲上下之上，故加「下」字耳。《吕氏春秋·誠廉》篇正作「上謀而行貨，阻兵而保威」。

病瘦

《盜跖》篇：「除病瘦死喪憂患，其中開口而笑者，一月之中，不過四五日而已矣。」釋文：「瘦，色又反。」念孫案：「瘦」當爲「瘐」，字之誤也。瘐亦病也。病、瘐爲一類，死、喪爲一類，憂、患爲一類。瘐字本作瘉。《爾雅》曰：「瘉，病也。」《小雅・正月》篇：「胡俾我瘉。」《毛傳》與《爾雅》同。《漢書・宣帝紀》：「今繫者或以掠辜，若飢寒瘐死獄中。」蘇林曰：「瘐，病也。囚徒病，律名爲瘐。」師古曰：「瘐音庾，字或作瘉。」《王子侯表》曰：「富侯龍下獄瘐死。」

無轉而行

「無轉而行，無成而義，將失而所爲。」念孫案：「無轉而行」，「轉」讀爲專。《山木》篇云：「一龍一蛇，與時俱化，而無肯專爲。」即此所謂「無專而行」也。此承上文「與時消息」、「與道徘徊」而言。言當隨時順道，而不可專行仁義。若專而行，成而義，則將失而所爲矣。故下文云：「正其言，必其行，故服其殃，離其患也。」「必其行」，即此所謂「專而行」也。《秋水》篇：「無一而行，與道參差。」一，亦專也。「無專而行」，猶言「無一而行」也。專與轉古字通，又通作摶。《史記・吴王濞傳》：「燕王摶胡衆入蕭關。」索隱曰：「摶，音專。謂專統領胡兵也。」《漢書》「摶」作「轉」。

馮氣

「今富人侅溺於馮氣，若負重行而上也，可謂苦矣。」釋文曰：「馮氣，馮音憤。憤，滿也，言憤畜不通之氣也。」念孫案：馮氣，盛氣也。《昭五年左傳》：「今君奮焉震電馮怒。」

杜注曰：「馮，盛也。」《楚辭·離騷》：「馮不猒乎求索。」王注曰：「馮，滿也。楚人名滿曰馮。」是「馮」爲「盛滿」之義，無煩改讀爲「憤」也。

達於知者肖

《列御寇》篇：「達生之情者傀，達於知者肖。」郭象曰：「傀然大，恬解之貌。肖，釋散也。」念孫案：郭以「傀」爲「大」，是也；以「肖」爲「釋散」，則非。《方言》曰：「肖，小也。」《廣雅》同。肖與傀正相反，言任天則大，任智則小也。肖猶宵也。《學記》：「宵雅肄三。」鄭注曰：「宵之言小也。」宵、肖古同聲，故《漢書·刑法志》「肖」字通作「宵」。《史記·太史公自序》：「申呂肖矣。」徐廣曰：「肖音痟。痟，猶衰微。」義亦相近也。

天下多得一察焉以自好

《天下》篇：「天下大亂，賢聖不明，道德不一。天下多得一察焉以自好。」郭象斷「天下多得一」爲句。釋文曰：「得一，偏得一術。」念孫案：「天下多得一察焉以自好」當作一句讀。下文云：「天下之人，各爲其所欲焉以自爲方。」句法正與此同。一察，謂察其一端，而不知其全體。下文云「譬如耳目鼻口，皆有所明，不能相通」，即所謂「一察」也。若以「一」字上屬爲句，「察」字下屬爲句，則文不成義矣。

《呂氏春秋》

蟄蟲始振　蟄蟲咸動

《孟春》篇：「蟄蟲始振。」高注曰：「蟄伏之蟲，乘陽始振動蘇生也。」《仲春》篇：「蟄蟲咸動。」注曰：「蟄伏之蟲，皆動蘇。」念孫案：如高注，則「始振」及「咸動」下皆當有「蘇」字，今本無「蘇」字者，後人依《月令》删之耳。蘇，本作穌。《淮南・時則》篇：「蟄蟲始振穌。」高注曰：「振，動。穌，生也。」又：「蟄蟲咸動穌。」注曰：「穌，生也。」足與此文互相證明矣。

其誰可而爲之

《去私》篇：「晉平公問於祁黄羊曰：『南陽無令，其誰可而爲之？』」高注曰：「而，能也。」念孫案：而、能古雖同義，此「而」字不可訓爲「能」。而，猶以也，言誰可以爲之也。誰可以爲之，猶言誰能爲之。若云「誰可能爲之」，則不辭矣。古者而與以同義，故「可以」或曰「可而」。《功名》篇曰：「故當今之世，有仁人在焉，不可而不此務。有賢主，不可而不此事。賢不肖，不可以不相分。」而與以同義，故二字可以互用。《不屈》篇曰：「惠子曰：『若王之言，則施不可而聽矣。』」《用民》篇曰：「處次官，執利勢，不可而不察於此。」《墨子・尚賢》篇曰：「使天下之爲善者可而勸也，爲暴者可而沮也。」又曰：「上可而利(大)〔天〕，中可而利鬼，下可而利人。」《尚同》篇曰：「上用之天子，可以治天下矣。中用之諸侯，可而治其國矣。下用之家君，可而治其家矣。」皆其證也。餘見《荀子》「剄而獨鹿」下。

達帝功

《古樂》篇：「昔葛天氏之樂，三人操牛尾，投足以歌八闋，六曰達帝功。」畢氏弇山改「達」爲「建」，説云：「《文選·上林賦》注，張揖引作『徹帝功』，李善謂以『建』爲『徹』誤，則當作『建』也。」念孫案：《上林賦》注：「張揖曰：葛天氏八曲，六曰徹帝功。」李善曰：《呂氏春秋》：「六曰達帝功。」今注以「達」爲「徹」，誤。念孫謂：徹者，通也，通亦達也。《釋名》曰：「達，徹也。」《昭二年左傳》：「徹命于執事。」《周語》：「其何事不徹？」韋、杜注竝云：「徹，達也。」徹與達義同，而聲亦相近，故張揖引此「達」作「徹」。李善駁之，誤也。至今本《文選注》「達」作「建」，乃傳寫之誤。建與徹聲義皆不相近，若本是「建」字，張揖無緣改「建」爲「徹」。考《初學記·樂部上》、《太平御覽·樂部四》引此，竝作「達帝功」，則作「達」者是也。《史記·司馬相如傳》索隱引作「建帝功」，亦後人據誤本《文選》改之。今據誤本《文選》以改本書，失之矣。

水道雍塞，不行其原

「昔陶唐氏之始，陰多滯伏而湛積，水道壅塞，不行其原。」舊校云：「一作陽道壅塞，不行其次。」孫氏詒穀云：「李善注《文選》傅武仲《舞賦》、張景陽《七命》，俱引作『陽道壅塞』。」念孫案：作「陽道」者是也。「陽道壅塞」與「陰多滯伏」正相對。後人以高注云「故有洪水之災」，遂改「陽道」爲「水道」，不知高注自謂陽道壅塞，故有洪水之災，非正文内本有「水」字也。「原」當爲「序」，字之誤也。《莊子・則陽》篇：「隨序之相理。」釋文：「序或作原。」陽道壅塞，故行不由序。別本作「不行其次」，次，亦序也。《漢書・司馬相如傳》注引此，正作「陽道壅塞，不行其序」。

苓管

「吹苓管壎篪。」引之曰：「苓」當爲「笭」，即笙字也。古從生聲之字，或從令聲。笙之爲笭，猶旌之爲旍也。《玉篇》云：「旍同旌，見《禮記》。」《爾雅・釋天》釋文云：「旌，本又作旍。」《月令》「載旌旐」，《吕氏春秋・季秋》篇「旌」作「旍」。隸書從竹之字，多變從艹，故笭譌作苓。或曰籥字之譌，竹誤爲艹，又脫下半耳。

賢者益疑

《禁塞》篇：「救守之説出，則不肖者益幸也，「也」當作「矣」，與下句文同一例。今作「也」者，因與上文「不肖者之幸也」相涉而誤。賢者益疑矣。」高注曰：「疑怪其何以益幸也。」念孫案：高説非也。疑者，恐也。言不肖者益幸，而賢者益恐也。古者謂恐曰疑。《雜記》曰：「五十不致毁，六十不毁，七十飲酒食肉，皆爲疑死。」鄭注曰：「疑，猶恐也。」《大戴禮・曾子立事》篇曰：「君子見善，恐不得與焉。見不善，恐其及己也。是故君子疑以終身。」《管子・小問》篇曰：「駮食虎豹，故虎疑焉。」《荀子・宥坐》篇：「其赴百仞之谷不懼。」《大戴禮・勸學》篇「懼」作「疑」。皆其證也。上文云「守無道而救不義，則禍莫大焉，爲天下之民害莫深焉」，故此言「救守之説出，則不肖者益幸而賢者益恐」。

憂恨

《懷寵》篇：「憂恨冒疾，遂過不聽。」引之曰：「憂恨」與「遂過不聽」義不相屬。「憂」當爲「复」，复與愎同。古無愎字，故借复爲之。或通作復。《韓子・十過》篇：「夫知伯之爲人也，好利而鷙愎。」《趙策》「愎」作「復」是也。又通作覆。《管子・五輔》篇「下愈覆鷙而不聽從」是也。又通作蝮。《史記・酷吏傳・贊》「京兆無忌，馮翊殷周蝮鷙」是也。隸書「复」字或作「夏」，「憂」字或作夏，二形相似而誤。《書・堯典》正義：「夏矦等書，心腹腎腸曰憂腎陽。」《史記・秦始皇紀・刻碣石門辭》：「文復無罪。」徐廣曰：「復，一作憂。」蓋「腹」、「復」竝通作「复」，因誤爲「憂」也。恨與很同。《爾雅》：「鬩，恨也。」孫炎本「恨」作「很」。又《荀子》，見下。《莊子・漁父》篇曰：「見過不更，聞諫愈甚，謂之很。」《説文》曰：「很，不聽從也。」《宣十二年左傳》注曰：「愎，很也。」故曰「愎很冒疾，遂過不聽」。《逸周書・謚法》篇曰：「愎很遂過曰刺。」《荀子・成相篇》曰：「恨復遂過不肯悔。」恨復與很愎同，今本「復」譌作「後」，辯見《荀子》。義竝與此同。

奮投

《愛士》篇：「晉惠公之右路石，奮投而擊繆公。」念孫案：「投」當爲「杸」，字之誤也。《説文》：「杸，軍中士所持殳也。從木從殳。」引《司馬法》：「執羽從杸。」《急就篇》曰：「鐵錘檛杖棁柲杸。」今經傳通作「殳」。

載旍旐輿，受車以級

《季秋》篇：「命僕及七騶咸駕，載旍旐輿，旍與旌同。受車以級，整設于屏外。」高注曰：「田僕掌佐車之政，令獲者植旍，故載旍也。輿，衆也。衆當受田車者，各以等級陳于屏外也。」引之曰：注言載旍，而不及旐，則旍下無旐字，旐字蓋後人據《月令》加之也。《淮南·時則》篇作「戴荏」，荏即旌之譌，荏下亦無旐字，當删去。其輿字當讀爲旟，屬上句讀。《月令》云「戴旌旐」，此云「載旍旟」，旟、旐皆旌旂之屬，各舉一物言之耳。高以輿字屬下句讀，又訓爲衆，皆失之。

剗而類，揆吾家

《知上》篇：「静郭君大怒曰：『剗而類，揆吾家，苟可以傔劑貌辨者，吾無辭爲也。』」高注曰：「剗，滅也。而，汝也。傔，足也。揆度吾家，誠可以足劑貌辨者，吾不辭也。」念孫案：剗與殘同。《觀世》篇「以兵相剗」，《謹聽》篇「剗」作「殘」，是其證也。揆與睽同。《後漢書・馬融傳》注曰：「睽，離也。」言雖殘害汝類，離析吾家，苟可以快劑貌辨者，吾不辭也。《齊策》作「剗而類，破吾家」，破與睽、離義亦相近。高以「揆」爲「揆度」，則與上句不類矣。

官人事

《安死》篇：「憚耕稼採薪之勞，不肯官人事。」高注曰：「既憚耕稼，又不肯居官脩治人事也。」念孫案：官，猶事也。事如「請事斯語」之事。言不肯事其民事也。《樂記》：「禮樂明備，天地官矣。」鄭注曰：「官，猶事也。」人事，即指耕稼而言。高誤以「官」爲「居官」，遂分耕稼與人事爲二。

爲我死

《異寶》篇：「孫叔敖疾，將死，戒其子曰：『爲我死，王則封女，必無受利地。』」畢曰：「『爲』字衍。《後漢書・郭丹傳》注引此無。」念孫案：爲，猶如也。言如我死而王封汝，汝必無受利地也。古或謂如曰爲。《管子・戒》篇：「管仲寢疾，桓公往問之。管仲曰：『夫江、黄之國近於楚，爲臣死乎，君必歸之楚而寄之。』」言如臣死也。《秦策》：「秦宣太后病，將死，出令曰：『爲我葬，必以魏子爲殉。』」言如我葬也。《長見》篇：「魏公叔痤對惠王曰：『臣之御庶子鞅，願王以國聽之也。爲不能聽，勿使出竟。』」言如不能聽也。《韓子・内儲説》：「荆王新得美女，鄭袖教之曰：『王甚喜人之掩口也。爲近王，必掩口。』」言如近王也。《秦策》：「公孫衍謂義渠君曰：『中國無事於秦，則秦且燒焫獲君之國。中國爲有事於秦，則秦且輕使重幣而事君之國。』」言中國如有事於秦也。考《列子・説符》篇亦作「爲我死」，則「爲」非衍字明矣。《後漢書》注引此無「爲」字者，注内引書，例得從省，不可援以爲據也。

侍老

《異用》篇：「仁人之得飴，以養疾侍老也。」高注曰：「侍，亦養也。」念孫案：正文及注内兩「侍」字，皆當爲「持」，持老謂養老也。《長見》篇曰：「申侯伯善持養吾意。」《管子・明法》篇曰：「小臣持禄養交，不以官爲事。」《墨子・天志》篇曰：「内有以食飢息勞，持養其萬民。」《荀子・勸學》篇曰：「除其害者以持養之。」《榮辱》篇曰：「以相羣居，以相持養。」《議兵》篇曰：「高爵豐禄以持養之。」是「持」與「養」同義，故注云：「持，亦養也。」

而人不知，以奚道相得

《不侵》篇：「天下輕於身，而士以身爲人。以身爲人者，如此其重也，而人不知，以奚道相得？」「以」字後人所加，説見下。高讀「而人不知奚道相得」爲一句，説云：「不知以何道得人，乃令之爲己死也。」念孫案：高説非也。「而人不知」爲句，「奚道相得」爲句。道者，由也。言士之輕身重義如此，而人不知，則何由與士相得哉？不相知則不能相得，故下文云：「賢主必自知士，故士盡力竭智，直言交爭，而不辭其患。」《下賢》篇曰：「有道之士，固驕人主。人主之不肖者，亦驕有道之士。日以相驕，奚時相得？」《知接》篇曰：「智者，其所能接遠也。愚者，其所能接近也。所能接近，而告之以遠化，奚由相得？」語意略與此同。《有度》篇：「若雖知之，奚道知其不爲私？」言何由知其不爲私也。《晏子春秋·雜》篇：「君何年之少而棄國之蚤，奚道至於此乎？」言何由至於此也。《韓子·孤憤》篇：「法術之士，奚道得進？」言何由得進也。「奚道」上，不當有「以」字。蓋後人不能正高注之誤，又因注而加以字耳。

極星與天俱遊，而天極不移

念孫案：《爾雅》：「北極謂之北辰。」《昭十七年公羊傳》疏引孫炎注曰：「北極，天之中，以正四時，謂之北辰。」《開元占經·石氏中官占》引《黃帝占》注曰：「北極紐星，天之樞也。天運無輟，而極星不移。」案：極星，即北辰也。或言北辰，或言北極，或言極星，或言紐星，或言樞星，皆異名而同實。古者極星正當不動之處，故曰「居其所而衆星共之」。《爾雅》：「北極謂之北辰。」與角、亢以下，同在星名之列。《公羊傳》以北辰、心、伐爲三大辰，《鄉飲酒義》謂之三光，皆指極星言之。《考工記》「匠人建國」，「夜攷之極星以正朝夕」，偏東爲朝，偏西爲夕。鄭注曰：「極星，謂北辰。」尤爲明據。《晏子春秋·雜》篇曰：「古之立國者，南望南斗，北戴樞星，彼安有朝夕哉？」《春秋繁露・深察名號》篇曰：「正朝夕者，視北辰。」併與《考工》相合。《楚辭・九歎》：「綴鬼谷於北辰。」王注曰：「北辰，北極星也。」亦與鄭注相同。賈逵、張衡、蔡邕、王蕃、陸績以紐星爲不動處是也。梁祖暅測，不動處，距紐星一度有餘。今紐星又移，而不動之處，乃在鉤陳大星與紐星之閒。此因恒星東徙，是以極星移度。後儒遂謂經文之北辰皆指無星之處言之，失其指矣。《呂氏春秋・有始》篇曰：「衆星與天俱遊，而極星不移。」高注曰：「極星，北辰星也。《語》曰：『譬如北辰，居其所而衆星拱之。』故曰不移。」蓋周秦之閒，極星未移，故呂氏之言，正與《考工》相合，故高注引《論語》以證極星之不移。後人見極星已移，乃妄改之曰：「極星與天俱遊，而天極不移。」或又改爲「天樞不移」，以强合無星之説，而不知其與高注大相抵牾也。凡言辰者，皆在天成象而可以正時者也。日月星謂之三辰，極星謂之北辰，北辰、(星)〔心〕、伐謂之大辰，其義一也。是以《堯典》言「曆象日月星辰」，《中庸》言「日月星辰繫焉」，《祭法》言「日月星辰，民所瞻仰」，皆指在天成象者言之。後儒謂天之無星處皆辰，則無稽之言耳。

乃參于上

「冬至日行遠道，周行四極。夏至日行近道，乃參于上。」高注曰：「遠道，外道也，故曰周行四極。近道，内道也，乃參倍于上，夏日高也。」引之曰：高讀參爲三，非也。參如

「立則見其參於前」之參，參猶值也，言正值人上也。夏至日行北道，日中之時，正值人上，故曰近。《墨子·經》篇曰：「直，參也。」直與值同。《淮南·説山》篇：「越人學遠射，參天而發，適在五步之内。」高注曰：「越人習水便舟而不知射。射遠，反直仰向天而發矢，勢盡而還，故近在五步之内。參猶望也。」案：「參天而發」，謂值天而發也。高訓「參」爲「望」，亦失之。

煙火

《應同》篇：「旱雲煙火，雨雲水波。」《淮南·覽冥》篇作「涔雲波水」。引之曰：「煙」當爲「熛」，字之誤也。《淮南》亦誤作「煙」，辯見《淮南》。《説文》：「熛，火飛也。讀若標。」《一切經音義》十四引《三倉》曰：「熛，迸火也。」旱雲熛火，雨雲水波，猶言旱雲如火，雨雲如水耳。若云「旱雲煙火」，則與下句不類矣。《藝文類聚·天部上》、《初學記·天部》、《太平御覽·天部八》引此，竝誤作「煙」，唯舊本《北堂書鈔·天部二》出「煙火」二字，引《呂氏春秋》「旱雲如熛火」，陳禹謨依俗本改爲「烟火」。則所見本尚未誤。《愼小》篇曰：「突泄一熛，而焚宮燒積。」今本「熛」字亦誤作「煙」，畢校本已改正。《一切經音義》十三引此正作「熛」。《韓子·喻老》篇曰：『百尺之室，以突隙之熛焚。』《淮南·人閒》篇亦曰：「百尋之屋，以突隙之熛焚。」《淮南·齊俗》篇曰：『譬若水之下流，熛之上尋也。』《説林》篇曰：「一家失熛，百家皆燒。」《史記·淮陰侯傳》曰：「熛至風起。」《漢書・叙傳》曰：「勝、廣熛起，梁、籍扇烈。」皆其證也。魏徵《羣書治要》引《尸子・貴言》篇曰：「熛火始起，易息也。」《吴越春秋・句踐入臣外傳》曰：「目若熛火，聲如雷霆。」此尤熛火二字之明證。而今本《晏子》、《韓子》及《淮南・覽冥》、《齊俗》、《人閒》三篇「熛」字皆誤作「煙」，唯《史記》、《漢書》、《吴越春秋》、《淮南・説林》及《羣書治要》、《一切經音義》、舊本《北堂書鈔》所引不誤。世人多見「煙」，少見「熛」，固宜其沿誤而不知也。

財物資盡

《務本》篇：「今有人於此脩身會計，則可恥；臨財物資盡，則爲己。」高讀「盡則爲己」爲一句，説云：「盡，猶略也。無不充仞以爲己有。」念孫案：高説「盡」字之義非是。盡讀爲賮。張載注《魏都賦》引《倉頡篇》云：「賮，財貨也。」賮與盡古字通。《孟子・公孫丑》篇作「贐」，《史記・高祖紀》作「進」。《管子・乘馬》篇云：「黄金一溢，百乘一宿之盡也。」是其證。「財物資盡」四字連讀。「脩身會計，則可恥；臨財物資盡，則爲己」，句法正相對。若讀「臨財物資」爲句，「盡則爲己」爲句，則句不成義，且與上文不類矣。

厚用

《孝行》篇：「此五者代進而厚用之，可謂善養矣。」高注曰：「代，更。更次用之以便親性，可謂爲善養親也。」引之曰：「厚」當爲「序」。隸書「厚」字或作「𠪋」，見《漢荊州刺史度尚碑》〔八〕。又作「𢋁」，見《三公山碑》。形與「序」並相近，故「序」譌爲「厚」。「代進而序用之」者，序亦代也。《燕禮》「序進」鄭注曰：「序，次第也，猶代也。」《郊特牲》：「昏禮不賀，人之序也。」鄭注曰：「序，猶代也。」是序與代同義，《楚辭・離騷》「春與秋其代序」是也。高訓「代」爲「更」，序亦更也。《周官・御僕》：『以序守路鼓。』《公食大夫禮》「序進」，《仲尼燕居》「夏籥序興」，鄭注並曰：「序，更也。」序與次亦同義，故高云「更次用之」。

雋觾

《本味》篇：「肉之美者，雋觾之翠。」念孫案：《説文》、《玉篇》、《廣韻》、《集韻》皆無觾字。「雋觾」當爲「觿燕」。觿與巂同。巂、觿並户圭反。《爾雅・釋鳥》云：「巂周，燕。燕，鳦。」郭璞以「燕燕」二字連讀，而以「巂」與「周」爲一物，「燕燕」與「鳦」爲一物。《説文》云：「巂，巂周，燕也。」俗本脱下「巂」字，今依段氏《注》補。則以「巂周」二字連讀，而以「巂周」與「燕」爲一物。此云「巂燕之翠」，義與《説文》同。作「觿」者，借字耳，因右畔「巂」字譌作「雋」，左畔「角」字又下移於「燕」字之旁，故譌爲「雋觾」二字。《北堂書鈔・酒食部四》、《太平御覽・飲食部十・羽族部十》及《文選・七命》注並引作「巂燕」。《初學記・器物部十四》引作「攜燕」，「攜」即「觿」之譌。

勝左人中人

《慎大》篇：「趙襄子攻翟，勝左人、中人。」今本「左人」作「老人」。案：俗書「左」字作「龙」，形與「老」相近，因誤爲「老」。《太平御覽・兵部五十三》引此正作「左人」。《晉語》及《列子・説符》篇亦作「左人」。《淮南・道應》篇作「龙人」，「龙」即俗書「左」字之誤。《水經・滱水》注：「滱水東逕左人城南。」應劭曰：「左人城在唐縣西北四十里。」今據改。高注曰：「襄子使辛穆子伐翟，勝之，下左人、中人城。」念孫案：如高注，則「勝」字自爲一句。「左人中人」之上，須加「下」字，而其義始明矣。今案：「勝左人中人」五字作一句讀。勝者，克也。克左人、中人二城也。凡戰而克謂之勝，攻而克亦謂之勝，《襄十年左傳》曰「城小而固，勝之不武，弗勝爲笑」是也。《隱二年傳》：「司空無駭入極，費庈父勝之。」《宣十二年公羊傳》：「莊王伐鄭，勝乎皇門。」《晉語》曰：「趙襄子使新稚穆子伐狄，勝左人、中人。」義與此同。《列子・説符》篇曰：「趙襄子使新稺穆子攻翟，勝之，取左人、中人。」此則以「勝之」爲句，「取左人、中人」爲句，與《國語》、《吕氏春秋》不同。

天下之適

《下賢》篇：「士所歸，天下從之帝。帝也者，天下之適也。王也者，天下之往也。」高注曰：「適，主也。」念孫案：高説非也。適，亦往也。「天下之適」、「天下之往」，皆承上「天下從之」而言。

無望

「以天爲法，以德爲行，以道爲宗，與物變化，而無所終窮。精充天地而不竭，神覆宇宙而無望。」高注曰：「無望，無界畔也。」引之曰：正文及注内兩「望」字，皆「垺」字之誤。望，或作朢。垺，俗書或作埒。二形相似而誤。《淮南·原道》篇云：「知八紘九野之形垺。」是垺爲界畔之名，故高云「無垺，無界畔也」。若作「望」，則與界畔之義無涉。且宗、窮爲韻，竭、垺爲韻，若作「望」，則失其韻矣。

溝迴陸　德迴乎天地

《貴因》篇：「禹通三江五湖，決伊闕，溝迴陸。」高注曰：「迴，通也。」念孫案：書傳無訓迴爲通者。「迴」當爲「迵」。「溝迴陸」當爲「迵溝陸」。《玉篇》：「迵，徒東切，通達也。」《昭四年左傳》注曰：「陸，道也。」「迵溝陸」者，通溝道也。《淮南·本經》篇：「平通溝陸。」正與此同義。迵之言洞也。《史記·倉公傳》：「臣意診其脈，曰迵風。」集解曰：「迵音洞，言洞徹入四肢也。」《淮南·要略》篇：「通迵造化之母。」今本「迵」誤爲「迴」，辨見《淮南雜志》。又云：「使人通迵周備。」迵亦通也。又《上德》篇：「德迴乎天地。」高注曰：「迴，通也。」迴亦迵之誤。世人多見「迴」，少見「迵」，故「迵」誤爲「迴」矣。

愁慮

《察微》篇：「故智士賢者，相與積心愁慮以求之。」高注曰：「積累其仁心，思慮其善政，以求致治也。」引之曰：高解「愁慮」二字之義未明。愁，讀爲揫。揫，聚也。積心、揫慮，其義一也。《爾雅》曰：「揫，聚也。」《説文》曰：「𩏄，收束也。或作揫。」又曰：「揫，束也。」引《商頌·長發》篇「百禄是揫」，今《詩》作「遒」，毛傳曰：「遒，聚也。」《鄉飲酒義》：「秋之爲言愁也。愁之以時察，守義者也。」鄭注曰：「愁，讀爲揫。揫，斂也。」《漢書·律曆志》曰：「秋，𩏄也。物𩏄斂乃成孰。」𩏄、揫、愁、遒，古同聲而通用。

從

《正名》篇：「人主雖不肖，猶若用賢，猶若聽善，猶若爲可者。其患在乎所謂賢，從不肖也；所爲善，而從邪辟；爲與謂同義。説見《秦策》「蘇代僞爲齊王曰」下。「邪辟」下，當有「也」字。所謂可，從悖逆也。」念孫案：三「從」字皆當爲「徒」。高注《異用》篇云：「徒，猶但也。」言所謂賢者非賢也，但不肖耳；所謂善者非善也，但邪辟耳；所謂可者非可也，但悖逆耳。隸書「從」字作「従」，形與「徒」相似，故「徒」誤爲「從」。《禁塞》篇「承從多羣」，從，一本作徒。《齊風·載驅》箋「徒爲淫亂之行」，徒，一本作從。《列子·天瑞》篇「食於道徒」，徒，一本作從。《史記·仲尼弟子傳》「壤駟赤，字子徒」、「鄭國，字子徒」，《家語·七十二弟子》篇「徒」竝作「從」。高不知「從」爲「徒」之誤，而云「使人從不肖」、

「使人從邪辟」，又云「從悖逆之道」，皆失之。

天無形　至精無象

《君守》篇：「天無形，而萬物以成。至精無象，而萬物以化。大聖無事，而千官盡能。」《羣書治要》引此，「天」上有「昦」字。念孫案：下文「至精無象」句注云：「説與昦天同。」則「天」上原有「昦」字明甚。本句下注云：「天無所制而物自成。」不言昦天者，省文耳。昦天無形，至精無象，大聖無事，皆相對爲文也。又案：「至精無象，而萬物以化」，「象」當作「爲」。《老子》曰：「道常無爲而無不爲，矦王若能守之，萬物將自化。」又曰：「我無爲而民自化。」《莊子・天地》篇曰：「無爲而萬物化。」皆其證也。隸書「象」字或作「為」，形與「爲」相似，故「爲」誤作「象」。形、成爲韻，爲、化爲韻，事、能爲韻，爲，古讀若譌。能，古讀若而。竝見《唐韻正》。若作「象」，則失其韻矣。《管子・兵法》篇：「無設無形，焉無不可以成也；無形無爲，焉無不可以化也。」形、成爲韻，爲、化爲韻，正與此同。

煤室

《任數》篇：「鄉者，煤室入甑中。」高注曰：「煤室，煙塵也。」《文選・陸機〈君子行〉》注引此，「煤室」作「炱煤」，又引高注：「炱煤，煙塵也。炱讀作臺。」《家語・在戹》篇「炱煤」作「炱墨」。今本《家語》「炱」誤爲「埃」，蓋「炱」字似「矣」而誤爲「矣」，後人又加土旁耳。墨、煤古同聲，説見《唐韻正》。《説文》：「炱，灰炱煤也。」《一切經音義》十五引《通俗文》云：「積煙爲炱煤。」引之曰：「煤室」當作「臺煤」。臺與室字形相似而誤。蓋正文借臺爲炱，而注讀臺爲炱也。今本臺煤二字誤倒，臺字又譌作室，而注内復有脱文。《文選》注所引「炱煤」亦當作「臺煤」，其引高注「炱讀作臺」，當是「臺讀作炱」。今本《文選》亦後人所改。炱爲正字，臺爲借字，故云臺讀作炱。若云炱讀作臺，則是反以假借之字易正字，不可通矣。畢校本據《文選》注改「煤室」爲「煤炱」，非也。炱與室形聲俱不相近，若本是炱字，無緣誤爲室。且《文選》注及《説文》、《玉篇》、《一切經音義》皆作「炱煤」，非作「煤炱」也。

形性彌羸　莫敢愉綖

《勿躬》篇：「凡君也者，處平静，任德化，以聽其要。若此，則形性彌羸而耳目愈精，百官慎職而莫敢愉綖。人事其事，以充其名。」高注曰：「愉，解。綖，緩。」念孫案：「羸」當爲「贏」，字之誤也。贏與盈古字通，言人君能處平静，任德化，則形性充盈而耳目聰明也。「綖」當爲「綎」，亦字之誤也。綎讀爲挺，《仲夏》篇：「挺衆囚。」高注曰：「挺，緩也。」鄭注《月令》曰：「挺，猶寬也。」寬亦緩也。《後漢書・臧宮傳》：「宜小挺緩，令得逃亡。」《傅燮傳》：「賊得寬挺。」李賢竝云：「挺，解也。」解亦緩也。故《序卦傳》云：「解者，緩也。」挺與綎古字通。愉，即「安肆日偷」之偷。偷，古作愉，見《周官・大司徒》。故注訓「愉」爲

「解」，與懈同。「綎」爲「緩」也。此以贏、精、綎、名爲韻，若作「綖」，則失其韻矣。

手足矜

《重言》篇：「艴然充盈，手足矜者，兵革之色也。」高注曰：「矜，嚴也。」念孫案：矜，猶奮也，言手足奮動也。《燕策》曰：「矜戟砥劍。」言奮戟也。《墨子·所染》篇曰：「其友皆好矜奮。」《荀子·正名》篇曰：「有兼聽之明，而無奮矜之容。」《淮南·説林》篇曰：「吕望使老者奮，項託使嬰兒矜。」是矜與奮同義。《管子·小問》篇作「漻然豐滿而手足拇動者，兵甲之色也」，此尤其明證矣。

倒而投之濄水

《用名》篇：「宋人有取道者，其馬不進，倒而投之濄水。」高注曰：「倒，殺。」念孫案：「倒」與「殺」義不相近。「倒」當爲「剄」。《説文》曰：「剄，刑也。」故高訓爲「殺」。今本作「倒」者，俗書「剄」字作「到」，形與「到」相似，「剄」譌爲「到」，《史記·韓世家》「不如出兵以勁之」，「勁」譌作「到」，是其例。後人又加人旁耳。《羣書治要》引此，作「剄而投之谿水」；《論衡·非韓篇》云：「宋人有御馬者，不進，剄而棄之於溝中。」此皆其明證矣。又案：《水經·淮水》注云：「雞水出雞陂。」《吕氏春秋》曰「宋人有取道者，其馬不進，投之雞水」是也。據此，則雞爲水名。然《論衡》言「剄而棄之溝中」，溝與谿同類，則作谿者是也。此直謂殺而投之谿中耳，非謂水名也。谿、雞形近而譌。酈氏因以爲汝南思善之雞水，誤矣。谿或作溪，雞或作鷄，今本作㵂，則又溪、鷄二字之合譌也。

謀士

《爲欲》篇：「晉文公伐原，與士期七日。七日而原不下，命去之。謀士言曰：『原將下矣。』師吏請待之。」念孫案：原之將下，謀士無由知之。「謀士」當爲「諜出」，字形相似而誤。「諜」旁「世」字，唐人避諱作「廿」，遂與「謀」相似而誤。《漢書・蓺文志》：「《太歲諜日晷》二十九卷。」今本「諜」誤作「謀」。《史記・夏本紀》：「稱以出。」《大戴禮・五帝德》篇譌作「稱以上士」。《墨子・號令》篇：「若贖出親戚所知罪人者，以令許之。」又云：「出候無過十里。」「出」字竝譌作「士」。《荀子・大略》篇：「君子聽律習容而後士」。「士」亦「出」之譌。《僖二十五年左傳》及《晉語》正作「諜出」。蓋諜者入城，揬知其情，出而告晉侯也。

焉不知其所由

《召類》篇：「以龍致雨，以形逐景，禍福之所自來。衆人以爲命，焉不知其所由。」念孫案：「焉不知其所由」，本作「焉知其所」。其「不知其所由」五字，乃是高注，非正文也。今本作「焉不知其所由」者，正文脱去「知其所」三字，而注内「不知其所由」五字又誤入正文耳。此以雨、景、所爲韻。景字古音在養部，養部之音，多與語部相通，故景與雨、所爲韻。《樂記》「和正以廣」，與「旅」、「鼓」、「武」、「雅」、「語」、「古」、「下」爲韻。《淮南・原道》篇「翱翔忽區之上」，與「下」、「野」、「與」、「後」爲韻。

《繫辭傳》「易之序也」，虞翻本「序」作「象」。《考工記》「陶瓬」，鄭司農云：「瓬，讀爲甫始之甫。」皆其例也。若「所」下有「由」字，則失其韻矣。前《應同》篇曰：「故以龍致雨，以形逐景，師之所處，必生棘楚，禍福之所自來。衆人以爲命，安知其所。」高注云：「凡人以爲天命，不知其所由也。」是其明證矣。

子姪

《疑似》篇：「梁北有黎丘部，有奇鬼焉，善效人之子姪昆弟之狀。」舊本「善」譌作「喜」。《文選・思玄賦》注引此，作「善」，今據改。《太平御覽・神鬼部三》引此，「子姪」作「子姓姪」，《文選・思玄賦》注引作「子姪」。引之曰：古者唯女子謂昆弟之子爲姪，男子則否。「子姪」本作「子姓」。姓與姪草書相似，故「姓」譌爲「姪」。《漢書・田蚡傳》：「跪起如子姓。」師古曰：「姓，生也。言同子禮，若己所生。」《史記》譌作「子姪」，是其證也。《御覽》作「子姓姪」者，後人據誤本《呂氏春秋》旁記「姪」字，而傳寫者因誤合之。《文選》注作「子姪」，則後人據誤本改之耳。古者謂子孫曰姓，《周南・麟之趾》曰「振振公子」、「振振公姓」。《昭四年左傳》曰：「問其姓。對曰：『余子長矣。』」杜注曰：「問其姓，問有子否。」《三十二年傳》曰：「三后之姓，於今爲庶。」《漢書・儒林傳》曰：「丁姓字子孫。」《廣雅》曰：「姓，子也。」是姓爲子孫之通稱。字亦通作生。《商頌・殷武》曰：「以保我後生。」鄭箋曰：「以此全守我子孫。」或曰子姓。《特牲饋食禮》曰：「子姓兄弟如主人之服。」鄭注曰：「所祭者之子孫言子姓者，子之所生。」《曲禮》曰：「納女於天子曰備百姓。」鄭注曰：「姓之言生也。天子皇后以下百二十人，廣子姓也。」《玉藻》曰：「縞冠玄武，子姓之冠也。」注曰：「(謂)父有喪服，子爲之不純吉也。」《喪大記》曰：「鄉大夫父兄子姓立于東方。」注曰：「子姓，謂衆子孫也。姓之言生也。」《楚語》曰：「帥其子姓，從其時享。」韋注曰：「姓，同姓也。」非是。下文曰「比爾兄弟親戚」，乃始言同姓耳。《越語》曰：「凡我父兄昆弟及國子姓。」韋注曰：「國子姓，年在衆子同姓之列者。」亦非是。《列子·説符》篇曰：「秦穆公謂伯樂曰：『子之年長矣，子姓有可使求馬者乎？』伯樂對曰：『臣之子皆下才也。』」《韓子·八經》篇曰：「亂之所生者六也：主母、后姬、子姓、弟兄、大臣、顯賢。」《史記·外戚世家》曰：「既驩合矣，或不能成子姓。」

皃之

《原亂》篇：「慮福未及，慮禍過之，舊本脱「過」字。《淮南·人閒》篇云：「計福勿及，慮禍過之。」今據補。所以皃之也。」畢云：「皃疑免字之誤。」念孫案：「皃」當爲「完」。完，全也。言所以全其身也。隸書「完」字作「完」，因譌而爲「皃」。《黄庭經》云：「保守完堅身受慶。」又云：「玉户金籥身完堅。」字竝作「皃」。

博志

《不苟論》凡六篇，五曰《博志》。念孫案：「博」當爲「摶」。摶與專同，謂專一其志也。

篇内云：「用志如此其精也，何事而不達，何爲而不成？」」是其明證矣。古書以「摶」爲「專」，傳寫者多誤作「博」，説見《管子》「博一純固」下。

似無勇而未可恐狼，執固横敢而不可辱害

《士容》篇：「似無勇而未可恐狼，執固横敢而不可辱害。」高讀「似無勇而未可恐」爲句，云：「未可恐以非義之事也。」又讀「狼執固横敢而不可辱害」爲句，云：「狼，貪獸也，所摶執堅固。横敢，猶勇敢。士之若此者，不可辱，亦不可害也。」「横敢猶勇敢」，舊本「横」下脱「敢」字，今補。「士之若此者」，舊本「士之」二字誤倒。下注云「士之如此者，使即南面之君位，亦處義而已」，今據以乙正。念孫案：高説非也。「狼」當爲「猲」，字之誤也。隸書「狼」字作「狠」，形與「猲」相似。恐猲二字連讀，猶今人言恐嚇也。《一切經音義》一云：「或言恐嚇，或言恐喝，皆一義也。」《趙策》曰：「以秦權恐猲諸侯。」《史記·蘇秦傳》作「恐愒」，索隱曰：「謂相恐脅也。」《漢書·王子侯表》：「葛魁侯戚，坐縛家吏恐猲受賕。平城侯禮，坐恐猲取鷄。」《王莽傳》：「各爲權勢，恐猲良民。」皆其證也。「似無勇而未可恐猲」爲句，「執固横敢而不可辱害」爲句，《論威》篇云：「湥痛執固，不可摇盪。」二句相對爲文。若以「狼執固横敢」五字連讀，則文不成義矣。此段以大、猲、害、越、大、外、賴、世、竭、衛、厲、折十二字爲韻，若以「恐」字絶句，則失其韻矣。

田之際

《辯士》篇：「農夫知其田之易也，不知其稼之疏而不適也；知其田之際也，不知其稼居地之虚也。」念孫案：「際」字於義無取，蓋「除」字之誤。上言「田之易」，此言「田之除」，「易」與「除」皆治也。《曲禮》：「馳道不除。」鄭注曰：「除，治也。」且易、適爲韻，除、虚爲韻，若作「際」，則失其韻矣。

《韓子》

去舊去智

《主道》篇：「去好去惡，臣乃見素；去舊去智，臣乃自備。」念孫案：「去舊去智」，本作「去智去舊」。惡、素爲韻，舊、備爲韻。舊，古讀若忌。《大雅·蕩》篇：「殷不用舊。」與「時」爲韻。《召閔》篇：「不尚有舊。」與「里」爲韻。《管子·牧民》篇：「不恭祖舊。」與「備」爲韻。皆其證也。後人讀「舊」爲巨救反，則與「備」字不協，故改爲「去舊去智」，不知古音「智」屬支部，「備」屬之部，兩部絶不相通。自唐以後，始溷爲一類。此非精於三代兩漢之音者，不能辨也。

姦臣

「弒其主，代其所，人莫不與，故謂之虎。處其主之側爲姦臣，聞其主之忒，「聞」蓋「閒」之譌。閒，伺也。故謂之賊。」念孫案：「臣」當爲「匿」，字之誤也。匿讀爲慝，謂居君側而爲姦慝也。《逸周書·大戒》篇：「克禁淫謀，衆匿乃雍。」衆匿，即衆慝。《管子·七法》篇：「百匿傷上威。」百匿，即百慝。《明法》篇：「比周以相爲匿。」《明法解》「匿」作「慝」。《漢書·五行志》：「朔而月見東方謂之仄慝。」《書大傳》作「側匿」。是匿與慝古字通。主、所、與、虎爲韻，側、匿、忒、賊爲韻，若作「臣」，則失其韻矣。

屬官　屬下

《有度》篇：「屬官威民，退淫殆，止詐僞，莫如刑。」舊注曰：「屬官，欲令官之屬己。」念孫案：舊注甚謬。「屬」當爲「厲」，字之誤也。「厲官威民」，義正相近。《詭使》篇：「上之所以立廉恥者，所以屬下也。」「屬」亦「厲」之誤。俗書「屬」字作「属」，形與「厲」相近，故「厲」誤作「屬」。《荀子·富國》篇：「誅而不賞，則勤厲之民不勸。」今本「厲」誤作「屬」。

此道奚出

《十過》篇：「衛靈公之晉，晉平公觴之於施夷之臺。酒酣，靈公起曰：舊本「曰」上衍「公」字，今據《論衡·紀妖篇》刪。『有新聲，願請以示。』平公曰：『善。』乃召師涓，令坐師曠之旁，援琴鼓之。未終，師曠撫止之曰：『此亡國之聲，不可遂也。』平公曰：『此道奚出？』」念孫案：「此道奚出」，本作「此奚道出」。道者，由也，言此聲何由出也。《史記·樂書》作「是何道出」，舊本脱「是」字，今據《太平御覽·地部》所引補。《論衡·紀妖篇》作「此何道出」，皆其明證矣。《孤憤》篇：「法術之士，奚道得進？」《晏子春秋·雜》篇：「景公問魯昭公曰：『君何年之少而棄國之蚤，奚道至於此乎？』」《呂氏春秋·有度》篇：「客問季子曰：『若雖知之，奚道知其不爲私？』」《史記·趙世家》：「簡子曰：『此其母賤，翟婢也，奚道貴哉？』」義竝與此同。今作「此道奚出」者，後人不知「道」字之義，而妄改之耳。

墨染

「禹作爲祭器，墨染其外，而朱畫其内。」念孫案：「染」當爲「漆」，謂黑漆其外也。俗書「漆」字作「柒」，因譌而爲「染」。《因學紀聞》引此已作「染」。《太平御覽·人事部》百三十四引此正作「漆」。《説苑·反質》篇亦作「漆」。

輕誣強秦之實禍

「聽楚之虚言，而輕誣強秦之實禍，則危國之本也。」引之曰：此言韓王聽虚言而輕實禍，則「輕」下不得有「誣」字。「誣」即「輕」之譌。《韓策》及《史記·韓世家》俱無「誣」字，是其證也。今作「輕誣強秦之實禍」者，一本作「輕」，一本作「誣」，而後人誤合之耳。凡從

「巠」從「巫」之字，傳寫往往譌溷，説見《經義述聞・大戴禮》「喜之而觀其不誣」下。

突隙之烟

《喻老》篇：「千丈之堤，以螻蟻之穴潰；百尺之室，以突隙之烟焚。」引之曰：突隙之烟，不能焚室。「烟」當爲「熛」。熛誤爲煙，又轉寫爲烟耳。舊本《北堂書鈔・地部十三》引此正作「熛」。陳禹謨本删去。《説文》：「熛，火飛也。讀若標。」《一切經音義》十四引《三倉》云：「熛，迸火也。」《吕氏春秋・慎小》篇曰：「巨防容螻，而漂邑殺人；突泄一熛，而焚宫燒積。」今本「熛」字亦誤作「煙」。《一切經音義》十三引此正作「熛」。《淮南・人閒》篇曰：「千里之隄，以螻螘之穴漏；百尋之屋，以突隙之熛焚。」今本亦誤作「煙」。《太平御覽・蟲豸部四》引此正作「熛」。語意竝與此同。世人多見「煙」，少見「熛」，故諸書中「熛」字多誤作「煙」，説見《吕氏春秋》「煙火」下。

輒行　輒還

《説林上》篇：「秦康公築臺三年，荆人起兵，將以攻齊。任妄曰：『臣恐其以攻齊爲聲，而以襲秦爲實也。不如備之。』戍東邊，荆人輒行。」念孫案：「輒」當爲「輟」。輟，止也，言荆人知秦之有備而止其行也。後「魏文侯借道於趙而攻中山」章云：「彼知君利之也，必將輟行。」是其證矣。又《内儲説下》篇：「鄴令襄疪，陰善趙王左右。趙王謀襲鄴，襄疵常輒聞而先言之魏王，魏王備之，趙乃輒還。」「輒還」，亦當爲「輟行」，言趙王知魏之有備而止其行也。「輟」字既譌作「輒」，後人不得其解，故改「輒行」爲「輒還」，不知上言趙謀襲鄴，則兵尚未出，不得言「還」也。

削地

「韓宣王謂樛留曰：『吾欲兩用公仲、公叔，其可乎？』對曰：『不可。王兩用之，其多力者樹其黨，寡力者借外權。羣臣有内樹黨以驕主，有外爲交以削地，則王之國危矣。』」

念孫案：「削地」當爲「列地」。列，古裂字。《艮・九三》曰：「艮其限，列其夤。」《大戴禮・曾子天圓》篇曰：「割列禳瘞。」《管子・五輔》篇曰：「博帶梨，大袂列。」《荀子・哀公》篇曰：「兩驂列，兩服入廄。」裂，分也，言借外權以分地也。《韓策》作「或外爲交以裂其地」，是其明證矣。「列」字本作「𠛱」，形與「削」相似，因誤爲「削」。《説文》：「𠛱，分解也。從刀，𡿪聲。」「裂，繒餘也。從衣，𠛱聲。」今九經中「分列」之字多作「裂」，未必非後人所改。此「列」字若不誤爲「削」，則後人亦必改爲「裂」矣。

執鞅持扞　扞弓

《説林下》篇：「羿執鞅持扞，操弓關機，越人争爲持旳；弱子扞弓，慈母入室閉户。」

引之曰：鞅爲馬頸靻，非射所用。「鞅」當爲「決」。「決」誤爲「泱」，後人因改爲「鞅」耳。決，謂韘也，箸於右手大指，所以鉤弦也。扞，謂韝也，或謂之拾，或謂之遂，箸於左臂，所以扞弦也。故曰「執決持扞，操弓關機。」《衛風・芄蘭》篇：「童子佩韘。」毛傳曰：「韘，玦也。」《小雅・車攻》篇：「決拾既佽。」毛傳曰：「決，鉤弦也。拾，遂也。」《周官・繕人》：「掌王之用弓弩矢箙矰弋抉拾。」鄭注引鄭司農云：「抉謂引弦彄也。拾謂韝扞也。」《鄉射禮》：「袒決遂。」鄭注曰：「決猶闓也，以象骨爲之，箸右大擘指，以鉤弦闓體也。遂，射韝也，以韋爲之，箸左臂，所以遂弦也。」《内則》曰：「右佩玦捍。」《賈子・春秋》篇曰：「丈夫釋玦靬。」抉、玦竝與決同。捍、靬竝與扞同。其「弱子扞弓」之「扞」，當作「扜」，字從于，不從干。扜弓，引弓也。《説文》：「弙，滿弓有所鄉也。」字或作「扜」。《大荒南經》：「有人方扜弓射黄蛇。」郭注曰：「扜，挽也，音紆。」《吕氏春秋・壅塞》篇：「扜弓而射之。」高注曰：「扜，引也。」《淮南・原道》篇：「射者扜烏號之弓。」高注曰：「扜，張也。」弱子扜弓，則矢必妄發，故慈母入室閉户。若作扞禦之扞，則義不可通。今本《吕覽》、《淮南》「扜」字皆誤作「扞」，唯《山海經》不誤，則賴有郭音也。

得無微

《内儲説下》篇：「堂下得無微有疾臣者乎？」引之曰：「無」字後人所加。得微即得無也。《邶風・式微》傳曰：「微，無也。」《晏子春秋・雜》篇曰：「諸侯得微有故乎？國家得微有事乎？」《莊子・盜跖》篇曰：「得微往見跖邪？」皆其證也。後人加「無」字於「微」字之上，而其義遂不可通矣。

糲餅

《外儲説左下》篇：「孫叔敖相楚，棧車牝馬，糲餅菜羹。」念孫案：「餅」當爲「飰」。飰與飯同。見《玉篇》、《廣韻》。糲飯菜羹，猶言疏食菜羹耳。飰與餅字形相似，傳寫往往譌溷。《廣雅》曰：「飰，食也。」《方言》注曰：「箄，盛飰筥也。」《爾雅・釋言》釋文曰：「飰，字又作飰。」今本「飰」字竝譌作「餅」。《初學記・器物部》引此，正作「糲飯」。

侵孟

《難二》篇：「昔者，文王侵孟，克莒，舉酆。」引之曰：「「孟」當爲「盂」，字之誤也。《竹書紀年》：「帝辛三十四年，周師取耆及邘。」《書大傳》：「文王受命二年，伐邘。」《史記・周本紀》：「文王敗耆國，明年伐邘。」作「盂」者，借字耳。

矦侈

《説疑》篇：「桀有矦侈。」念孫案：「矦」當作「隹」，形相似而誤。隷書從隹、從矦之字，往往譌溷。説見《墨子・非命》篇「惟舌」下。《墨子・所染》篇、《明鬼》篇竝作「推哆」。《晏子・諫》篇、《漢書・古今人表》竝作「推侈」。隹與推聲相近，故通作「推」也，其爲「隹」字無疑。

《法言》

多哇

《吾子》篇：「中正則雅，多哇則鄭。」李軌曰：「多哇者，淫聲繁越也。」引之曰：多讀爲哆。哆，邪也。下文云：「述正道而稍邪哆者有矣，未有述邪哆而稍正也。」哆與多古字通。《孟子·梁惠王》篇：「放辟邪侈。」字亦與「哆」同。多哇皆邪也。邪，本作衺。《廣雅》曰：「哇，衺也。」哇，或作鼃。《漢書·王莽傳贊》：「紫色鼃聲。」應劭曰：「鼃，邪音也。」《文選·東京賦》：「咸池不齊度於鼃咬。」李善曰：「《法言》曰：哇則鄭。李軌曰：哇，邪也。哇與鼃同。」案：今李注内無「哇，邪也」之訓，蓋已非完本矣。中，亦正也。正則雅，邪則鄭。多哇與中正，正相反也。李以「多」爲「繁越」，則分多與哇爲二義，失其指矣。所惡於鄭聲者，惡其邪耳，非惡其繁越也。

俄而

《問神》篇：「天俄而可度，則其覆物也淺矣；地俄而可測，則其載物也薄矣。」吴祕曰：「俄，猶俄頃。」念孫案：吴説非也。「俄而」之言「假如」也，言天假如可度，則覆物必淺；地假如可測，則載物必薄也。俄與假聲近而義同。《周頌·維天之命》篇「假以溢我」，《説文》引作「誐以溢我」，是其例也。而、如古字通，見《日知録》卷三十二。

允哲　哲民情

《問明》篇：「或問：『堯將讓天下於許由，由恥，有諸？』曰：『好大者爲之也，顧由無求於世而已矣。允哲堯儃舜之重，則不輕於由矣。』」宋咸曰：「堯以允哲之道禪舜，豈輕之於許由也？」司馬光曰：「信以堯禪舜之重爲智，則必不輕授天下於由矣。」念孫案：二説皆非也。哲者，知也。知讀平聲，不讀去聲。言信知堯禪舜之重，則必不輕禪於許由也。《方言》：「曉、哲，知也。」知字平、去二聲皆可讀，故《方言》以曉、哲同訓爲知，今人猶謂不知事爲不曉事也。《文選・遊天台山賦》：「之者以路絶而莫曉。」李善注引《方言》：「曉，知也。」知字正作平聲讀。《春秋繁露・五行五事》篇曰：「明作哲，哲者，知也。王者明，則賢者進，不肖者退。天下知善而勸之，知惡而恥之矣。」哲字亦作悊。《漢書・刑法志》：「《書》云：『伯夷降典，悊民惟刑。』」師古曰：「悊，知也。言伯夷下禮法以道民，民習知禮，然後用刑也。」以上二條訓「哲」爲「知」，知字皆讀平聲。宋與司馬皆訓「哲」爲智慧之「智」，失其指矣。又《法言序》云：「中和之發，在哲民情。」李軌曰：「哲，智。」吳祕曰：「《五行傳》曰：『哲，知也。』中和之發，則民之情僞，無不先知。」念孫案：吳説是也。哲民情，即知民情。《漢書・揚雄傳》：「中和之發，在於哲民情。」師古曰：「哲，知也。」知字亦讀平聲。

及其名

《五百》篇："或性或彊，及其名一也。"李軌曰："功業既成，其名一也。"念孫案：李以"名"爲名譽之名，非也。名者，成也。言或性或彊，及其成則一也。《廣韻》引《春秋説題辭》曰："名，成也。"《廣雅》同。

忽眇緜

《先知》篇："敢問先知。曰：不知。知其道者，其如視忽眇緜作昞。"李軌斷"其如視"爲句，"忽眇緜作昞"爲句，注云："眇緜，遠視。"宋咸讀"其如視忽眇緜作昞"爲一句，注云："忽，輕也。眇，細也。緜，遠也。昞謂炳然兖明也。此言先知之道，臨事則悟，如明目之視忽輕眇細緜遠之物，皆炳然而見也。"李從"其如視"隔爲一句，復以"眇緜"爲一事釋之，頗失其義。念孫案：宋説近之，而未盡然也。忽、眇、緜，皆微也。《一切經音義》五引《三蒼》云："昞，著明也。""視忽眇緜作昞"者，見微而知著也。《漢書·律曆志》："無有忽微。"孟康曰："忽微，若有若無，細於髮者也。"《大戴禮·文王官人》篇曰："微忽之言，久而可復。"是"忽"爲"微"也。《方言》曰："眇，小也。"《顧命》曰："眇眇予末小子。"是"眇"爲"微"也。《説文》曰："緜，聯微也。"《廣雅》曰："緜，小也。"《大雅·緜》篇："緜緜瓜瓞。"鄭箋曰："緜緜然若將無長大時。"司馬相如《上林賦》曰："微睇緜藐。"是"緜"爲

「微」也。《廣雅》曰：「總、紗、絅，微也。」曹憲「總」音「忽」，「紗」音「眇」，「絅」音「蔑」。《集韻》「絅」又音「緜」。總、紗、絅與忽、眇、緜同義。《孫子算經》曰：「蠶所吐絲爲忽，十忽爲秒。」忽與總同，秒與紗同。《説文》：「緬，微絲也。」《玉篇》：「絅與緬同。」然則總、紗、絅皆絲之微者。李以「眇緜」爲「遠視」，宋以「忽」爲「輕」，「緜」爲「遠」，皆失之。

璜璜

《孝至》篇：「武義璜璜，兵征四方。」吴祕曰：「璜璜，猶言煌煌也。」念孫案：璜讀爲洸。《爾雅》曰：「洸洸，武也。」釋文：「洸，舍人本作僙。」《邶風・谷風》篇：「有洸有潰。」《大雅・江漢》篇：「武夫洸洸。」毛傳竝與《爾雅》同。《鹽鐵論・繇役》篇引《詩》作「武夫潢潢」。洸、潢、僙、璜古同聲而通用。

郡勞王師

「龍堆以西，大漠以北，郡勞王師，漢家不爲也。」李軌曰：「勞王師而郡縣之，漢家不爲也。」念孫案：李以「郡」爲郡縣之郡，則與「勞王師」三字義不相屬。今案：郡者，仍也。仍，重也，見《晉語》注。數也，見《周語》注。言數勞王師於荒服之外，漢家不爲也。《爾雅》曰：「郡、仍、乃也。」乃與仍同。《周官・司几筵》：「凶事仍几。」故書「仍」爲「乃」，鄭司農云：「乃讀爲仍。」《吴語》：「邊遽乃至。」《左傳・哀十三年》正義引此，「乃」作「仍」。《大雅・雲漢》箋：「天仍下旱災亡亂之道。」正義曰：「定本集注仍字皆作乃。」《史記·匈奴傳》：「乃再出定襄。」《漢書》「乃」作「仍」。《小雅·正月》篇：「又窘陰雨。」鄭箋曰：「窘，仍也。」窘與郡同。

即

《法言序》：案：舊本十三篇之序，列於書後，蓋自《書序》、《詩序》以來體例如是。宋咸移置於各篇之首，非也。今仍依舊本列於後。「雄見諸子各以其知舛馳，大氐詆訾聖人，即爲怪迂析辯詭辭以撓世事。」司馬光曰：「氐下脱不字。」念孫案：司馬未解「即」字之義，故謂「氐下脱不字」耳。即，猶或也，言諸子之書，大氐詆訾聖人，或爲怪迂之説以撓世事也。《漢書·楊雄傳》「大氐」下亦無「不」字，是其證矣。即與或古同義。《越語》曰：「若以越國之罪爲不可赦也，將焚宗廟，係妻孥，沈金玉於江。有帶甲五千人將以致死，無乃即傷君王之所愛乎？」言或傷君王之所愛也。《爾雅·釋地》：「西方有比肩獸焉，與邛邛、岠虚比，爲邛邛、岠虚齧甘草，即有難，邛邛、岠虚負而走。」言或有難也。《史記·張丞相傳》：「戚姬子如意爲趙王，年十歲，高祖憂即萬歲之後不全也。」言或萬歲之後不全也。

《〈讀書雜志〉餘編》下

《楚辭》

余雖脩姱以鞿羈兮，謇朝誶而夕替

《離騷》：「余雖脩姱以鞿羈兮，今本「脩」上有「好」字。臧氏用中《拜經日記》曰：「王注云『言己雖有絶遠之智，姱好之姿』，『絶遠之智』釋『脩』字，『姱好之姿』釋『姱』字，不言『好脩』。『余雖脩姱以鞿羈兮』，與上『苟余情其信姱以練要兮』同一句法。舊本『脩』上有『好』字者，因下文多言『好脩』而衍。」今依臧説删。謇朝誶而夕替。」王注曰：「鞿羈，言爲人所係累也。」「誶，諫也。替，廢也。言己雖有絶遠之智，姱好之姿，然已爲讒人所鞿羈而係累矣，故朝諫謇謇於君，夕暮而身廢棄也。」念孫案：「雖」與「唯」同，言余唯有此脩姱之行，以致爲人所係累也。「唯」字古或借作「雖」。《大雅·抑》篇曰：「女雖湛樂從，弗念厥紹。」言女唯湛樂之從也。《無逸》曰：「惟耽樂之從。」《管子·君臣》篇：「故民迂則流之，民流通則迂之。決之則行，塞之則止。雖有明君，能決之，又能塞之。」言唯有明君能如此也。《莊子·庚桑楚》篇：「唯蟲能蟲，唯蟲能天。」釋文曰：「一本唯作雖。」皆其證也。謇讀《惜誦》「謇不可釋」之謇。謇，詞也。非上文「謇謇爲患」之謇。

長余佩之陸離

「高余冠之岌岌兮，長余佩之陸離。」王注曰：「陸離猶參差，衆貌也。」念孫案：「陸離」有二義：一爲參差貌，一爲長貌。下文云：「紛總總其離合兮，斑陸離其上下。」司馬相如《大人賦》云：「攢羅列聚叢以蘢茸兮，衍曼流爛瘆以陸離。」皆參差之貌也。此云「高余冠之岌岌兮，長余佩之陸離」，岌岌爲高貌，則陸離爲長貌，非謂參差也。《九章》云：「帶長鋏之陸離兮，冠切雲之崔嵬。」義與此同。

啟《九辯》與《九歌》兮，夏康娛以自縱。不顧難以圖後兮，五子用失乎家巷

「啟《九辯》與《九歌》兮，夏康娛以自縱。不顧難以圖後兮，五子用失乎家巷。」王注曰：「啟，禹子也。《九辯》、《九歌》，禹樂也。言禹平治水土以有天下，啟能承先志纘叙其業，育養品類，故九州之物，皆可辯數，九功之德，皆有次序，而可歌也。《左氏傳》曰：『六府三事，謂之九功。九功之德，皆可歌也，謂之《九歌》。』」「夏康，啟子太康也。娛，樂也。縱，放也。圖，謀也。言太康不遵禹、啟之樂，而更作淫聲，放縱情欲，以自娛樂，不顧患難，不謀後世，卒以失國，兄弟五人家居閭巷，失尊位也。《尚書序》曰：『太康失國，昆弟五人須于洛汭，作《五子之歌》。』此佚篇也。」洪氏補曰：「《山海經》云：『夏后開上三嬪於天，得《九辯》與《九歌》以下。』注云：『皆天帝樂名。啟登天而竊以下，用之。』《天問》亦云：『啟棘賓商，《九辯》、《九歌》。』王逸不見《山海經》，故以爲禹樂。巷，里中道也。此言太康娛樂放縱，以至失邦耳。五子之失乎家巷，太康實使之。」戴先生《屈原賦注》曰：「言

啟作《九辯》、《九歌》，示法後主，而夏之失德也，康娛自縱，以致喪亂。」「康娛」二字連文，篇內凡三見。引之曰：洪釋《九辯》、《九歌》，戴釋「康娛」，皆郅確矣。其以夏爲夏后氏之夏，則與王注同。今案：夏，當讀爲下，《左氏春秋·僖二年》：「虞師晉師滅下陽。」《公羊》、《穀梁》皆作「夏陽」。即《大荒西經》所謂「夏后開上三嬪于天，得《九辯》與《九歌》以下，此大穆之野，高二千仞，開焉始得歌《九招》」者也。郭璞注引《開筮》曰：「不得竊《辯》與《九歌》以國於下。」亦其證也。自「啟《九辯》與《九歌》」以下，皆謂啟之失德耳。言啟竊《九辯》、《九歌》於天，因以康娛自縱於下也。詒謀不善，子姓姦回，故下文有「不顧難以圖後」云云也。《墨子·非樂》篇引武觀曰：「啟乃淫溢康樂于野，飲食將將，銘筦磬以力，湛濁于酒，渝食于野，萬舞翼翼，章聞于天，天用弗式。」《竹書》：「帝啟十年，帝巡守，舞《九招》于大穆之野。」皆所謂「下康娛以自縱」者也。解者誤以「啟《九辯》與《九歌》」爲美啟之詞，又誤以夏爲夏后氏之夏，是以詰籀爲病矣。又案：「五子用失乎家巷」，「失」字因王注而衍。注內失國失尊位，乃釋家巷二字之義，非以文中有失字而解之也。「五子用乎家巷」者，「用乎」之文，與「用夫」、「用之」同，下文云「日康娛而自忘兮，厥首用夫顛隕」、「后辛之菹醢兮，殷宗用之不長」是也。若云「五子用失乎家巷」，則是所失者家巷矣，注何得云「兄弟五人家居閭巷，失尊位」乎？《文選》李周翰注云：「五弟失尊位，家於閭巷。」「失尊位」三字在「五弟」之下，則唐本已誤衍「失」字。楊雄《宗正箴》曰：「昔在夏時，太康不恭，有仍二女，五子家降。」降與巷，古同聲而通用。亦足證「家巷」之文爲實義，而「用乎」之文爲語詞也。「巷」讀《孟子》「鄒與魯鬨」之「鬨」〔九〕。劉熙曰：「鬨，構也，構兵以鬭也。」五子作亂，故云家鬨。義見下。家，猶内也，若《詩》云「蟊賊内訌」矣。鬨字亦作閧。《呂氏春秋·慎行》篇：「崔杼之子，相與私閧。」高誘曰：「閧，鬭也。」私閧，猶言家鬨。鬨之爲閧，猶鬨之爲巷也。鬨之通作巷，猶巷之通作鬨。《法言·學行》篇：「一鬨之市。」鬨即巷字。《宗正箴》作「五子家降」，降亦鬨也。《呂氏春秋·察微》篇：「楚卑梁公舉兵攻吴之邊邑，吴王怒，使人舉兵侵楚之邊邑，吴楚以此大隆。」大隆，謂大鬭也，隆與降通。《書大傳》「隆谷」鄭注曰：「隆讀如厖降之降。」《荀子·天論》篇「隆禮尊賢而王」，《韓詩外傳》「隆」作「降」。《齊策》「歲八月降雨下」，《風俗通義·祀典》篇「降」作「隆」。是隆與降通也。《呂氏春秋》「吴楚大隆」高誘曰：「降當作格。格，鬭也。」案：隆亦格鬭之名，字可不改。《逸周書·嘗麥》篇曰：「其在殷之五子，「殷」當作「夏」。忘伯禹之命，假國無正，用胥興作亂，遂凶厥國。皇天哀禹，賜以彭壽，思正夏略。」五子胥興作亂，所謂家鬨也。五子，即五觀也。《楚語》曰：「堯有丹朱，舜有商均，啟有五觀，湯有太甲，文王有管、蔡。是五王者，皆玄德也，而有姦子。」五觀，或曰武觀。《竹書》：「帝啟十年，帝巡守，舞《九招》于大穆之野。十一年，放王季子武觀于西河。十五年，武觀以西河叛。彭伯壽即《周書》所謂彭壽。帥師征西河，武觀來歸。」《墨子》引武觀，亦言啟「淫溢康樂于野」。是五觀之作亂，實啟之康娱自縱，有以開之。故云「啟《九辯》與《九歌》兮，夏康娱以自縱。不顧難以圖後兮，五子用乎家巷」也。王注以「家巷」爲「家居閭巷」，失之矣。五子家巷，即當啟之世，楊雄《宗正箴》及王注以爲太康時，亦失之矣。

又何芳之能（衹）〔祗〕

「椒專佞以慢慆兮，樧又欲充夫佩幃。既干進而務入兮，又何芳之能祗？」王注曰：「祗，敬也。言苟欲自進，求入於君，身得爵禄而已，復何能敬愛賢人而舉用之也？」引之曰：祗之言振也。言干進務入之人，委蛇從俗，必不能自振其芬芳，非不能敬賢之謂也。上文云「蘭芷變而不芳」，意與此同。《逸周書·文政》篇「祗民之死」，謂振民之死也。「祗」與「振」聲近而義同，故字或相通。《皋陶謨》曰：『嚴祗敬六德。』《史記·夏本紀》「祗」作『振』。《粊誓》：「祗復之。」《魯世家》「祗」作「敬」，徐廣曰：「一作振。」《内則》：「祗見孺子。」鄭注曰：「祗，或作振。」

簫鍾兮瑶簴

《九歌》：「緪瑟兮交鼓，簫鍾兮瑶（簴）〔簴〕，鳴𪛖兮吹竽。」「簫」一作「蕭」。「簫鍾」句，王氏無注。洪補曰：「瑶（簴）〔簴〕，以美玉爲飾也。」洪邁《容齋續筆》曰：「洪慶善注《東君》篇『簫鍾』，一蜀客過而見之，曰：『一本簫作摍。《廣韻》訓爲擊也。蓋是擊鍾。』正與『絙瑟』爲對耳。」念孫案：讀「簫」爲「擣」者是也。《廣雅》曰：「擣，擊也。」《玉篇》音所育切，《廣韻》又音蕭。擣與簫、蕭，古字通也。瑶讀爲摇，摇，動也。《招魂》曰：「鏗鍾摇（簴）〔簴〕。」王注曰：「鏗，撞也。摇，動也。」《文選》張銑注曰：「言擊鍾則摇動其（簴）〔簴〕也。」義與此同。作「瑶」者，借字耳。「絙瑟」以下三句，皆相對爲文。若以瑶爲美玉，則與上下文不類矣。

不能固臧　羌不知余之所臧

《天問》：「白蜺嬰茀，胡爲此堂？安得夫良藥，不能固臧？」王注曰：「茀，白雲逶移若蛇者也。臧，善也。言崔文子學仙於王子僑，子僑化爲白蜺而嬰茀，持藥與崔文子。崔文子驚怪，引弋擊蜺，中之，因墮其藥。俯而視之，王子僑之尸也。故言得藥不善也。」念孫案：如王所述崔文子事，則「臧」字當讀爲「藏」。古無藏字，借臧爲之。《説文》無藏字。《魯語》曰：「掩賊者爲臧」。《管子·侈靡》篇曰：「天子臧珠玉，諸侯臧金石。」《墨子·耕柱》篇曰：「不舉而自臧，不遷而自行。」《荀子·解蔽》篇曰：「心未嘗不臧也，然而有所謂虚。」《漢書·禮樂志》：「臧於理官。」顔師古曰：「古書懷藏之字，本皆作臧，《漢書》例爲臧耳。」《漢敦煌長史武班碑》：「勳臧王府。」《衛尉衡方碑》：「用行舍臧。」竝以「臧」爲「藏」。崔文子引弋擊蜺而墮其藥，故云「得夫良藥不能固臧」。若訓臧爲善，則義與固字不相屬矣。又《九章》云：「夫惟黨人鄙固兮，羌不知余之所臧。」「臧」亦讀爲「藏」，謂美在其中而人不知也。下文云：「材朴委積兮，莫知余之所有。」意與此同也。王訓「臧」爲「善」，亦失之。

設張辟以娱君兮

《九章》：「矰弋機而在上兮，罻羅張而在下。設張辟以娱君兮，願側身而無所。」王注曰：「辟，法也，言讒人設張峻法以娱樂君。」念孫案：此以「張辟」連讀，非以「設張」連讀。張讀「弧張」之張。《周官·冥氏》：「掌設弧張。」鄭注曰：「弧張，罿罦之屬，所以扃絹禽獸。」辟讀「機辟」之辟。《墨子·非儒》篇曰：「大寇亂盜賊將作，若機辟將發也。」《莊子·逍遥遊》篇曰：「中於機辟，死於罔罟。」司馬彪曰：「辟，罔也。」辟，疑與繴同。《爾雅》：「繴謂之罿。罿，罬也。罬謂之罦。罦，覆車也。」郭璞曰：「今之翻車也，有兩轅，中施罥以捕鳥。」《山木》篇曰：「然且不免於罔羅機辟之患。」《鹽鐵論·刑德》篇曰：「罻羅張而縣其谷，辟陷設而當其蹊。」《楚辭·哀時命》曰：「外迫脅於機臂兮，上牽聯於矰帷。」機臂，與機辟同。王注以機臂爲弩身，失之。此承上文「矰弋」、「罻羅」而言，則「辟」非「法」也。

心絓結而不解兮

「心絓結而不解兮，思蹇産而不釋。」王注曰：「絓，懸也。蹇産，詰屈也。」念孫案：絓，亦結也。《廣韻》：「絓，絲結也。」《史記·律書》曰：「秦二世結怨匈奴，絓禍於越。」是絓與結同義。絓結，雙聲也。蹇產，疊韻也。凡雙聲疊韻之字，皆上下同義。

悲江介之遺風

「哀州土之平樂兮，悲江介之遺風。」王注曰：「遠涉大川，民俗異也。」念孫案：上文云：「欸秋冬之緒風。」王注：「欸，歎也。」下文云「悲秋風之動容兮」，又云「悲回風之搖蕙兮」，則此云「悲江介之遺風」，亦謂風雨之風，非風俗之風也。《文選·聖主得賢臣頌》：「追奔電，逐遺風。」李善曰：「遺風，風之疾者。」楊雄《甘泉賦》：「輕先疾雷而馺遺風。」曹植《雜詩》：「江介多悲風。」義本於此。

願搖起而橫奔兮

「願搖起而橫奔兮。」王注曰：「欲搖動而奔走。」念孫案：搖起，疾起也。「疾起」與「橫奔」，文正相對。《方言》曰：「搖，疾也。《廣雅》同。燕之外鄙、朝鮮洌水之閒曰搖。」《淮南·原道》篇曰：「疾而不搖。」《漢書·郊祀志》曰：「擔興輕舉。」擔與搖通。彼言「遙興」，猶此言「搖起」矣。說見《漢書》。

懲連改忿兮

「懲連改忿兮，抑心而自強。」王注曰：「懲，止也。言止己留連之心，改其忿恨。」念孫案：「連」，當從《史記·屈原傳》作「違」，字之誤也。違，恨也。言止其恨，改其忿也。恨與忿義相近。若云留連之心，則非其類矣。班固《幽通賦》：「違世業之可懷。」曹大家曰：「違，恨也。」《漢書・叙傳》「違」作「愇」。《廣雅》：「愇，恨也。」《無逸》曰：「民否則厥心違怨。」《邶風・谷風》篇：「中心有違。」《韓詩》曰：「違，很也。」很，亦恨也。《廣雅》：「很，恨也。」

曾傷爰哀

「曾傷爰哀，永歎喟兮。」王注曰：「爰，於也。」引之曰：王訓「爰」爲「於」，曾傷於哀，則爲不詞矣。今案：爰哀，謂哀而不止也。「爰哀」與「曾傷」，相對爲文。《方言》曰：「凡哀泣而不止曰咺。」又曰：「爰、嗳，哀也。」爰、嗳、咺古同聲而通用。《齊策》「狐咺」，《漢書・古今人表》作「狐爰」，是其證也。

逢此世之俇攘

《九辯》：「悼余生之不時兮，逢此世之俇攘。」王注曰：「卒遇譖讒而遽惶也。」念孫案：俇攘，亂貌。「逢此世之俇攘」，言與亂世相遭也。《哀時命》曰：「摡塵垢之枉攘兮。」王注曰：「枉攘，亂貌。」「枉攘」與「俇攘」同。此注以爲遇讒而惶遽，失之。

不能復用巫陽焉乃下招曰

《招魂》：「巫陽對曰：『掌寱，上帝其難從。若必筮予之，恐後謝之，「謝之」，一本作「之謝」，非。不能復用。』」王注曰：「謝，去也。巫陽言：如必欲先筮，問求魂魄所在，然後與之，恐後世怠懈，必去卜筮之法，不能復脩用。」《文選》呂延濟注略同。下文「巫陽焉乃下招曰」，王注曰：「巫陽受天帝之命，因下招屈原之魂。」念孫案：此則「不能復用」爲句，「巫陽焉乃下招曰」爲句明矣。焉乃者，語詞。猶言巫陽於是下招耳。王注「因下招屈原之魂」，「因」字正釋「焉乃」二字。《遠遊》篇：「焉乃逝以徘徊。」是其證。《列子・周穆王》篇：「焉迺觀日之所入。」迺與乃同。今本《楚辭》及《文選》皆以「不能復用巫陽焉」爲句，非也。不能復用者，謂不用卜筮，非謂不用巫陽，且「用」字古讀若庸，與「從」字爲韻。《小雅・小旻》篇：「不臧覆用。」與「從」、「邛」爲韻。《管子・樞言》篇：「坦坦之，備不爲用。」與「功」爲韻。《趙策》：「士爲知己者用。」與「容」爲韻。《堯典》：「徵庸二十。」《論衡・氣壽篇》引此，「庸」作「用」。《皋陶謨》：「五刑五用哉。」《後漢書・梁統傳》引此，「用」作「庸」。若以「不用巫陽」連讀，則失其韻矣。今據王、呂二注訂正。

汜崇蘭些

「光風轉蕙，汜崇蘭些。」王注曰：「崇，充也。言充實蘭蕙，使之芬芳。」《文選》呂延濟注曰：「崇，高也。」念孫案：二説均有未安。崇蘭，猶叢蘭耳。《文子・上德》篇：「叢蘭欲茂，秋風敗之。」《説文》：「叢，聚也。」《廣雅》：「崇，聚也。」《酒誥》曰：「矧曰其敢崇飲。」《大雅・鳧鷖》篇曰：「福禄來崇。」《隱六年左傳》曰：「芟夷薀崇之。」是崇與叢同義。

蒻阿拂壁

「蒻阿拂壁，羅幬張些。」王注曰：「蒻，蒻席也。阿，曲隅也。拂，薄也。言以蒻席薄牀四壁及與曲隅，復施羅幬也。」念孫案：王以「阿」爲牀隅，則上與「蒻」字不相承，下與「拂壁」二字不相連屬矣。今案：蒻與弱同。阿，細繒也。言以弱阿拂牀之四壁也。弱阿，猶言弱緆，《淮南・齊俗》篇曰「弱緆羅紈」是也。阿，字或作絅。《廣雅》曰：「絅，練也。」《史記・李斯傳》曰：「阿縞之衣，錦繡之飾。」徐廣以「阿」爲「東阿縣」，非是，辯見《史記》。《淮南・脩務》篇：「衣阿錫，曳齊紈。」高注曰：「阿，細縠。錫，細布。」《漢書・禮樂志》：「曳阿錫，佩珠玉。」如淳曰：「阿，細繒。錫，細布。」《司馬相如傳》：「被阿錫，揄紵縞。」張揖注與如淳同。

臑若芳些

「肥牛之腱，臑若芳些。」王注曰：「腱，筋頭也。臑若，熟爛也，言取肥牛之腱爛熟之，則肥濡臑美也。」念孫案：臑，熟也。若，猶而也。言既熟而且芳也。顧懽《老子義疏》曰：「若，而也。」《夬・九三》曰：「遇雨若濡。」言遇雨而濡也。《金縢》曰：「予仁若考。」言予仁而巧也。說見《經義述聞》〔一〇〕。《莊二十二年左傳》曰：「幸若獲宥，及於寬政。」言幸而獲宥也。而、若，語之轉耳。「若」無「熟」義，不得與「臑」同訓。

不沾薄只

《大招》：「吴酸蒿蔞，不沾薄只。」王注曰：「沾，多汁也。薄，無味也。言其味不濃不薄，適甘美也。」念孫案：王以「沾」爲「多汁」，非也。沾，亦薄也，言其味不薄也。《廣雅》曰：「沾，溥也。」曹憲音他縑反。溥與薄同。《漢書・魏其傳》注云：「今俗言薄沾沾。」

察篤夭隱

「察篤夭隱，孤寡存只。」王注曰：「篤，病也。早死爲夭。隱，匿也。言察知萬民之中，被篤疾病、早夭死，及隱逸之士，存視孤寡，而振贍之也。」洪補曰：「篤，厚也。」念孫案：二説均有未安。篤與督同。《昭二十二年左傳》「晉司馬督」，《漢書・古今人表》作「司馬篤」。《漢書・張騫傳》「身毒國」，李奇曰：「一名天篤。」《後漢書・文苑傳》作「天督」。《鹽鐵論・詔聖》篇：「渫篤責而任誅斷。」篤責，即督責。《説文》曰：「督，察也。」是督與察同義。隱，窮約也。《昭二十五年左傳》：「隱民多取食焉。」杜注曰：「隱約窮困。」《定三年傳》：「君以弄馬之故，隱君身，棄國家。」言察督夭死及窮約之人，存視孤寡也。

昭質既設

「昭質既設，大侯張只。」王注曰：「昭質，謂明旦也。明旦既設禮，張施大侯，使衆射之。」引之曰：昭，讀爲招。招質，謂射埻的也。埻，通作準。《呂氏春秋・本生》篇曰：「萬人操弓，共射一招。」高注曰：「招，埻的也。」《盡數》篇曰：「射而不中，皮循于招，何益於中？」《別類》篇曰：「射招者，欲其中小也。」《小雅・賓之初筵》篇「發彼有的」，毛傳曰：「的，質也。」《荀子・勸學》篇曰：「質的張而弓矢至焉。」是埻的謂之質，又謂之招，合言之則曰招質。《魏策》曰：「今我講難於秦，兵爲招質。」謂以趙兵爲秦之招質也。《韓子・存韓》篇曰：「秦必爲天下兵質矣。」《說林》篇曰：「且君何釋以天下圖智氏，而獨以吾國爲智氏質乎？」是其明證也。作「昭」者，假借字耳。《春秋・襄二十八年》「楚子昭」，《史記・楚世家》作「招」。《管蔡世家》「司徒招」，索隱曰：「或作昭」。設，謂設昭質，非謂設禮。昭質在矦之中，故即繼之以大矦，猶《詩》言「大矦既抗」，而繼之以「發彼有的」也。若以「昭質」爲「明旦」，則義與下文不相屬，且「明旦」謂之「質明」，不謂之「昭質」也。

正法弧而不公

《七諫》：「邪說飾而多曲兮，正法弧而不公。」王注曰：「弧，戾也，言世俗之人，推佞以爲賢，進富以爲能，故君之正法，膠戾不用，衆皆背公而鄉私也。」念孫案：「正法弧而不公」，「公」與「容」同，謂己之正法戾於流俗而不見容，非謂君之正法膠戾不用，亦非謂衆皆背公而鄉私也。衆背公而鄉私，已在上句内，此但言己之不容於世耳。「邪說飾而多曲」，即所謂邪曲害公也。「正法弧而不容」，即所謂方正不容也。容與公古同聲而通用，故容貌之容本作頌，從頁，公聲。容受之容古作宂，從宀，公聲。《淮南・主術》篇：「萬民之所容見也。」容與公同。《齊俗》篇：「望君而笑是公也。」公與容同。

款冬而生兮

《九懷》：「款冬而生兮，凋彼葉柯。」王注曰：「物叩盛陰，不滋育也。」引之曰：《急就篇》：「款東貝母薑狼牙。」顔師古曰：「款東即款冬，亦曰款凍，以其淩寒叩冰而生，故爲此名。」師古以「款凍」爲「叩冰」，義本於王注也。然反復《九懷》文義，實與王注殊指。其曰：「款冬而生兮，凋彼葉柯；瓦礫進寶兮，捐棄隨和；鉛刀厲御兮，頓棄太阿。」總言小人道長，君子道消耳。款冬、瓦礫、鉛刀，以喻小人。葉柯、隨和、太阿，以喻君子。《七諫》云：「鉛刀進御兮，遥棄太阿。拔搴玄芝兮，列樹芋荷。」彼言玄芝，猶此言葉柯也。彼言芋荷，猶此言款冬也。鉛刀、太阿，取譬正與此同。此言陰盛陽窮之時，款冬微物，乃得滋榮，其有名材柯葉茂美者，反凋零也。款冬而生，指款冬之草，不得以爲物叩盛陰。草之名「款冬」，其聲因「顆涷」而轉，《爾雅》「菟奚、顆涷」，郭璞曰：「款冬也。」更不得因文生訓。《爾雅·釋魚》：「科斗，活東。」舍人本作「顆東」。科斗非冬生之物，而亦名顆東，則謂取淩寒叩冰之意者謬矣。傅咸《款冬花賦》云：「維兹奇卉，款冬而生。」亦仍王注之誤。

行叩誠而不阿兮

《九歎》：「行叩誠而不阿兮，遂見排而逢讒。」王注曰：「叩，擊也。言己心不容非，以好叩擊人之過，故遂爲讒佞所排逐也。」念孫案：王訓「叩」爲「擊」，則「叩誠」二字義不相屬。今案：叩誠，猶言款誠。《廣雅》曰：「款，誠也。」款與叩一聲之轉。「款誠」之爲「叩誠」，猶「叩門」之爲「款門」也。重言之則曰「叩叩」。繁欽《定情詩》曰：「何以致叩叩，香囊繫肘後。」《廣雅》曰：「叩叩，誠也。」轉之則又爲「款款」矣。

巡陸夷之曲衍兮

「巡陸夷之曲衍兮。」王注曰：「大阜曰陸。夷，平也。衍，澤也。言巡行陵陸，經歷曲澤之中。」念孫案：「巡陸夷」及注内「大阜曰陸」，兩「陸」字皆當作「陵」，義見《爾雅》，此因陵、陸字相似，又涉注内「陸」字而誤。又案：陵夷者，漸平之稱。陵夷二字，上下同義，不可分訓，說見《漢書》「連語」下〔一〕。下平曰衍。見《釋名》及《周官》、《左傳》、《國語》注。陵夷，即曲衍之貌。王以「陵」爲「大阜」，「衍」爲「澤」，皆失之。

律魁放乎山閒

「偓促談於廊廟兮，律魁放乎山閒。」王注曰：「偓促，拘愚之貌。律，法也。魁，大也。言拘愚蔽闇之人，反談論廊廟之中；明於大法賢智之士，棄在山閒而不見用也。」念孫案：王以「律」爲「法」，「魁」爲「大」，又云「明於大法賢智之士」，殆失之迂矣。今案：律魁，猶魁壘也。壘、律聲相近。《漢書·司馬相如傳》：「隱轔鬱壘。」師古曰：「壘，音律。」《路史·餘論》曰：「《山海經》云：神荼、鬱壘二神人，主執惡害之鬼。」《風俗通》作「鬱律」。案：今本《風俗通》仍作「鬱壘」，蓋後人不通古音而改之也。《藝文類聚·果部上》、《太平御覽·果部四》竝引作「鬱律」。《漢書·鮑宣傳》曰：「朝臣亾有大儒骨鯁，白首耆艾，魁壘之士。」服虔曰：「魁壘，壯貌也。」轉之則爲「律魁」。《小雅·蓼莪》篇曰：「南山律律。」《史記·留矦世家·贊》曰：「魁梧奇偉。」是律、魁皆高大之意，正與「偓促」相對。司馬相如曰：「委瑣握齱。」握齱，與偓促同。偓促、律魁，皆疊韻也。凡疊韻之字，皆上下同義，不宜分訓。

蔽瞶登於清府

「烏獲戚而驂乘兮，燕公操於馬圉。蔽瞶登於清府兮，咎繇棄而在壄。」王注云：「燕公，邵公也，封於燕，故曰燕公也。蔽瞶，衞靈公太子也。」念孫案：邵公、咎繇，皆古之賢臣，而衞蔽瞶與烏獲，行不相類。蔽瞶，謂趙之蔽瞶也。《史記·太史公自序》曰：「司馬氏在趙者，以搏劒論顯，蔽瞶其後也。」《漢書·司馬遷傳》與此同。如淳曰：「《刺客傳》之蔽瞶也。」《淮南·主術》篇曰：「故握劒鋒以今本此下脱一字，下「雖」字譌作「離」。雖北宮子、司馬蔽蕢，不便應敵。蕢與瞶通。高注曰：「司馬蔽蕢在趙，以善擊劒聞。」操其觚，招其末，則庸人能以制勝。今使烏獲、藉蕃從後牽牛尾，尾絶而不從者，逆也。若指之桑條以貫其鼻，則五尺童子，牽而周四海者，順也。」然則趙之蔽瞶，以搏劒聞，故與烏獲竝舉之。《淮南》稱北宮子蔽瞶，而并及於烏獲、藉蕃，可以互證矣。自「烏獲」以下四句，皆謂貴武士而賤賢臣也。

《文選》

度宏規而大起

《西都賦》：「圖皇基於億載，度宏規而大起。」李善曰：「《小雅》曰：『羌，發聲也。』度與羌古字通。度，或爲慶也。」念孫案：度與羌聲不相近，絶無通用之理。蓋李善本「度」字本作「慶」，今本作「度」者，後人據五臣本及《班固傳》改之耳。善注原文當云：「《小雅》曰：『羌，發聲也。』慶與羌古字通。《漢書·楊雄傳·反離騷》曰：「懿神龍之淵潛兮，慶竢雲而將舉。」宋祁校本云：「蕭該《音義》曰：『慶，音羌。』今《漢書》亦有作『羌』字者。」又「慶夭顇而喪榮」，張晏曰：「慶，辭也。」師古曰：「慶，亦與羌同。」又《甘泉賦》：「厥高慶而不可虖疆度。」敕傳《幽通賦》：「慶未得其云已。」師古竝云：「慶，發語辭，讀與羌同。」慶或爲度。」「慶」字草書作「」，與「度」相似，故「慶」誤爲「度」。《史記·建元以來矦者年表》「平津矦公孫慶」，《漢表》「慶」作「度」。《説文》：「㚘，有大慶也。」今本「慶」譌作「度」。今本作「度與羌古字通」，「度」或爲「羌」者，後人既改正文作「度」，復改注文以就之，而不知「度」與「羌」之不可通也。又案：善本作「慶」是也。慶，語詞。「宏規」與「大起」相對爲文，言肇造都邑，先宏規之而後大起之也。

掍建章而連外屬　洞枍詣以與天梁

「淩隥道而超西墉，掍建章而連外屬。」五臣本「掍」作「混」。念孫案：「連」字，後人所加也。建章宮在西城之外，故云「掍建章而外屬」，「外」上不當有「連」字。上文未央、桂宮，皆宮名，故云「自未央而連桂宮」，與此句異義。且既言「屬」，則不得更言「連」，故張銑注曰：「混，通也。閣道出城，通達建章宮，與外相屬。」其無「連」字明矣。《後漢書·班固傳》正作「混建章而外屬」也。又案：下文「經駘盪而出馺娑，洞枍詣以與天梁」，駘盪、馺娑、枍詣，皆殿名。天梁，宮名。「以」字與下三字義不相屬，亦是後人所加，《班固傳》無「以」字。

奮泰武乎上囿　緣於泰山之阿　結根泰山阿

「爾乃盛娛游之壯觀，奮泰武乎上囿。」五臣本「泰」作「太」，《班固傳》作「大」，注云：「大武謂大陳武事也。」念孫案：作「大」者是也。「大」譌爲「太」，又譌爲「泰」耳。《逸周書》有《大武》篇，《秦策》引《詩》云：「大武遠宅不涉。」皆其證也。《風賦》：「緣於泰山之阿。」李善本無「於」字，五臣本有。《藝文類聚》引此，與五臣同。今以上下文例之，當有「於」字。五臣本作「太」，亦是「大」字之譌。今合上下文讀之：「風生於地，起於青蘋之末，侵淫谿谷，盛怒於土囊之口，緣於大山之阿，舞於松柏之下。」此其由卑而高，由谷而山，所在皆然，不獨泰山也。若此句獨指泰山言之，則與上下文不類矣。古詩：「冄冄孤生竹，結根泰山阿。」「泰」亦「大」之譌。李周翰曰：「泰山，衆山之尊。夫者，婦之所尊。故以喻之。」此曲說也。此以竹喻婦，山喻夫。謂婦之託於夫，如竹之結根於山耳。

芳草被隄

「茂樹蔭蔚，芳草被隄。蘭茝發色，曄曄猗猗。若擒錦布繡，爥燿乎其陂。」李善説「芳草被隄」，引《説文》曰：「隄，塘也。」念孫案：被，讀若披。被隄者，芳草之貌，非謂芳草覆隄也。蔭蔚，雙聲也。被隄，疊韻也。曄曄猗猗，重字也。以上皆形容草木之盛，然後總而言之曰「若擒錦布繡，爥燿乎其陂」。陂與隄，一物也。《陳風·澤陂》傳曰：「陂，澤障也。」《一切經音義》二引李巡《爾雅》注曰：「隄，障也。」若上言隄而下言陂，則複矣。

塡流泉而爲沼

《東都賦》：「塡流泉而爲沼。」李善曰：「順流泉而爲沼，不更穿之也。昭明諱『順』，故改爲『塡』。」引之曰：「塡」當爲「愼」，草書之誤也。愼、順古字通，故昭明改「順」爲「愼」。

嘉祥阜兮集皇都

《白雉詩》：「啟靈篇兮披瑞圖，獲白雉兮效素烏，嘉祥阜兮集皇都。」念孫案：「嘉祥」句蓋後人所加。此句詞意膚淺，不類孟堅手筆，且《寶鼎詩》亦可通用，其可疑一也。下文「發皓羽兮奮翹英」，正承「白雉」、「素烏」言之，若加入此句，則上下文義隔斷，其可疑二也。《明堂》、《辟雍》、《靈臺》三章，章十二句；《寶鼎》、《白雉》二章，章六句，若加入此句，則與《寶鼎詩》不協，其可疑三也。李善及五臣本，此句皆無注，其可疑四也。《後漢書・班固傳》無此句，其可疑五也。

錫用此土，而翦諸鶉首

《西京賦》：「昔者，大帝説秦繆公而覲之，饗以鈞天廣樂。帝有醉焉，乃爲金策，錫用此土，而翦諸鶉首。」薛綜曰：「翦，盡也。」李善曰：「盡取鶉首之分，爲秦之境也。」引之曰：薛訓「翦」爲「盡」，「盡諸鶉首」，殊爲不詞。李云「盡取鶉首之分」，亦與「翦諸」之文不合。今案：翦讀爲踐。《文王世子》：「不翦其類也。」《周官・甸師》注引，「翦」作「踐」。《玉藻》：「凡有血氣之類，弗身踐也。」注：「踐，當爲翦」。踐，居也，謂居之於鶉首之虚也。《晉語》曰：「實沈之虚，晉人是居。」《方言》曰：「慰、廛、度，尻也。尻，今通作居。東齊海岱之閒或曰踐。」趙注《孟子・盡心》篇曰：「踐，履居之也。」《晏子・問》篇曰：「後世孰踐有齊國者？」皆其證也。

意亦有慮乎神祇，宜其可定以爲天邑

「及帝圖時，意亦有慮乎神祇，宜其可定以爲天邑。」薛綜曰：「言高帝圖此居之時，意亦以慮於天地陰陽，而思可宜定以爲天邑。」念孫案：意亦，猶抑亦也。抑與意古字通，《論語・學而》篇：「求之與，抑與之與？」《漢石經》「抑」作「意」。《大戴禮・武王踐阼》篇曰：「黄帝、顓頊之道存乎，意亦忽不可得見與！」《荀子・脩身》篇曰：「將以窮無窮逐無極與，意亦有所止之與？」《秦策》曰：「誠病乎，意亦思乎？」竝與「抑亦」同。宜，讀曰儀。儀，度也。度其可安定之地，以爲天邑也。《説文》曰：「儀，度也。」《周語》曰：「儀之于民，而度之于羣生。」又曰：「不度民神之義，不儀生物之則。」儀與宜古字通。《小雅·角弓》篇：「如食宜饇。」《韓詩》「宜」作「儀」。《楚語》：「采服之儀。」《周官·春官》鄭司農注引作「宜」。薛云「思可宜定以爲天邑」，失之。〔一二〕

嗟内顧之所觀　嗟難得而覶縷　嗟難得而備知　嗟孰可爲言己　唴見偉於疇昔

念孫案：王逸注《離騷》曰：「羌，楚人語詞也。」《文選》内「羌」字多作「唴」，因譌而爲「嗟」。俗書「嗟」字作「唴」，「唴」字作「嗟」，二形相似而誤。後人多見「嗟」，少見「唴」，故莫能正之耳。《西京賦》：「嗟内顧之所觀。」李善注：「《小雅》曰：『嗟，發聲也。』」兩「嗟」字，皆「唴」字之譌。《西都賦》：「慶宏規而大起。」李注：「《小雅》曰：『羌，發聲也。』慶與羌古字通。」是其證。若「嗟」，則歎聲，非發聲也。五臣本作「嗟」，訓爲歎聲，失之矣。《吴都賦》：「嗟難得而覶縷。」劉逵注：「《小雅》曰：『嗟，楚人發語端也。』」兩「嗟」字亦「唴」字之譌。既云「楚人發語端」，其爲「唴」字明矣。《古文苑·王延壽〈王孫賦〉》：「羌難得而覶縷。」本書王融《曲水詩序》：「羌難得而稱計。」章樵、李善注引《吴都賦》，竝作「羌」。《雪賦》：「嗟難得而備知。」義本《吴都》，亦是「唴」之譌也。《思玄賦》「嗟孰可爲言己。」「嗟」亦「唴」之譌。《後漢書・張衡傳》作「羌」，是其證也。《蜀都賦》：「咣見偉於疇昔。」其字正作「咣」。張伯顏本如此，他本則譌作「嗟」矣。蔡邕《瞽師賦》：「咣求煩以愁悲。」字亦作「咣」。

交綺豁以疏寮

「何工巧之瑰瑋，交綺豁以疏寮。」李善曰：「交結綺文，豁然穿以爲寮也。《蒼頡篇》曰：『寮，小窻也。』」念孫案：「交綺豁以疏窻」，殊爲不詞。今案：交綺即窻也。《廣雅》曰：「豁、寮，空也。」《一切經音義》一引《蒼頡篇》曰：「寮，小空也。」《説文》曰：「疏，通也。」豁以疏寮，皆空虛之貌。既言「豁」而又言「疏寮」者，文重詞複，以申明其意，若《大人賦》言「麗以林離，叢以蘢茸，疹以陸離」矣。

若鷲鶴之羣羆

「紛縱體而迅赴，若鷲鶴之羣羆。」念孫案：「若鷲鶴之羣羆」，文不成義。「羆」字，與「伎」、「氏」、「綺」、「豸」、「纚」爲韻，蓋「罷」字之譌。韋注《吴語》曰：「罷，歸也。」《廣雅》同。言若鷲鶴之羣歸也。

莫我能形

《東京賦》：「飛閣神行，莫我能形。」薛綜曰：「人不見行往，故曰神。形，謂天子之形容。言我無能説其形狀也。」念孫案：薛説甚迂。《廣雅》曰：「形，見也。」言行於飛閣之中，莫我能見也。《史記・秦始皇紀》正義引應劭曰：「於馳道外築牆，天子於中行，外人不見。」

感懋力以耘耔

「兆民勸於疆場，感懋力以耘耔。」念孫案：「感」字與下五字義不相屬，蓋「咸」字之誤。咸，皆也，言皆勉力也。

時乘六龍

「天子乃撫玉輅，時乘六龍，發鯨魚，鏗華鍾。」李善曰：「《周易》曰：『時乘六龍。』此謂各隨其時而乘之。」念孫案：如李注，則正文本作「乘時龍」，故先引《周易》「時乘六龍」〔一三〕，而即繼之曰「此謂各隨其時而乘之」，言此與《周易》異義也。各隨其時，謂若春乘蒼龍、夏乘赤騋之屬是也。《東都賦》亦云：「登玉輅，乘時龍。」此作「時乘六龍」者，因注引《周易》而誤。「撫玉輅」以下四句，句各三字，此句獨多一字，與上下不協。

盈溢天區

「聲教布濩，盈溢天區。」薛綜曰：「天區，謂四方上下也。」引之曰：據薛注，則「天區」當爲「六區」。《思玄賦》：「上下無常窮六區。」李善亦云：「六區，上下四方也。」天、六二字，篆隸皆相似，故「六」譌作「天」。

西朝顛覆而莫持

「臣濟奓以陵君，忘經國之長基，故函谷擊柝於東，西朝顛覆而莫持。」薛綜曰：「謂王莽之兵猶擊柝守函谷關，而三輔兵已自入長安宫，朝廷顛隕，無復扶持也。」念孫案：薛説非也。西朝顛覆，謂王莽篡漢耳。言臣陵其君，國本墮壞，故王莽得爲篡逆，函谷雖擊柝於東，西京已顛覆而莫持。明患不在外，而在内也。若以三輔兵誅王莽爲西朝顛覆，則與上文「臣濟侈以陵君」二句義不相屬，且平子不當稱亡新爲西朝也。

亂北渚兮揭南涯

《南都賦》：「爾乃撫輕舟兮浮清池，亂北渚兮揭南涯。」李善曰：「《爾雅》曰：『正絶流曰亂。』《説文》曰：『揭，高舉也。』」吕向曰：「『揭猶指也。』」念孫案：李解「揭」爲高舉，與「南涯」二字義不相屬。吕解「揭」爲「指」，古無此訓。皆非也。今案：揭，讀爲愒。《廣韻》愒、揭竝去例切，聲相同，故字相通。愒，息也。言自北渚絶流而渡，息乎南涯也。《小雅·菀柳》篇：「不尚愒焉。」毛傳曰：「愒，息也。」《召南·甘棠》篇作「憩」。字又作「偈」。《甘泉賦》：「度三巒兮偈棠黎。」韋昭曰：「偈，息也。」句法正與此同。

酌清酤

《蜀都賦》：「酌清酤，割芳鮮。」五臣本「清酤」作「醪酤」。念孫案：「醪酤」與「芳鮮」

相對爲文，則作「醪」者是也。今作「清酤」者，後人以李注引《詩》「既載清酤」而改之耳。不知李注自解「酤」字，非兼解「清酤」二字。其「醪」字已見《南都賦》，故不重注也。《北堂書鈔·酒食部八》引此正作「酌醪酤」。

齷齪而筭

《吴都賦》：「齷齪而筭，顧亦曲士之所歎也。旁魄而論都，抑非大人之壯觀也。」念孫案：「齷齪而筭」下，當有「地」字。「齷齪而筭地」、「旁魄而論都」，相對爲文。劉逵注云：「言筭量蜀地，亦是曲僻之士。」則「筭」下原有「地」字明矣。

英雄之所躔

「翫其碛礫而不窺玉淵者，未知驪龍之所蟠也；習其弊邑而不覩上邦者，未知英雄之所躔也。」李善曰：「《方言》曰：『躔、歷，行也。』呂延濟曰：『不見上國，不知英雄之所行歷也。』」念孫案：李、呂以「躔」爲「行歷」，非也。躔，居也。英雄之所居，謂吴都也。吴都爲英雄之所居，猶玉淵爲驪龍之所蟠，故曰不窺玉淵，未知驪龍之所蟠；不覩上邦，未知英雄之所躔也。李注《月賦》引韋昭《漢書注》曰：「躔，處也。」處，亦居也。《方言》曰：「廛，尻也。尻，古居字。東齊海岱之閒曰廛。」《魏風·伐檀》傳曰：「一夫之居曰廛。」孟康注《漢書·王莽傳》曰：「纏，居也。」廛、躔、纏，字異而義同。

雜插幽屏　宋玉於是陋其結緑

「赬丹明璣，金華銀樸。紫貝流黄，縹碧素玉。隱賑崴𡾋，雜插幽屏，精曜潛頴，李善曰：「潛頴，謂潛深而有灮頴。《爾雅》曰：頴，灮也。」今李善本「頴」字皆誤作「潁」，五臣本作「頴」。李周翰曰：「雖在幽僻之處，常頴然有異灮。」今據改。晢陊山谷。碕岸爲之不枯，林木爲之潤黷。隋侯於是鄙其夜灮，宋玉於是陋其結緑。」李善曰：「幽屏，謂生處也。」李周翰曰：「雜插幽屏，謂雜生隱僻之處。屏，僻也。」念孫案：「幽屏」當爲「幽屋」，字之誤也。幽屋謂山也，言衆寶隱賑崴𡾋，雜插於山中也。幽屋，猶言幽室。謝靈運《登永嘉緑嶂山詩》云「懷遲上幽室」是也。「屋」與「樸」、「玉」、「谷」、「黷」、「緑」爲韻，若作「屏」，則失其韻矣。「宋玉」當爲「宋王」。劉逵注引《史記》：「宋有結緑。」是「結緑」爲宋之寶，故曰「宋王於是陋其結緑」。宋王與隋侯相對爲文，無取於宋玉也。

悠悠旆旌

「悠悠旆旌者，相與聊浪乎昧莫之坰。」念孫案：「悠悠旆旌者」，當作「悠悠旆旆者」。《詩》曰「悠悠旆旌」，又曰「彼旟旐斯，胡不旆旆」是也。今本「旆旆」作「旆旌」，即因《詩》「悠悠旆旌」而誤。悠悠旆旆，皆旌旗之貌，故云「悠悠旆旆者，相與聊浪乎昧莫之坰」。上文云「⿺走參譚⿰犭立⿰犭罘，若離若合者，相與騰躍乎莽罝之野」，文義正與此同。若云「悠悠旆旌者」，則「者」字之義不可通。李善及五臣皆不釋「旆旆」二字，蓋所見本已誤爲「旆旌」矣。

與夫唱和之隆響　有殷坻穨於前

「若此者，與夫唱和之隆響，動鍾鼓之鏗耾，有殷坻穨於前，曲度難勝。」念孫案：「與夫唱和之隆響」二句，句法參差而文義不協。「與夫」二字，乃一「舉」字之誤。舉，亦動也。「舉唱和之隆響，動鍾鼓之鏗耾」，句法正相對。「有殷坻穨於前」，「於前」二字，後人所加也。「有殷坻穨」，言其聲殷然若坻穨也。《漢書・楊雄傳》：「響若坻隤。」應劭曰：「天水有大坂，名曰隴坻。其山堆傍著，崩落作聲，聞數百里，故曰坻隤。」見《文選・解嘲》注。隤，與穨同。句法與《詩》「有瀰濟盈，有鷕雉鳴」相似〔一四〕。若云「有殷坻穨於前」，則不成句法。且「有殷坻穨，曲度難勝」，皆以四字爲句。若上句多二字，則句法參差矣。後人以李周翰注云「其聲若山積於前」，故加「於前」二字。不知李注自加「於前」二字以申明其義，非正文所有也。不審文義，而據注妄增，其失甚矣。

若吾子之所傳

「若吾子之所傳，孟浪之遺言，略舉其梗概而未得其要妙也。」念孫案：「吾」者，東吴王孫自謂也。「吾」下「子」字，後人妄加之耳。吕向注云：「如我所傳。」則「吾」下原無「子」字明矣。

冒六英五莖

《魏都賦》：「冠韶夏，冒六英五莖。」念孫案：「冒六英五莖」，句法甚累。且「英莖」與「韶夏」相對爲文，若加「六」、「五」二字，則與上句不協。後人以李善注引《樂動聲儀》「帝嚳樂曰六英，帝顓頊樂曰五莖」，因加「六」、「五」二字。不知李注自解「英莖」二字，非并解「六」、「五」二字也。

判殊隱而一致

「覽《大易》與《春秋》，判殊隱而一致。」念孫案：此本作「判隱顯而一致」，言《易》與《春秋》雖有隱顯之分，而其致一也。張載注云：「《春秋》推見以至隱，《易》本隱以之顯，所言雖殊，其合德一也。」李善云：「言大《易》、《春秋》，隱顯殊，而合德若一。」皆其明證矣。後人以張、李二注内皆有「殊」字，遂加入「殊」字而删去「顯」字，不知注内「殊」字是解正文「判」字，而正文内本有「顯」字，故二注皆言「隱顯」也。若云「判殊隱而一致」，則文不成義矣。

亡國肅乎臨淵

《甘泉賦》：「襲琁室與傾宫兮，若登高眇遠，亡國肅乎臨淵。」服虔曰：「桀作琁室，紂作傾宫，以此微諫也。」應劭曰：「登高遠望，當以亡國爲戒，若臨深淵也。」念孫案：正文内「亡國」二字，後人所加也。應云「以亡國爲戒」者，承上「琁室」、「傾宫」言之，以申明「肅乎臨淵」之意。後人不審，輒於正文内增入「亡國」二字。「亡國肅乎臨淵」斯爲不詞矣。五臣本及《漢書·楊雄傳》皆無此二字。

友仁義與之爲朋

《羽獵賦》：「建道德以爲師，句。友仁義與之爲朋。」念孫案：「友仁義與之爲朋」，殊爲不詞。蓋後人不解「與」字之義，因於「與」下加「之」字耳。今案：「建道德以爲師，友仁義與爲朋」，句法正相對。友，親也。見《廣雅》。與，猶以也，言親仁義以爲朋也。《漢書·楊雄傳》作「友仁義與爲朋」，是其明證矣。《召南·江有汜》篇曰「不我以」，又曰「不我與」，鄭箋曰：「以猶與也。」以可訓爲與，與亦可訓爲以。《繫辭傳》曰：「是故可與酬酢，可與祐神矣。」言可以酬酢，可以祐神也。《論語·陽貨》篇曰：「鄙夫可與事君也與哉？」言不可以事君也。《中庸》曰：「知遠之近，知風之自，知微之顯，可與入德矣。」言可以入德也。《史記·袁盎傳》曰：「妾主豈可與同坐哉？」言不可以同坐也。以、與聲相近，故二字可以互用。《管子·形勢》篇曰：「譕巨者可以遠舉，今本「巨」譌作「臣」，辯見《管子》。顧憂者可與致道。」《吕氏春秋·樂成》篇曰：「故民不可與慮化舉始，而可以樂成功。」《史記·貨殖傳》曰：「智不足與權變，勇不足以決斷，仁不能以取予。」以、與二字互用，正與此同也。以、與聲相近，故又可以通用。《鄉射禮》：「各以其耦進。」今文「以」爲「與」。《越語》：「節事者與地。」《史記·越世家》「與」作「以」。《論語》：「鄙夫可與事君也與哉？」《匡謬正俗》引此，「與」作「以」。《史記》：「妾主豈可與同坐哉？」《漢書》「與」作「以」。

忿戎王之淫狡

《北征賦》：「忿戎王之淫狡，穢宣后之失貞。」李善曰：「杜預《左氏傳注》曰：『狡，猾也。』」念孫案：李説非也。狡讀爲姣，姣亦淫也。《襄九年左傳》：「棄位而姣，不可謂貞。」杜注曰：「姣，淫之别名。」作「狡」者，借字耳。

才難

《西征賦》：「當音、鳳、恭、顯之在勢也，乃熏灼四方，震燿都鄙。而死之日，曾不得與夫十餘公之徒隸齒。才難，不其然乎？」今李善本如此。六臣本作「名才難不其然乎」，五臣作「名難不其然乎」，吕延濟曰：「音、鳳之流，其死之日，曾不得與蕭、曹等十餘公之僕隸齒列。名器之難，其如此矣。」念孫案：作「名難」者是也。音、鳳、恭、顯，生前赫奕，而死後無名，是富貴易得而名難得，故曰：「名難，不其然乎？」此用《論語》句法，故李善引「才難不其然乎」爲證。其實《論語》言「才難」，此言「名難」，句法雖同，而意不同也。六臣本作「名才難」者，後人以李善引《論語》「才難」，故旁記「才」字，而傳寫者遂誤合之也。今李善本作「才難」者，又後人以「名才難」三字文不成義，而删去一字也。乃不删「才」字而删「名」字，斯爲謬矣。

昭列顯於奎之分野

《魯靈光殿賦》：「承明堂於少陽，昭列顯於奎之分野。」念孫案：「昭列顯於奎之分野」，句法甚累。既言昭，而又言顯，亦爲重沓。蓋正文本作「昭列於奎之分野」，後人以李善注云「其光昭列顯於奎之分野」，因於正文内加「顯」字。不知注内「顯」字乃承上「昭列」而申言之，非正文所有也。不審文義，而據注妄增，各本相沿不改，其亦弗思之甚矣。

參旗九旒

《景福殿賦》：「參旗九旒，從風飄揚。」李善曰：「《周禮》曰：『熊旗六斿以象伐。』毛萇《詩傳》曰：『參，伐也。』然伐一星，以旗象參，故曰參旗。《周禮》曰：『龍旂九斿。』〔一五〕今云參旗九旒，蓋一指旗名，一言旒數，可以相明也。」李周翰曰：「參，三也。旗上畫日月星。九旒，九旗也。」念孫案：二李之説皆非也。參旗、九旒，皆星名。言旌旗之旒從風飄揚，象天之有參旗、九旒也。參旗，一名天旗。九旒，或作九游。《史記·天官書》曰：「參爲白虎。」「其西有句曲九星三處羅，一曰天旗，二曰天苑，三曰九游。」《晉書·天文志》曰：「參旗，一曰天旗。」《開元占經·石氏外官占》引《石氏》曰：「參旗九星，在參西。」又

《甘氏外官占》引《甘氏》曰：「九游九星，在玉井西南。」

決陂潢而相湲

《海賦》：「於是乎禹也，乃鏟臨崖之阜陸，決陂潢而相湲。啟龍門之岝嶺，墾陵巒而嶄鑿。」李善曰：「《説文》曰：『湲，灌也。』」念孫案：「湲」爲「潺湲」字，義與「灌」不相近。「湲」當爲「浂」。浂，古沃字。沃，灌也。言決陂潢之水而相灌也。故李注引《説文》「浂，灌也」以釋之。隸書「夭」字或作「叐」，故「浂」字或作「泼」，形與「湲」相似，因誤爲「湲」。五臣本作「浚」，「浚」又「湲」之誤也。「浂」與「鑿」爲韻，猶《詩·唐風》「從子于沃」，與「白石鑿鑿」爲韻。若作「湲」作「浚」，則失其韻矣。

淙大壑與沃焦

《江賦》：「出信陽而長邁，淙大壑與沃焦。」李善曰：「《説文》曰：『淙，水聲也。』」念孫案：李訓「淙」爲水聲，則與下五字義不相屬。今案：淙者，灌也。言江水東流入海，灌大壑與沃焦也。李引《玄中記》曰：「東海之沃焦，水灌之而不已。」即其證也。《廣雅》曰：「澆、沃、淙，曹憲音士降反。灌，漬也。」是「淙」與「灌」同義。

鯪鯥踦軀於垠隒

「鯪鯥踦軀於垠隒。」今李善本如此。李善曰：「《埤蒼》曰：『跰躧，跳也，求悲切。』《聲類》曰：『偏舉一足曰跔蹄也，渠俱切。』」舊本「跔」誤作「踻」，今據李善音及《史記·張儀傳》索隱改。念孫案：如李注，則「踦驅」本作「跻跔」，謂二魚跳躍於水厓也。《楚辭·天問》：「鯪魚何所？」王注曰：「鯪魚，鯪鯉也，有四足，出南方。」《南山經》曰：「柢山有魚焉，其狀如牛，陵居，蛇尾，有翼，其名曰鯥。」是鯪、鯥皆魚之有足者，故云「跻跔於垠隒」。《史記·張儀傳》：「虎賁之士，跿跔科頭。」集解曰：「跿跔，跳躍也。」索隱引《韻集》云：「偏舉一足曰跔蹏。」義與《聲類》同。又案：吕向注云：「踦驅，行貌。」然則今李善本作「踦驅」者，後人據五臣本改之耳。

憯悽惏慄

《風賦》：「故其風中人狀，直憯悽惏慄，清涼增欷。」引之曰：「憯悽惏慄」當爲「惏慄憯悽」，寫者誤倒耳。惏慄、清涼，皆謂風之寒也。李善注曰：「惏，寒貌。慄，寒氣也。」憯悽、增欷，皆感寒之貌也。二句相對爲文。且悽、欷爲韵，古音俱在脂部。若「慄」字，則在質部，質與脂，古韵不同部。慄字古通作栗，《詩三百篇》「栗」字皆與質部之字爲韵，無與脂部之字爲韵者。其作「慄」之字，《詩·黄鳥》與「穴」爲韵，《楚辭·九辨》與「瑟」爲韻。慄、穴、瑟，皆質部也。不可與「欷」爲韵矣。《高唐賦》：「令人惏悷憯悽，脅息增欷。」悷、慄聲相近。惏悷憯悽，猶惏慄憯悽也。彼《賦》亦以悽、欷爲韵。《楚辭·九辯》：「憯悽增欷兮，薄寒之中人；愴怳懭悢兮，去故而就新。」悽與欷爲韵，愴怳與懭悢爲韵，又其一證矣。

何今日之兩絶

《鸚鵡賦》：「何今日之兩絶，若胡越之異區。」念孫案：王粲《贈蔡子篤詩》：「風流雲散，一別如雨。」李善注引此《賦》曰：「何今日之雨絶。」又引陳琳《檄吴將校》「日雨絶于天」。江淹：《雜體詩》「雨絶無還雲。」李注亦引此《賦》。據此，則李善本本作「雨絶」明矣。呂向注曰：「何今日兩相隔絶，各在一方？」然則今本作「兩絶」者，後人據五臣本改之耳。

竦余身而順止兮

《思玄賦》：「竦余身而順止兮，遵繩墨而不跌。」舊注曰：「竦，立也。止，禮也。」念孫案：竦，敬也，言敬余身而循禮也。《説文》曰：「竦，敬也。」字或作聳。《周語》曰：「身聳除潔，外内齊給，敬也。」身聳，即此所謂「竦余身」也。《楚語》曰：「昔殷武丁能聳其德。」韋注曰：「聳，敬也。」

遊塵外而瞥天兮

「遇九皋之介鳥兮，怨素意之不逞。遊塵外而瞥天兮，據冥翳而哀鳴。」舊注曰：「瞥，裁見也。」《後漢書・張衡傳》注曰：「瞥，視也。」念孫案：此皆以「瞥」爲瞥見之瞥，非也。瞥讀爲撆，撆，擊也，擊如「鳳皇上擊九千里」之擊。拂也，拂如「鳴鳩拂其羽」之拂。高注《呂氏春秋・季春紀》

曰：「拂擊其羽，直刺上飛數十丈。」言鶴遊塵外而上拂天也。《説文》曰：「摮，擊也。」字或作撇。《漢書・楊雄傳・甘泉賦》：「歷倒景而絶飛梁兮，浮蔑蠓而撇天。」此云「遊塵外而瞥天」，下文云「浮蔑蒙而上征」，語意與《甘泉賦》略同。顔師古曰：「撇猶拂也。」李善引張揖《三蒼注》同。作瞥者，借字耳。亦通作蔽。《史記・刺客傳》：「跪而蔽席。」索隱曰：「蔽，音匹結反。蔽，猶拂也。」《燕策》作「跪而拂席」。

漱飛泉之瀝液

「漱飛泉之瀝液兮，咀石菌之流英。」李善曰：「《説文》曰：『漱，蕩口也，所又切。』」引之曰：李以「漱」爲「蕩口」，非也。此「漱」字當讀爲欶。《説文》：「欶，吮也。」《玉篇》：「所角切。」字或作嗽。《一切經音義》二引《三蒼》曰：「嗽，吮也。」又引《通俗文》曰：「舍吸曰嗽，所角反。」《釋名》曰：「嗽，促也，用口急促也。」《漢書・佞幸傳》：「文帝嘗病癰，鄧通常爲上嗽吮之。」顔師古曰：「嗽音山角反。」《後漢書・方術傳》：「嗽舌下泉咽之。」李賢曰：「嗽音朔。」《論衡・驗符篇》曰：「建初四年，甘露下，泉陵、零陵、洮陽、始安、泠道五縣民嗽吮之，甘如飴蜜。」張載注《魏都賦》引司馬相如《棃賦》曰：「刷嗽其漿。」其或作漱者，假借字耳。《楚辭・九章》曰：「吸湛露之浮涼兮，漱凝霜之雰雰。」漱與吸義相近，故《通俗文》曰：「舍吸曰嗽。」《楚辭・遠遊》云「吸飛泉之微液」，猶此云「漱飛泉之瀝液」也。《遠遊》曰：「湌六氣而飲沆瀣兮，漱正陽而食朝霞。」《後漢書·列女傳》注引《論語撰考讖》曰：「水名盜泉，仲尼不漱。」劉伶《酒德頌》曰：「銜杯漱醪。」陸機《文賦》曰：「傾羣言之瀝液，漱六藝之芳潤。」以上諸「漱」字，皆音所角反。説者多讀爲盥漱之漱，音所又反，非也。今俗語猶謂含吸曰嗽，音如煩數之數。

翾鳥舉而魚躍兮

「翾鳥舉而魚躍兮，將往走乎八荒。」舊注曰：「《廣雅》曰：『翾，飛也。』《張衡傳》注同。」念孫案：「飛鳥舉而魚躍」，甚爲不詞。且訓「翾」爲「飛」，則既與「魚躍」不協，又與「鳥舉」相複矣。今案：翾者，疾也，猶言倏鳥舉而魚躍也。《方言》：「儇，疾也。」郭璞曰：「謂輕疾也。」儇與翾通。《荀子·不苟》篇：「小人喜則輕而翾。」《韓詩外傳》「翾」作「快」，快亦疾也。《説文》：「䢾，疾也。」義亦與翾同。

偉《關雎》之戒女

「愐河林之蓁蓁兮，偉《關雎》之戒女。」舊注引《關雎》首章四句，又曰：「偉，異也。」《張衡傳》注曰：「偉，美也。」念孫案：李賢訓「偉」爲「美」，是也。「戒女」二字，諸家説之未明。今案：《漢書·杜周傳》：「杜欽説大將軍鳳曰：『佩玉晏鳴，《關雎》歎之，知好色之伐性短年，離制度之生無厭，天下將蒙化，陵夷而成俗也。故詠淑女，幾以配上。忠孝之篤，仁厚之作也。』」李奇曰：「后夫人雞鳴佩玉，去君所，周康王后不然，故詩人歎而傷之。」薛瓚曰：「此《魯詩》也。」《後漢書·明帝紀》注引薛君《韓詩章句》曰：「人君退朝，入于私宮，后妃御見，去留有度，應門擊柝，鼓人上堂，退反晏處，體安志明。今時大人內傾于色，賢人見其萌，故詠《關雎》，說淑女，正容儀以刺時。」如魯、韓、詩、說，則《關雎》所以申女戒，故曰「偉《關雎》之戒女」。《杜周傳·贊》云：「欽以建始之初，深陳女戒，庶幾乎《關雎》之見微。」義與此同也。

怨高陽之相寓兮

「怨高陽之相寓兮，伷顓頊而宅幽。」舊注曰：「寓，居也。」念孫案：寓訓爲寄，不訓爲居。「寓」當作「㝢」，字之誤也。《說文》：「㝢，籀文宇字。」《荀子·賦》篇：「精微乎毫毛，而大盈乎大㝢。」《漢書·高惠高后文功臣表》：「高其位，大其㝢。」《東京賦》：「威振八㝢。」《漢史晨祠孔廟奏銘》：「周孔舊㝢。」《蕩陰令張遷碑》：「開定畿㝢。」字竝與「宇」同。《大雅·緜》傳、《桑柔》傳、《魯頌·閟宮》箋及《周語》注竝云：「宇，居也。」此言「相㝢」，謂相其所居之地，故舊注訓「㝢」爲「居」，而李善、李賢皆不爲「㝢」字作音，蓋所見本已譌爲「寓」矣。

姑純懿之所廬

「安和靜而隨時兮，姑純懿之所廬。」舊注曰：「懿，美也。廬，居也。」李善曰：「杜預曰：『姑，且也。』《張衡傳》注同。」念孫案：二李訓「姑」爲「且」，非也。「且純懿之所廬」，則爲不詞矣。今案：姑者，息也。言自安於和静，而息乎大美之所居也。《廣雅》曰：「𧆛，息也。」曹憲音「姑」。古無「𧆛」字，借「姑」爲之。《檀弓》曰：「細人之愛人也，以姑息。」姑，亦息也。《爾雅》曰：「苦，息也。」苦讀爲盬聲，與姑近而義同。說見《經義述聞》「王事靡盬」下〔一六〕。

後委衡乎玄冥

「前長離使拂羽兮，後委衡乎玄冥。」今李善本如此。舊注曰：「委，屬也。水衡，官名也。」見《漢書·百官表》。六臣本作「後委水衡乎玄冥」，五臣作「委水衡乎玄冥」，《張衡傳》與五臣同。念孫案：五臣本及《張衡傳》是也。《昭二十九年左傳》曰：「水正曰玄冥。」故曰「委水衡乎玄冥」，言以水衡之職，屬之玄冥也。舊注云：「水衡，官名。」則正文内原有「水」字明矣。六臣本作「後委水衡乎玄冥」者，後人以上句有「前」字，故加「後」字以對之。「後委水衡乎玄冥」，斯爲不詞矣。今李善本作「後委衡乎玄冥」者，又校書者嫌其不詞而删去一字也，乃不删「後」字而删「水」字，其謬益甚矣。

陪京泝伊

《閑居賦》：「於是退而閑居于洛之涘，陪京泝伊，面郊後市。」李善曰：「《南都賦》曰：『陪京之南。』薛綜《東京賦》注曰：『泝，向也。』」念孫案：《南都賦》「陪京之南」，本取陪輔之義。此言「陪京泝伊，面郊後市」，則「陪」字當讀爲「倍」。倍、陪古字通。《禹貢》「至于陪尾」，《漢書・地理志》作「倍尾」。《左傳・僖三十年》「焉用亡鄭以陪鄰」，《定四年》「分之土田陪敦」，《釋文》竝作「倍」。倍即今「向背」字也，言家在洛水之涘，背京向伊，前郊後市也。《漢書・張良傳》云：「背河鄉雒。」《東京賦》云：「泝洛背河。」義竝與此同也。《晉書・潘岳傳》正作「背京泝伊」。

芳酷烈之闇闇

《長門賦》：「桂樹交而相紛兮，芳酷烈之闇闇。」李善曰：「闇闇，香氣盛也。闇，魚斤切。」引之曰：上文之「心」、「音」、「宫」、「臨」、「風」、「淫」、「陰」、「音」、「襜」，下文之「吟」、「南」、「中」、「宫」、「崇」、「窮」、「音」，皆以東、侵、鹽三部之字爲韻，此古人合韻之常例也。「闇」爲諄部之字，古無以東、侵、鹽、諄四部合用者，殆誤字也。「闇闇」當爲「闇闇」。闇與馣同。《廣雅》曰：「馣，香也。」又曰：「馣馣，香也。」曹憲音烏含反。凡字之從奄聲、音聲者，多通用。闇之爲馣，猶暗之爲晻也。《高唐賦》「越香掩掩」，掩亦與馣同。

委參差以槺梁

「施瑰木之欂櫨兮，委參差以槺梁。」李善曰：「言以瑰奇之木爲欂櫨，委積參差以承虛梁。《方言》曰：『康，虛也。』康與槺同，音康。」念孫案：如李說，則「槺梁」之上，必加「承」字而其義始明，且以梁爲屋梁，則與上文「飾文杏以爲梁」相複矣。今案：參差，雙聲也。槺梁，疊韻也。槺梁者，中空之貌，言衆槫櫨羅列參差而中空也。《方言》：「㝩，空也。」郭璞曰：「㝩㝗，空貌。」《説文》曰：「㝩，屋㝩㝗也。」「㝗，㝩也。」㝩㝗，與槺梁同。《説文繫傳》：「㝗，力畺反。」正與梁同音。蓋《説文》舊音也。《玉篇》音郎，郎與梁，古今聲有侈弇耳。

遂積思而就牀　靁歎積息

「無面目之可顯兮，遂積思而就牀。」李善曰：「《廣雅》曰：『積，壞也。』言壞其思慮而就牀。」引之曰：李説非也。「思」當爲「息」，字之誤也。馬融《長笛賦》曰：「靁歎積息。」靁，歎聲也。下文「靁叩鍛之岌峇兮」，靁亦謂叩鍛聲也。積猶嘖也，太息之聲也。李善曰：「歎聲若雷，息聲若積。」引《爾雅》「焚輪謂之積」，皆失之。陸機《弔魏武帝文》曰：「循膚體而積歎。」陸雲《登遐頌》曰：「絶音積息。」積之言嘖也，嘖然太息而就牀也。傅毅《舞賦》：「嘖息激昂。」李善曰：「《韓詩外傳》曰：『魯哀公嘖然太息。』《説文》曰：嘖，太息也。嘖與喟同。」以上李善注。《易林·師之咸》曰：「絶無以北，惆然嘖思。」思亦息之誤。《噬嗑之復》曰：「絶無以北，惆然憤息。」憤又嘖之誤也。

故亦非華説之所能精

《文賦》：「是蓋輪扁所不得言，故亦非華説之所能精。」今李善本如此。念孫案：「故亦非華説之所能精」，李善本有「亦」而無「故」，五臣本有「故」而無「亦」。今李善本兼有之者，後人據五臣本旁記「故」字，而傳寫者因誤合之也。六臣本作「亦非華説之所能精」，又云：「亦，五臣作故。」劉良曰：「文章之妙，故非此輩所能精察而言。」是其明證矣。

故聞其悲聲

《洞簫賦》：「故聞其悲聲，今李善本如此。則莫不愴然累欷，擎涕抆淚。其奏歡娛，則莫不憚漫衎凱，各本「衎」字皆譌作「衍」。案：五臣音苦汗切，其爲「衎」字明矣。憚漫爲疊韻，衎凱爲雙聲。《藝文類聚》引此，亦作「衎」，今改正。阿那腲腇者已。」念孫案：李善本「故聞其悲聲」本作「故爲悲聲」，五臣本作「故其爲悲聲」。見六臣本注。今作「故聞其悲聲」者，後人以意改之也。不知「爲悲聲」、「奏歡娛」皆指吹簫者言之，下文「愴然累欷」云云，方指聽簫者言之。若云「聞其悲聲」，則已指聽簫者言之，與下文「其奏歡娛」句不類，自亂其例矣。《藝文類聚·樂部》引此，正作「故其爲悲聲」。

瞪瞢忘食

「是以蟋蟀斥蠖，蚑行喘息；螻蟻蝘蜒，蠅蠅翊翊；遷延徙迆，魚瞰雞睨；垂喙蜿轉，瞪瞢忘食。況感陰陽之龢，而化風俗之倫哉！」念孫案：「瞪瞢忘食」，「食」當爲「飧」，字之誤也。息、翊爲韻，迆、睨爲韻，飧、倫爲韻。《藝文類聚》引此，已作「食」，則此字之誤久矣。

狀若捷武　毅武孔猛

「狀若捷武，超騰踰曳，迅漂巧兮；又似流波，泡溲泛㨗，趨巇道兮。」念孫案：「狀若捷武」，武者，士也。言狀如趫捷之士，超騰踰曳也。《淮南·覽冥》篇：「勇武一人，爲三軍雄。」高注曰：「武，士也，江淮閒謂士曰武。」《齊俗》篇：「顏闔爲天下顯武。」《脩務》篇：「勇武攘捲一擣。」高注竝曰：「楚人謂士爲武。」《漢書·伍被傳》：「即使辯士隨而説之。」《史記·淮南厲王傳》「士」作「武」。「捷武」與「流波」相對爲文，是武爲士也。而李善云：「捷武，言捷巧。」如李注，則「狀若捷武」之下，必加「之人」二字，而其義始明。蓋謂士爲武，唐人已不知有此訓矣。《七發》云：「毅武孔猛，袒裼身薄。」毅武，亦謂果毅之士也。

噫可以進乎

《舞賦》：「《激楚》、《結風》、《陽阿》之舞，材人之窮觀，天下之至妙，噫可以進乎！」李善曰：「孔氏《尚書傳》曰：『噫，恨辭也。』」李周翰曰：「噫，歎聲，歎其美，可進爲羣臣之樂。」念孫案：二李斷「噫」字爲句，非也。「噫可以進乎」五字作一句讀。噫讀爲抑，語詞也。言楚舞之妙如此，抑者可進之，以樂羣臣乎！抑者，猶言意者，説見下。抑，字或作意〔一七〕，《論語·學而篇》：「抑與之與？」《漢石經》「抑」作「意」。《墨子·非攻篇》曰：「意將以爲利天乎？」《莊子·駢拇篇》曰：「意仁義其非人情乎？」「意」，竝與「抑」同。或言「意亦」。《大戴禮·武王踐阼篇》曰：「黄帝、顓頊之道存乎，意亦忽不可得見與？」《秦策》曰：「誠病乎，意亦思乎？」「意亦」，與「抑亦」同。或言「意者」，《晏子春秋·襍篇》曰：「意者，非臣之罪乎？」《墨子·節葬篇》曰：「意者可邪？」《漢書·叙傳》曰：「其抑者從横之事，復起於今乎？」「抑者」，與「意者」同。又作億，《震·六二》及《文王世子》注，見下。《史記·吴王濞傳》：「億亦可乎？」「億亦」，與「抑亦」同。《魏都賦》：「億若大帝之所興作，二嬴之所曾聆。」「億若」與「抑若」同。下文云：「抑若春霆發響而驚蟄飛競，潛龍浮景而幽泉高鏡。」即其證也。李周翰訓「億」爲「遠」，非是。又作噫。《小雅·十月》篇：「抑此皇父。」鄭箋曰：「抑之言噫。」《震·六二》：「億喪貝。」王弼曰：「億，辭也。」釋文曰：「億，本又作噫。」《文王世子》注：「億可以爲之也。」正義曰：「億是發語之聲。」釋文曰：「億，本又作噫。」《繫辭傳》曰：「噫亦要存亡吉凶，則居可知矣。」噫亦，與抑亦同。《釋文》、《正義》斷「噫」字爲句，訓爲歎聲，非是，説見《經義述聞》（一八）。《莊子·外物》篇曰：「噫其非至知厚德之任與？」《新序·雜事》篇曰：「噫將使我追車而赴馬乎？投石而超拒乎？逐麋鹿而搏豹虎乎？噫將使我出正辭而當諸侯乎？決嫌疑而定猶豫乎？」《韓詩外傳》「噫」作「意」。《法言·五百》篇曰：「噫者吾於觀庸邪？」意、億、噫竝與抑同。説者多以「噫」爲歎聲，失之矣。

惟籦籠之奇生兮

《長笛賦》：「惟籦籠之奇生兮，于終南之陰崖。」吕向曰：「奇生，謂生奇質也。」念孫案：如吕説，則「奇」下須加「質」字，而其義始明。今案：奇，讀爲寄。寄，託也，言託生於山崖也。故下文即云「託九成之孤岑」。《洞簫賦》曰：「原夫簫幹之所生兮，于江南之丘墟。」意與此同。《楚辭·七諫》曰：「便娟之脩竹兮，寄生乎江潭。」尤其明證也。

膺陗陁，腹陘阻

「膺陗陁，腹陘阻。」李善曰：「言以膺服於陗陁，而腹突於陘阻也。《淮南子》曰：『岸陗者必陁。』許慎曰：『陗，峻也。』《字林》曰：『陁，小崩也。』《爾雅》曰：『山絕陘。』郭璞曰：『連山中斷也。』」念孫案：李說「陁」、「陘」二字，皆失其義。《廣雅》曰：「陁，險也。」《考工記》：「則於馬終古登陁也。」鄭注曰：「陁，阪也。」義亦相近。《（士）〔上〕林賦》曰：「巖陁甗錡，摧崣崛錡。」是陁爲險貌也。《廣雅》又曰：「陘，阪也。」《孟子·盡心》篇：「山徑之蹊閒介然。」趙注曰：「山徑，山之領。」《法言·吾子》篇曰：「山⿰山巠之蹊不可勝由矣。」徑、⿰山巠竝與陘同，是陘爲阪也。此言山阪險峻，伐竹者匍匐而上，故曰「膺陗陁，腹陘阻」。陁非「崩陁」之陁，陘亦非「連山中斷」之陘也。

中息更裝

「蓋滯抗絕，中息更裝。」李善曰：「許慎《淮南子注》曰：『裝，束也。』謂更裝而奏之。」李周翰曰：「此吹笛聲也。而云更裝者，謂中道息聲，更調理而吹之，亦如人之將裝結而出也。」念孫案：二李說「更裝」二字，皆不得其解而爲之辭。今案：裝讀爲壯，壯，盛也，言笛聲中息而復盛也。壯字古讀若莊，故與裝通。《楚辭・遠遊》：「精醇粹而始壯。」與「行」、「鄉」、「陽」、「英」、「放」爲韻。放讀若方。《莊子・在宥》篇「物將自壯。」與「藏」爲韻。《晉語》：「趙簡子問於壯馳茲。」舊音曰：「壯，音莊。」《檀弓》：「衞有大史曰柳莊。」《漢書・古今人表》作「柳壯」。《莊子・天下》篇：「不可與莊語。」釋文曰：「莊，一本作壯。」《鄘風・君子偕老》箋：「顏色之莊。」釋文曰：「莊，本又作壯。」此下二句云「奄忽滅没，曄然復揚」，奄忽滅没，所謂中息也；曄然復揚，所謂更壯也。

丸挻彫琢

「丸挻彫琢，刻鏤鑽笮。」李善曰：「《韓詩》曰：『松柏丸丸。』薛君曰：『取松與柏。』然則丸，取也。《漢書音義》如淳曰：『挻，擊也，舒連切。』」今李善本此下有「一作埏，《老子》曰埏埴以爲器」云云，凡四十九字，皆與李注不合。蓋後人取他書附入者。六臣本無此四十九字。念孫案：李説非也。丸之言和也，和土以爲器也。和、丸聲相近，故凡字之讀若丸者，或讀若和；其讀若和者，亦然。《禹貢》：「和夷厎績。」《水經・桓水》注引鄭注曰：「和讀曰桓。」如淳注《漢書・酷吏傳》曰：「陳宋之俗言桓聲如和。」《説文》：「萑，鴟屬也，讀若和。」皆其例也。《淮南・俶真》篇曰：「挻挏萬物，揣丸變化。」義與此「丸」字相近。挻亦和也。《老子》：「挻埴以爲器。」河上公曰：「挻，和也。埴，土也。和土以爲飲食之器。」《大玄・玄文》：「與陰陽挻其化。」蕭該《漢書・敘傳》音義引宋忠注曰：「挻，和也。」《淮南・精神》篇：「譬猶陶人之剋挻埴也。」蕭該引許慎注曰：「挻，揉也。」《齊策》：「桃梗謂土偶人曰：『子西岸之土也，挻子以爲人。』」高誘曰：「挻，治也。」義與「和」竝相近。丸、挻二字，承上文「纍辛爲塤」而言。鄭注《周官·小師》曰：「塤，燒土爲之。」

心慷慨以忘歸

《琴賦》：「羨斯嶽之弘敞，心慷慨以忘歸。」李善曰：「《爾雅》曰：『愷、慷，樂也。』《史記》曰：『穆天子見西王母，樂之忘歸。』」念孫案：如李注，則正文本作「心康愷以忘歸」，今作「慷慨」者，後人據五臣本改之也。《爾雅》曰：「愷、康，樂也。」《説文》曰：「愷，康也。」則李注引《爾雅》本作「康」，今作「慷」者，又後人據已誤之正文改之也。《神女賦》曰：「心凱康以樂歡。」凱與愷同。此言山形弘敞，令人樂而忘歸。故李注又引《史記》「樂之忘歸」爲證。若改「康愷」爲「慷慨」，則與上下文都不相屬矣。五臣本作「慷慨」，訓爲歎聲，皆非是。

狀若詭赴

「或閒聲錯糅，狀若詭赴。」李善曰：「言其狀若詭詐而相赴也。」吕延濟曰：「詭，疾也。言閒聲緒襍，狀如疾而相赴。」念孫案：詭詐相赴，於義未安。訓「詭」爲「疾」，尤未之前聞。今案：詭者，異也。高誘注《淮南·説林》篇曰：「詭，不同也。」薛綜注《西京賦》曰：「詭，異也。」赴，趨也。言閒聲錯出，若與正聲異趨也。下文曰「初若將乖，後卒同趣」，是其明證矣。

若浮海而望碣石

《高唐賦》：「崪中怒而特高兮，若浮海而望碣石。」念孫案：「石」字，後人所加。「碣」與上文之「會」，下文之「礚」、「厲」、「濿」、「霈」、「邁」、「喙」、「竄」、李善注引《字林》：「竄，七外切。」「摯」爲韻。《後漢書·竇憲傳》：「封神丘兮建隆碣。」與「裔」、「外」、「界」、「世」爲韻。《國三老袁良碑》「曜其碣」，與「厲」、「際」、「濊」、「邁」、「乂」、「世」爲韻。竝與此同。若加「石」字於下，則失其韻矣。《史記·天官書》：「勃碣海岱之閒氣皆黑。」《貨殖傳》：「夫燕，亦勃碣之閒一都會也。」正義曰：「勃海碣石在西北。」是碣石亦可謂之碣，不必加石字也。李善注曰：「言水怒浪如海邊之望碣石。」引《尚書》孔注：「碣石，海畔山也。」而不單舉「碣」字作解，云「碣，碣石山也」，則所見本已衍「石」字。

窐寥窈冥

「俯視崝嶸，窐寥窈冥。」李善曰：「窐寥，空深貌。窐，苦交切。」念孫案：「窐」字從穴，圭聲，不得有「苦交」之音。蓋其字本作「窯」，從穴，羔聲，故李音「苦交切」。窯寥，疊韻字也。《集韻》：「窯，邱交切。「邱交」與「苦交」同音。窯寥，空寂。」是其明證矣。燒瓦竈謂之窯，音餘昭反，亦取空中之義。《長笛賦》：「庨窌巧老，港洞坑谷。」李注曰：「庨窌巧老，深空之貌。庨，苦交切。窌，郎交切。」庨窌與窯寥同。窯窐二字，草書相似，故「窯」字譌而爲「窐」。

《墨子·備突》篇：「置窯竈。」《後漢書·袁紹傳》注引此，譌作「窒」，是其證也。考《玉篇》、《廣韻》「窒」字皆無「苦交」之音。《集韻·爻部》内收「窯」字，音「邱交切」，是矣。乃又收「窒」字，音「於交切」，云「窒寥，深遠貌」，則已爲誤本《文選》所惑。

當年遨遊

「王睢鸝黄，正冥楚鳩，姊歸思婦，垂雞高巢。其鳴喈喈，當年遨遊。」李善曰：「一本云『子當千年，萬世遨遊』。未詳。」引之曰：「年」當爲「羊」，草書之誤也。當羊，即尚羊，「尚」讀如「常」。古字假借耳。《楚辭·惜誓》：「託回飇乎尚羊。」王注曰：「尚羊，遊戲也。」正與遨遊同義。或作常羊，或作徜徉，竝字異而義同。其一本作「子當千年，萬世遨遊」，詞理甚爲紕繆。且賦文兩句一韻，多一句，則儳互不齊，蓋後人妄改之也。

九竅通鬱，精神察滯

「九竅通鬱，精神察滯，延年益壽千萬歲。」李善曰：「《吕氏春秋》曰：『凡人九竅五藏，惡之精氣鬱。』案：《吕氏春秋·達鬱》篇云：「凡人三百六十節，九竅五藏六府，病之留，惡之生也，精氣鬱也。」此所引有脱文。高誘曰：『鬱滯不通也。』」念孫案：「九竅通鬱精神察」，「察」下本無「滯」字，此與「延年益壽千萬歲」皆以七字爲句。今本作「精神察滯」者，後人以「察」字與上下文韻不相協，又見注内有「鬱滯不通」之語，因加入「滯」字以協韻耳。不知李注自解「鬱」

字，非解「滯」字，又不知「察」字古讀若「際」，《繫辭傳》：「萬民以察。」與「契」爲韻。《越語》：「先無陽察。」與「蔽」、「藝」爲韻。《淮南·原道》篇：「施四海，際天地。」《文子·道原》篇「際」作「察」。正與「旆」、「蓋」、「逝」、「會」、「害」、「逮」、「歲」爲韻也。精神察者，《爾雅》曰：「察，清也。」鄭注《禮器》曰：「察，明也。」若云「精神察滯」，則不詞之甚矣。五臣本無「滯」字。

志未可乎得原

《神女賦》：「時容與以微動兮，志未可乎得原。」李善曰：「原，本也。」念孫案：原者，度也，言其志未可忖度也。《廣雅》曰：「謜，度也。」謜與原古字通。《韓子·主道》篇曰：「掩其跡，匿其端，下不能原。」《列女傳·頌義·小序》曰：「原度天道，禍福所移。」皆其證也。下二句云「意似近而既遠兮，若將來而復旋」，正申明志不可原之意。

於赫君子

韋孟《諷諫詩》：「興國救顛，孰違悔過。追思黃髮，秦繆以霸。歲月其徂，年其逮耇。於赫君子，庶顯于後。」李善曰：「歎美㫺之君子，能庶幾自悔，故兖顯于後。」念孫案：如此注，則李善本本作「於㫺君子」，《漢書·韋賢傳》亦作「㫺」。顔師古曰：「言㫺之君子，庶幾善道，所以能兖顯於後世也。」於㫺君子，謂秦繆也。追思黃髮、歲月其徂，皆約舉《秦誓》文也。李周翰注曰：「於赫，美也。言何不美君子之道，庶兖明於後代。」據此，則五臣本已作「於赫君子」。今李善本亦作「赫」，則後人據五臣改之耳。「㫺」字俗書作「昔」，「赫」字俗書作「赤」，二形相近，故「㫺」譌爲「赫」。「於赫，美也」，古亦無此訓。

未若託蓬萊

郭璞《遊仙詩》：「朱門何足榮，未若託蓬萊。」念孫案：「蓬萊」本作「蓬藜」，後人以此是《遊仙詩》，故改「蓬藜」爲「蓬萊」也。不知此章但言仕不如隱，未及神仙之事。「朱門何足榮」，承上「京華遊俠窟」而言；「未若託蓬藜」，承上「山林隱遯棲」而言。蓬藜，隱者所居。《鹽鐵論·毁學》篇云「包丘子飯麻蓬藜，脩道白屋之下」是也。《漢書·司馬遷傳》注云：「藜草似蓬。」蓬、藜皆穢草，而形相似，故書傳多竝稱之。《月令》曰：「藜莠蓬蒿竝興。」《昭十六年左傳》曰：「斬之蓬蒿藜藋。」《管子·小匡》篇曰：「蓬蒿藜藋竝興。」下文「靈谿可潛盤，安事登雲梯。漆園有傲吏，萊氏有逸妻。」仍是此意。登雲梯，猶言致身青雲耳。李善云：「仙人升天，因雲而上，故曰雲梯。」非是。此章「藜」字，與「棲」、「荑」、「梯」、「妻」、「羝」、「齊」爲韻，於古音屬脂部。第六章「高浪駕蓬萊」，與「災」、「臺」、「杯」、「頤」、「垓」、「孩」、「才」爲韻，於古音屬之部。二部不相通用。此非精於周秦兩漢之音者，不能辨也。李善注引《封禪書》：「安期生仙者，通蓬萊中。」則所見本已作「蓬萊」矣。

結綬生纏牽

左思《招隱詩》：「結綬生纏牽，彈冠去埃塵。」李善曰：「《説文》曰：『纏，繞也。』」念孫案：「纏」當爲「纆」。《坎・上六》：「係用徽纆。」馬融曰：「徽纆，索也。」劉表曰：「三股曰徽，兩股曰纆。」《韓策》：「段干越謂新城君曰：『王良之弟子駕，〔云取〕千里馬，遇造父之弟子。造父之弟子曰：『馬不千里。』王良之弟子曰：『馬，千里之馬也。服，千里之服也。而不能取千里，何也？』曰：『子纆牽長。』故纆牽於事，萬分之一也，而難千里之行。』」張華《勵志詩》：「纆牽之長，實累千里。」顔延之《應詔觀北湖田收詩》：「取累非纆牽。」李注竝引《韓策》爲證。此「纏牽」即「纆牽」之誤。而李讀爲「纏繞」之纏，蓋偶未檢也。張華《荅何劭詩》云：「吏道何其迫，窘然坐自拘。纓綏爲徽纆，文憲焉可踰。」與此「結綬生纆牽」同意。

反税事巖耕

顔延之《車駕幸京口侍遊蒜山詩》：「空食疲廊肆，反税事巖耕。」李善曰：「《説文》曰：『税，租也。』」李周翰曰：「言己素餐疲倦於廊廟之列，今欲反輸國税，事耕巖石之下。」念孫案：二李以「税」爲「租税」，非也。税讀如「税駕」之税。《爾雅》曰：「税，舍也。」言反舍於家而事巖耕也。

誰肯相爲言

《古辭・飲馬長城窟行》：「入門各自媚，誰肯相爲言？」李善曰：「人入門咸各自媚，誰肯相爲言乎？皆不能爲言也。」李周翰曰：「誰肯相爲訪問而言者？」念孫案：二李皆未解「言」字之意。言，即問也，謂誰肯相爲問也。《爾雅》曰：「訊，言也。」郭璞曰：「相問訊。」《廣雅》曰：「言，問也。」《聘禮》：「若有言，則以束帛如享禮。」鄭注曰：「有言，有所告請，若有所問也。」《曲禮》：「君言不宿於家。」注曰：「言，謂有故所問也。」《曾子問》：「召公言於周公。」正義曰：「言猶問也。」《哀公問》：「寡人願有言然，冕而親迎，不已重乎？」《史記・倉公傳》：「臣意言王曰：『才人女子豎何能？』」此皆古人謂「問」爲「言」之證。

長夜無荒

陸機《短歌行》：「來日苦短，去日苦長。今我不樂，蟋蟀在房。樂以會興，悲以別章。豈曰無感，憂爲子忘。我酒既旨，我肴既臧。短歌有詠，長夜無荒。」李善曰：「《毛詩》曰：『好樂無荒。』」念孫案：荒者，虛也，言無虛此長夜也。《爾雅》：「漮，虛也。」漮，本或作荒。《釋文》引郭璞《音義》如此。《大雅・召閔》正義引某氏曰：「《周禮》云：野荒民散則削之。」《大雅・桑柔》篇：「具贅卒荒。」《召閔》篇：「我居圉卒荒。」《周語》：「田疇荒蕪。」毛傳、鄭箋、韋注竝云：「荒，虛也。」此詩但言及時行樂，與《唐風》「好樂無荒」異義。

猶將銷鑠而挺解也

《七發》：「雖有金石之堅，猶將銷鑠而挺解也。」李善曰：「高誘《呂氏春秋注》曰：『挺，猶動也。』」念孫案：李訓「挺」爲「動」，則分「挺」與「解」爲二義矣。今案：鑠，亦消也。挺，亦解也。《呂氏春秋·仲夏紀》：「挺衆囚，益其食。」高注曰：「挺，緩也。」鄭注《月令》曰：「挺，猶寬也。」義與「解」亦相近。字或作綎。《呂氏春秋·勿躬》篇：「百官慎職而莫敢愉綎。」今本「綎」譌作「綖」，辯見上卷。注曰：「愉，解也。綎，緩也。」緩亦解也，故《序卦傳》曰：「解者，緩也。」《後漢書·臧宮傳》：「宜小挺緩，令得逃亡。」《傅燮傳》：「賊得寬挺。」李賢注竝曰：「挺，解也。」下文「筋骨挺解」，義與此同。

寂漻薵蓼

「寂漻薵蓼，蔓草芳苓。」李善曰：「言水清淨之處，生薵、蓼二草也。《字書》曰：『薵，藸草也。』毛萇《詩傳》曰：『蓼，水草也。』」念孫案：李說非也。寂漻薵蓼，四字皆疊韻，謂草貌也。既言寂漻，而又言薵蓼者，文重詞複，以形容之，若《風賦》之「被麗披離」，《子虛賦》之「罷池阪陀」，《上林賦》之「崴磈嵔廆」、「偨池茈虒」矣。

乘牡駿之乘

「駕飛軨之輿，乘牡駿之乘。」念孫案：「牡」當爲「壯」。《爾雅》曰：「駿、壯，大也。」又曰：「奘，駔也。」《方言》曰：「奘，大也。秦晉之間，凡人之大謂之奘，或謂之壯。」《説文》曰：「壯，大也。」「奘，駔大也。」「駔，壯馬也。」《楚辭·九歎》：「同駑贏與乘駔兮。」王注曰：「乘駔，駿馬也。」《魏都賦》曰：「冀馬填廄而駔駿。」然則壯、奘、駔、駿四字，名異而實同。壯駿即駔駿也。作「牡」者，字之誤耳。

誠必不悔，決絶以諾

「誠必不悔，決絶以諾。」李善曰：「言忠誠爲之，必不有悔。事之決絶，但以一諾，不俟再三。」念孫案：「誠必不悔」，以「誠必」二字連讀，非以「必不悔」三字連讀。「誠心」與「決絶」相對爲文。《管子·九守》篇曰：「用賞者貴誠，用刑者貴必。」《吕氏春秋·論威》篇曰：「又况乎萬乘之國，而有所誠必乎？」《賈子·道術》篇曰：「伏義誠心謂之節。」皆其證也。決絶以諾，以與已通，言或已或諾，俱決絶而無猶豫也。《表記》：「君子與其有諾責也，寧有已怨。」鄭注曰：「已謂不許也。」《逸周書·官人》篇曰：「已諾無決。」李注皆誤。

篲扶桑

「凌赤岸，篲扶桑。」李善曰：「《説文》曰：『篲，埽竹也。』」念孫案：訓「篲」爲「埽竹」，則與「扶桑」二字義不相屬，且與上句「淩」字不對矣。今案：篲者，埽也。言濤勢之大，淩赤岸而埽扶桑也。篲字本作彗。《後漢書·光武紀》注曰：「彗，埽也。」《聖主得賢臣頌》曰：「忽若篲氾畫塗。」篲氾，猶言埽穢也。如淳曰：「若以篲掃於氾灑之處。」非是，辯見《漢書》。《東都賦》曰：「戈鋋彗雲，羽旄埽霓。」義亦同也。

恭命則愈

《讓中書令表》：「夫富貴寵榮，臣所不能忘也；刑罰貧賤，臣所不能甘也。今恭命則愈，違命則苦，臣雖不達，何事背時違上，自貽患責哉？」呂向曰：「愈，勝也。」念孫案：「愈」即「愉」字。《爾雅》曰：「愉，樂也。」樂與苦正相反。「恭命則樂」，承上「富貴寵榮」而言。「違命則苦」，承上「刑罰貧賤」而言。愉與愈古字通。《荀子·正論》篇：「形至佚，心至愉。」《君子》篇「愉」作「愈」。

灌章邯

酈陽《上書吴王》：「高皇帝燒棧道，灌章邯。」應劭曰：「章邯爲雍王，高祖以水灌其城，破之。」念孫案：「灌章邯」，本作「水章邯」，後人不解「水」字之義，又見應注云「以水灌其城」，故改「水」爲「灌」，不知應注自解「水」字，非解「灌」字也。以水灌之，故曰「水」。《魏策》曰「決滎澤而水大梁」是也。《漢書·鄒陽傳》正作「水章邯」。

得全者昌，失全者亡

枚乘《上書諫吳王》：「臣聞得全者昌，失全者亡。」念孫案：此本作「得全者全昌，失全者全亡」。今作「得全者昌，失全者亡」者，後人依《孟子》句法删之也。《離婁》篇：「順天者存，逆天者亡。」不知「得全全昌，失全全亡」，本出《史記・田完世家》，索隱曰：「全昌者，謂事君無失，則身名獲昌，故云全昌也。」故李善引之以爲證，删者謬矣。《漢書・枚乘傳》、《説苑・正諫》篇竝作「得全者全昌，失全者全亡」。

極天命之上壽，弊無窮之極樂

「今欲極天命之上壽，弊無窮之極樂，究萬乘之勢。」念孫案：首句「上」字，次句「極」字，皆後人所加。極天命之壽，謂終其天年耳，非必上壽也。弊，盡也。極天命之壽，則盡無窮之樂矣，不必言極樂也。且「極天命之壽」以下，皆五字爲句，加入「上」、「極」二字，則句法參差矣。《枚乘傳》及《漢紀》、《説苑》皆無「上」、「極」二字，五臣本無「極」字。

手可擢而抓

「夫十圍之木，始生而櫱，足可搔而絶，手可擢而抓。」今李善本如此。念孫案：「手可擢而抓」，「抓」本作「拔」。今作「抓」者，後人據李善注改之也。今案：李注云：「《廣雅》曰：『搔，抓也。』」此自釋「搔」字之義，非釋「抓」字之義。下又云：「《字林》曰：『抓，壯交切。』」此是釋注内「抓」字之音，與正文無涉。後人不察而改「拔」爲「抓」，謬矣。且拔與櫱、絶爲韻。若改爲「手可擢而抓」，則非但文不成義，且失其韻矣。五臣本及《枚乘傳》、《説苑》竝作「手可擢而拔」。六臣本注云：「拔，善作抓。」則所見已是誤本。

若望僕不相師，而用流俗人之言

《報任少卿書》：「若望僕不相師，而用流俗人之言。」今李善本如此。念孫案：此本作：「若望僕不相師用，句。而流俗人之言。句。」故蘇林曰：「而，猶如也。言視少卿之言，如流俗人之言，而不相師用也。」六臣本注云：「而用，善本作『用而』。」是其證也。若如今本作「不相師而用流俗人之言」，則「而」字不得訓爲「如」矣。又案：張銑曰：「而，如也。言少卿書，若怨望我不相師用，以少卿勸戒之辭，如流俗人所言。」據此，則五臣本亦作「不相師用而流俗人之言」明矣。今本「用而」作「而用」，則後人以意改之也。六臣本注引李善本作「用而」，而今本亦作「而用」，則又後人據已誤之五臣本改之也。《漢書·司馬遷傳》亦作「用而」，足以互證矣。此篇原文，多經後人增改，當以《漢書》參校。今略舉數條，不能具論也。

自守奇士

「然僕觀其爲人，自守奇士。」念孫案：「自守奇士」，本作「自奇士」，言僕與李陵俱居門下，素非相善，然觀其爲人，自是奇士。「奇士」二字，統事親孝以下七事而言，若加一「守」字，則失其義矣。今本作「自守奇士」者，後人加「守」字以成四字句耳。下文「躬流涕」，「躬」下加「自」字；「拘羑里，具五刑」，「拘」、「具」下竝加「於」字；「鄙没世」，「鄙」下加「陋」字；「衹取辱」，「衹」下加「足」字，皆此類也。張銑曰「自守奇節之士」，則五臣本已有「守」字。《司馬遷傳》無「守」字。

倡優所畜

「固主上所戲弄，倡優所畜，流俗之所輕也。」念孫案：「倡優所畜」，本作「倡優畜之」，謂主上以倡優畜之也。若云「倡優所畜」，則義不可通矣。蓋後人欲與上下兩「所」字一例，故改「畜之」爲「所畜」，而不知其謬也。張銑曰「如倡優女樂所畜以爲調戲者」，則所見本已作「所畜」。《司馬遷傳》正作「倡優畜之」。

鄙陋没世

「恨私心有所不盡，鄙陋没世，而文采不表於後也。」念孫案：「鄙陋没世」，本作「鄙没世」。鄙，耻也。《楚辭·九章》：「君子所鄙。」王注曰：「鄙，耻也。」《廣雅》同。耻没世而文不著也。此句「鄙」字與上句「恨」字相對爲文。後人於「鄙」下加「陋」字，謬矣。吕向斷「恨私心有所不盡鄙陋」爲句，其謬益甚。《司馬遷傳》及《藝文類聚》引此，俱無「陋」字。

適足取辱耳

「於俗不信，適足取辱耳。」念孫案：「適足取辱」，本作「祇取辱」。《小雅·我行其野》傳曰：「祇，適也。」《昭十三年左傳》曰：「大福不再，祇取辱焉。」是也。李善本作「適足取辱」，五臣本作「祇足取辱」，皆後人所增改。《司馬遷傳》正作「祇取辱」。

諸儒博士

《移書讓太常博士》：「諸儒博士，或不肯置對。」念孫案：「諸儒博士」，「儒」字後人所加。諸博士，即諸儒，不當於「博士」之外，更言「諸儒」也。李善及呂延濟注竝云：「諸博士不肯與歆論議相對。」則善及五臣本皆無「儒」字明矣。《漢書·劉歆傳》亦無「儒」字。

以《尚書》爲不備

「以《尚書》爲不備，謂左氏不傳《春秋》。」念孫案：「以《尚書》爲不備」，本無「不」字。蓋當時學者不信《古文尚書》，而以今文二十九篇爲已備，故曰「以《尚書》爲備」，非謂其不備也。李善引薛瓚《漢書注》曰：「當時學者，謂《尚書》唯有二十八篇，今文連《大誓》爲二十九篇，此云二十八篇者，除《大誓》計之也。蓋瓚晉初人，魏晉閒僞《古文尚書》已出，以僞作之《大誓》爲增多伏生之篇，而擯伏生之《大誓》而不數，故但云今文二十八篇。辯見《經義述聞·伏生〈尚書〉二十九篇說》。不知本有百篇。」呂向曰：「當時學者，《尚書》唯有三十篇，當云二十九篇，今文《顧命》與《康王之誥》合爲一篇，故二十九。

以爲備矣。」據此，則李善及五臣本皆作「以尚書爲備」明矣。今本「備」上有「不」字者，後人不曉文義而妄加之耳。《劉歆傳》無「不」字。

乃湮洪塞源

《難蜀父老》：「乃湮洪塞源，決江疏河，灑沈澹災。」念孫案：「乃湮洪塞源」，「塞」字後人所加。湮洪源者，湮，塞也，謂塞洪水之源也。若改爲「湮洪塞源」，則不特「塞」與「湮」詞意相複，且「湮洪」二字，文不成義矣。後人改爲「湮洪塞源」者，欲其句法與下二句相對，而不知其義之不可通也。《文選》中往往有此。《史記》、《漢書·司馬相如傳》俱無「塞」字。《史記》作「乃堙鴻水」，《漢書》作「乃堙洪原」。

躬腠胝無胈

「躬腠胝無胈，膚不生毛。」李善曰：「孟康曰：『腠，腠理也。』韋昭曰：『胈，其中小毛也。』郭璞《三蒼解詁》曰：『胝，躝也，竹施切。』」念孫案：「躬腠胝無胈」，句法甚累。《史記》作「躬胝無胈」，集解曰：「徐廣曰：『胝音竹移反。一作腠，音湊，膚理也。』」索隱本作「躬腠胝無胈」，云：「張揖曰：『腠一作戚，戚，腠理也。胝音丁私反。』」《漢書》作「躬戚無胈」，今本作「躬傶骿胝無胈」，「傶」爲「戚」之譌。「骿胝」二字，後人所加，説見劉氏端臨《漢學拾遺》。張晏曰：「戚，湊理也。」合《史記》、《漢書》、《文選》考之，是《史記》作「胝」，一作「腠」；《漢書》作

「戚」，一作「⿰月癸」；張揖、孟康竝作「⿰月癸」，見上李善注及《史記索隱》。⿰月癸、戚古聲相近，故「戚」或作「⿰月癸」。而《文選》及《史記索隱》則「⿰月癸胝」二字竝載。揆厥所由，皆一本作「⿰月癸」，一本作「胝」，而後人誤合之也。《史記》作「胝」，又作「⿰月癸」，即其明證矣。而李善、劉良、司馬貞皆竝解「⿰月癸胝」二字，則其誤已久。獨賴有徐廣「胝一作⿰月癸」之語，可識其致誤之由耳。〔一九〕

猶鷫鸘已翔乎寥廓之宇

「猶鷫鸘已翔乎寥廓之宇，今李善本如此。而羅者猶視乎藪澤。」念孫案：「之宇」二字，後人妄加之也。「鷫鸘」二句相對爲文，且「澤」字古讀若鐸，說見《唐韻正》。與「廓」爲韻。若加「之宇」二字，則非特句法參差，而韻亦不諧矣。五臣本及《史記》、《漢書》、《漢紀》皆無「之宇」二字。

夷險芟荒

《荅賓戲》：「方今大漢，洒埽羣穢，夷險芟荒。」注：「晉灼曰：『發，開也。』今諸本皆作芟字。」念孫案：據晉灼注，則正文作「夷險發荒」可知。發者，癹之借字也。癹、發聲相近，《玉篇》「癹」，匹葛、扶葛二切。故癹通作發。癹，亦夷也。《說文》：「癹，以足蹋夷艸。」引《春秋傳》隱六年。曰：「癹夷蘊崇之。」是也。諸本作「芟」，蓋即「癹」之誤。又案：晉灼注《漢書》而訓「發」爲「開」，則《漢書·叙傳》亦必作「發荒」。今本《叙傳》作「芟」，蓋亦「癹」

之誤。

伯夷抗行於首陽，栁惠降志而辱仕，顔淵樂於簞瓢

念孫案：「伯夷抗行於首陽」四句，當從《漢書・叙傳》作「夷抗行於首陽，惠降志於辱仕，顔耽樂於簞瓢，孔終篇於西狩」。今李善本「夷」作「伯夷」，「惠」作「栁惠」，「顔耽樂」作「顔淵樂」，皆後人妄增改之也。「夷抗行於首陽」以下，皆以六字爲句。今改「夷」爲「伯夷」，「惠」爲「栁惠」，則句法參差，其謬一也。謂栁下惠爲栁惠，其謬二也。夷與惠對，顔與孔對，今改「顔耽樂」爲「顔淵樂」，則與「孔終篇」不對，其謬三也。五臣本無「伯」字、「栁」字，「顔耽樂」作「顔潛樂」，義得兩通。「降志於辱仕」，各本「於」字竝譌作「而」。

虎嘯而谷風冽，龍興而致雲氣

念孫案：《聖主得賢臣頌》「虎嘯而谷風冽」二句，本作「虎嘯而風冽，龍興而致雲」，今李善本「風」上有「谷」字，「雲」下有「氣」字，皆後人所加也。彼見《四子講德論》云「虎嘯而風寥戾，龍起而致雲氣，蟋蟀俟秋吟，蜉蝣出以陰」與此大略相同，故於「雲」下加「氣」字，不知本文原無「氣」字也。蓋彼以戾、氣爲韻，故「雲」下有「氣」字，與此不同也。又見《楚辭・七諫》及《淮南・天文》篇竝云「虎嘯而谷風至」，故於「風」上加「谷」字，不知本文亦無「谷」字也。如有「谷」字，則李善當引《楚辭》、《淮南》爲證。今乃引《管輅别傳》云「虎者陰

精，而居于陽，依木長嘯，動於巽林，二數相感，故能運風」，則「風」上本無「谷」字明矣。《嘯賦》注引此，正作「虎嘯而風洌，龍興而致雲」。五臣本及《漢書·王褒傳》、《漢紀》竝同。

祚爾煇章

《漢高祖功臣頌》：「祚爾煇章。」李善曰：「章，印章也。」張銑曰：「福汝煇榮之寵章。」念孫案：李、張二説皆非也。煇讀爲徽，徽，旌旗之屬。徽章猶言旗章。祚，賜也。見《齊語》注。言賜爾以徽章也。《大雅·韓奕》曰「王錫韓侯，淑旂綏章」是也。《説文》曰：「徽，識也，「識」，今本「幟」。以絳徽帛著于背。」引《昭二十一年左傳》：「揚微者公徒。」今本作「徽」。《大傳》：「殊徽號。」鄭注曰：「徽號，旌旗之名也。」徽所以爲表章，故曰徽章。《齊策》曰「章子變其徽章以雜秦軍」是也。《宋孝武宣貴妃誄》曰：「崇徽章而出寰甸。」徽與煇古字通，亦通作揮。《東京賦》曰：「戎士介而揚揮。」

立基孝公

《勮秦美新》：「立基孝公，今李善本如此。茂惠文，奮昭莊。」念孫案：「立基孝公」，「立」字後人所加。基孝公者，《爾雅》曰：「基，始也。」言秦之疆，始於孝公也。基孝公，茂惠文，奮昭莊，皆以三字爲句，加一「立」字，則句法參差矣。五臣本及《埶文類聚》所引皆無「立」字。

咸稽之於《秦紀》

「改制度軌量，咸稽之於《秦紀》。」李善曰：「稽，考也。紀，本紀也。言考校之而著之《秦紀》。」呂向曰：「稽，述也。紀，記也。言述之於秦史，以記其事。」念孫案：李、呂二說皆非也。《商頌・玄鳥》正義引《尚書緯》曰：「『曰若稽古帝堯』，稽，同也。」鄭注《堯典》同。《儒行》曰：「今人與居，古人與稽。」《韓子・主道》篇曰：「保吾所以往而稽同之。」韋注《越語》曰：「紀，法也。」言改制度軌量而同之於秦法也。《史記・秦始皇紀》曰：「一法度衡石丈尺，車同軌，書同文字。」是其事也。

狚獷而不臻

「來儀之鳥，肉角之獸，狚獷而不臻。」李善曰：「《說文》曰：『狚，犬暫齧人。』又曰：『獷，犬不可親附也。』」張銑曰：「鳳皇麒麟，皆以秦如惡狗而不至也。狚獷，犬齧人者也。」念孫案：李解「狚字之義未當，張則大謬矣。狚讀爲䖀。《廣雅》曰：「䟹猲，䖀也。」䖀，曹憲音在何反，謂驚去之貌也。䖀與狚古字通。《說文》曰：「猲，犬猲猲不附人也。」讀若南楚相驚曰猲。」又曰：「獷，犬獷獷不可附也。」然則狚、獷皆驚去之貌。言麟鳳高飛遠走而不至也。

神歆靈繹

「神歆靈繹，海水羣飛。」李善曰：「繹，猶緒也。言神靈歆其舊緒，不福佑之。繹，或爲液。海水喻萬民，羣飛言亂。」五臣本「繹」作「液」。劉良曰：「天地神祇，以秦無道之甚，故歆其靈潤滋液，不降福祥也。」念孫案：李、劉二注皆不得其解而爲之詞。今案：繹者終也。神歆靈繹，海水羣飛，言始皇既没而天下皆叛也。繹字本作斁，繹、液皆其借字也，又借作射。《説文》曰：「斁，終也。」《廣雅》曰：「繹，終也。」又曰：「疆、繹、終，窮也。」《魯頌·駉》篇曰：「思無疆。」又曰：「思無斁。」《白虎通義》曰：「九月謂之無射何？射者終也，言萬物隨陽而終，當復隨陰而起，無有終已也。」此皆古人謂「終」爲「斁」之證。張衡《靈憲》曰：「神歆精斁。」義與此同也。

有馮應而尚缺

「上覽古在昔，有馮應而尚缺，焉壞徹而能全？」李善以「馮應」爲「依憑瑞應」。呂向曰：「憑仁義而感瑞應。」念孫案：應讀爲膺。馮膺，猶服膺也。服與馮一聲之轉。《中庸》曰：「拳拳服膺而弗失之。」《士喪禮》「馮尸」，鄭注曰：「馮，服膺之。」《喪大記》「馮尸」，注曰：「馮謂扶持服膺。」《莊子·盜跖》篇曰：「馮而不舍。」又曰：「服膺而不舍。」服膺，即馮也。服與伏古通用。服膺之爲馮膺，猶伏軾之爲馮軾，《史記·酈生傳》：「伏軾下齊七十餘城。」

《漢書》作「馮軾」。伏琴之爲馮琴，《史記・魏世家》：「中期馮琴。」索隱曰：「《春秋後語》作『伏琴』。」茵伏之爲茵馮也。《史記・酷吏傳》：「未嘗敢均茵伏。」《漢書》作「茵馮」。膺與應，古同聲而通用。《康誥》曰：「應保殷民。」《周語》曰：「膺保明德。」應保，即膺保。《魯頌・閟宮》篇：「我狄是膺。」《史記・建元以來矦者年表》「膺」作「應」。《孟子・滕文公》篇：「戎狄是膺。」音義曰：「膺，丁本作應。」此承上文「帝王之道不可離」而言，言上覽古昔，有服膺斯道而尚有缺失者矣，未有壞徹斯道而能自全者也。服膺與壞徹，意正相對。説者不達，乃讀「應」爲「瑞應」之「應」，宜其詰鞫爲病矣。

其疇離之

「其異物殊怪，存乎五威將帥，班乎天下者，四十有八章。登假皇穹，鋪衍下土，非新家，其疇離之？」李善曰：「離，應也。」劉良曰：「離，治也。」念孫案：應、治二訓，皆於古無據，且於義未安。今案：離者，被也。言非新家，其誰被此祥瑞也？《後漢書・東平憲王傳》：「策曰：『今詔有司，加賜鸞輅乘馬龍旂九旒，虎賁百人，奉送王行。匪我憲王，其孰離之？』」句法正與此同。李賢曰：「離，被也。」《班固》、《杜根》、《張衡》傳注竝同。言非憲王，誰更被蒙此恩也。」

覺德不愷

「夫不勤勤，則前人不當；不懇懇，則覺德不愷。」李善曰：「不懇懇，則覺德不和也。」

《毛詩》曰：『有覺德行。』《左氏傳注》曰：『愷，和也。』」劉良曰：「不愬愬則悟大德，不和其化也。覺，悟也。」念孫案：李解「愷」字之義未當，劉則并誤解「覺」字矣。今案：覺，大也。愷，明也。言不愬愬，則大德不明於天下也。《孝經》引《詩》：「有覺德行。」鄭注曰：「覺，大也。」《小雅·斯干》篇：「有覺其楹。」毛傳曰：「有覺言高大也。」《緇衣》引《詩》「覺」作「梏」，鄭注曰：「梏，大也，直也。」《爾雅》曰：「愷悌，發也。」舍人、李巡、孫炎、郭璞皆訓「愷」爲「明」。字亦作「闓」，《廣雅》曰：「闓，明也。」

羣公先正，罔不夷儀

「天人之事盛矣，鬼神之望允塞，羣公先正，罔不夷儀。」李善曰：「《尚書》曰：『羣公既皆聽命。』又曰：『亦惟先正。』夷儀，言有常儀也。」劉良曰：「百官羣公之治既正，無不端平有等差也。夷，平也。」念孫案：李說「羣公」及「夷儀」，皆失之。劉說尤謬。今案：羣公先正，即上所謂鬼神，《大雅·雲漢》篇曰「羣公先正，則不我助」是也。《爾雅》曰：「夷，悦也。」郭注引《詩》：「我心則夷。」又《鄭風·風雨》篇云：「胡不夷。」《商頌·那》篇：「亦不夷懌。」毛傳竝與《爾雅》同。言羣公先正之神，無不悦其禮儀，故曰「鬼神之望允塞」也。下文云：「姦宄寇賊，罔不振威。」「振威」與「夷儀」相對爲文，是「夷」爲「悦」也。

猶可得而脩也

《典引》：「厥有氏號，紹天闡繹，莫不開元於太昦皇初之首，上哉敻乎，其書猶可得而脩也。」吕向曰：「其書尚可得脩治也。」念孫案：「脩」當爲「循」，字之誤也。隸書循、脩二字，傳寫往往譌溷。《繫辭傳》：「損德之脩也。」釋文：「脩，馬本作循。」《莊子·大宗師》篇：「以德爲循。」釋文：「循，本亦作脩。」《晉語》：「矇瞍脩聲。」《王制》正義引作「循聲」。《史記·商君傳》：「湯武不循古而王。」索隱曰：「《商君書》作脩古。」《管子·九守》篇：「循名而督實。」《吕氏春秋·盡數》篇：「射而不中，反循于招，何益于中？」《韓子·五蠹》篇：「聖人不期循古。」《趙策》：「循禮無邪。」今本「循」字竝譌作「脩」。《漢北海相景君碑陰》：「故循行都昌台丘暹。」《金石録》曰：「案《後漢書·百官志》注，河南尹官屬，有循行一百三十人，而《晉書·職官志》州縣吏皆有循行。今此碑陰，載故吏都昌台丘暹而下十九人，皆作脩行。他漢及晉碑數有之，亦與此碑陰所書同。豈循、脩字畫相近，遂致訛謬邪？」《隸續》曰：「脩、脩二字，隸法只争一畫。書碑者好奇，所以從省借用。」循者，述也。《邶風·日月》傳曰：「述，循也。」《廣雅》曰：「循，述也。」太昦以前不可復考，故上文曰「踰繩越契，寂寥而亡詔者，系不得而綴也」。太昦始作八卦，以通神明之德，類萬物之情，故曰「其書可得而述」，非謂脩治之也。《後漢書·班固傳》亦誤作「脩」。

慝亡回而不泯

「慝亡回而不泯」，慝，古慝字也。《逸周書·大戒》篇曰：「克禁淫謀，衆慝乃雍。」《管子·七法》篇曰：「百慝傷上威。」《韓子·王道》篇曰：「處其主之側爲姦慝。」慝，竝與慝同。《漢書·五行志》：「朔而月見東方，謂之仄慝。」《周官・保章氏》疏、《後漢書・蔡邕傳》注、《文選・月賦》注引《書大傳》竝作「側匿」。微胡瑣而不頤。」呂延濟曰：「回，邪也。」《班固傳》作「慝亡迴而不泯」，李賢曰：「慝，惡也。迴，遠也。瑣，小也。頤，養也。言凶惡者無遠而不滅，微細者何小而不養也。」念孫案：「迴」與「瑣」相對爲文，則作「迴」者是也。「迴」譌爲「迴」，因譌爲「回」耳。呂訓「回」爲「邪」，則是惡無邪而不泯，不詞之甚矣。微讀爲徽，徽，善也。説見《班固傳》。

有不俾而假素，罔灮度而遺章，今其如台而獨闕也

「伊考自遂古，乃降戻爰茲，作者七十有四人，有不俾而假素，罔灮度而遺章，今其如台而獨闕也。」李善曰：「言前封禪之君，有天不使之，而尚假竹素，未有告之以灮明之度，而遺其篇章。《尚書》曰：『夏罪其如台。』孔傳曰：『台，我也。』」《班固傳》注以「灮度」爲「灮揚法度」，餘與李善注略同。五臣注甚謬，故不録。念孫案：李善以「不俾」爲「天不使」，「灮度」爲「灮明之度」，「如台」爲「如我」；李賢又以「灮度」爲「灮揚法度」，皆不得其解而爲之詞也。今案：不俾者，不從也。《爾雅》曰：「俾，從也。」《君奭》曰：「海隅出日，罔不率俾。」猶《魯頌》言「至于海邦，莫不率從」也。度與宅古字通。灮度，即灮宅也，《書序》曰「昔在帝堯，聰明文思，灮宅天下」是也。薛瓚注《漢書・韋玄成傳》曰：「古文宅、度同。」《大雅・皇矣》篇：「此維與宅。」《論衡・初稟篇》引作「度」。《文王有聲》篇：「宅是鎬京。」《坊記》引作「度」。又《堯典》「宅西」，《周官・縫人》注引作「度」。「五流有宅」，

《史記・五帝紀》作「度」。《禹貢》「是降丘宅土」，《風俗通義》引作「度」。「三危既宅」，《夏本紀》作「度」。《立政》「文王惟克厥宅心」，《漢石經》作「度」。凡《古文尚書》例作「宅」，《今文尚書》例作「度」。孟堅本用今文，此言「光度」，即《書序》之「光宅」，猶上文言「正位度宗」，即《顧命》之「恤宅宗」也。光宅天下者，廣宅天下也。《周頌・敬之》傳曰：「光，廣也。」光與廣義同，而字亦相通。《周語》：「熙，廣也。」韋注引鄭司農云：「廣，當爲光。」《堯典》曰：「光被四表。」《漢樊毅復華下民租田口算碑》曰：「廣被四表。」《荀子・禮論》篇曰：「積厚者，流澤廣。」《大戴禮・禮三本》篇作「流澤光」。皆其證也。如台者，柰何也。《湯誓》：「夏罪其如台？」《史記・殷本紀》作「有罪其柰何」。《高宗肜日》：「乃曰其如台。」《史記》作「乃曰其柰何」。《西伯戡黎》：「今王其如台？」《史記》作「今王其柰何」。是古謂柰何爲如台也。《盤庚》：「卜稽曰：其如台？」亦謂卜問曰「其柰何也」。《法言・問道》篇：「莊周申韓，不乖寡聖人而漸諸篇，則顔氏之子、閔氏之孫，其如台？」言三子若不詆訾聖人，則顔閔之徒，其柰之何也。《漢書・叙傳》：「矧乃齊民，作威作惠，如台不匡？」言柰何不匡正之也。說者皆訓「台」爲「我」，而其義遂不可通矣。言自古封禪之君，有海内未盡率從而尚假竹素者，未有光宅天下而遺其文章者，今其柰何而獨闕也。《郭有道碑文》曰：「今其如何而闕斯禮？」句法本此。

光允不陽

念孫案：班固述《成紀》：「炎炎燎火，亦允不陽。」亦，發語詞，《皋陶謨》曰「亦行有九德」是也，經傳中若是者多矣。今李善本作「光允不陽」者，後人但知「亦」爲連及之詞，而不知其爲發語詞，故妄改爲「光」，不知此謂火之不揚，非謂其光也。《小雅・正月》篇「燎之方揚」，亦謂火，非謂兊也。《漢書·谷永傳》作「燎之方陽」，陽、揚古字通。五臣本及《漢書·叙傳》、《漢紀》皆作「亦允不陽」。李善引張晏注曰：「天子之威，盛知燎火之陽，今委政王氏，亦不熾矣。」據此，則正文本作「亦允不陽」明矣。今本「亦不熾矣」作「不亦熾乎」，又今本《漢書》張晏注作「不炎熾矣」，皆後人不曉文義而妄改之。

躬親節儉

念孫案：《非有先生論》：「舉賢才，布德惠，施仁義，賞有功，躬親節儉。」五臣本及《漢書·東方朔傳》竝作「躬節儉」，六臣本注云：「躬，善本作親。」據此，則李善本本作「親節儉」，今作「躬親節儉」者，校書者據五臣本旁記「躬」字，而後人誤合之也。自「舉賢才」以下，皆以三字爲句，加入「躬」字，則句法參差矣。下文「放鄭聲」以下七句，「開内藏」以下六句，亦以三字爲句。

但懸曼矰

《四子講德論》：「是以空柯無刃，公輸不能以斲；但懸曼矰，蒲苴不能以射。」李善曰：「薛君《韓詩章句》曰：『曼，長也。』」張銑曰：「蒲苴子，善弋射者也。與曼矰，不與其弓，則不能發射也。」念孫案：李、張皆未解「懸」字、「曼」字之義。懸謂繳也，繳，繩也。矰，弋射矢也。弋者以繳繫矢而射，故曰懸。懸，繫也。《淮南·說山》篇：「好弋者先具繳與矰。」高注曰：「繳，大綸。矰，短矢。繳所以繫矰。」是也。曼者，無也。言但有繳而無矰，則雖蒲苴，不能以射也。《廣雅》：「曼，無也。」《小爾雅》同。《法言・寡見》篇曰：「曼是爲也。」《五百》篇曰：「行有之也，病曼之也。」皆謂「無」爲「曼」。「但懸曼矰」與「空柯無刃」相對爲文。但，亦空也。曼，亦無也。無、曼一聲之轉。無之轉爲曼，猶蕪菁之轉爲蔓菁矣。

偃息匍匐乎詩書之門

「偃息匍匐乎詩書之門，今李善本如此。游觀乎道德之域。」念孫案：「匍匐」二字，後人妄加之也。「偃息乎詩書之門，游觀乎道德之域」，皆以七字爲句。加入「匍匐」二字，則非特句法參差，且文不成義矣。五臣本無「匍匐」。

貪不可冀，無爲二母之所笑

念孫案：《王命論》：「貪不可冀，無爲二母之所笑。」「無」字本在「貪」字上，言毋貪不可冀望之事，爲二母所笑也。《漢書・叙傳》作「毋貪不可幾」，《漢紀》作「無貪不可幾」者，是其證。又案：李周翰注云：「勿貪帝位，終不可冀望，徒爲二母所笑。」則「無」字本在「貪不可冀」之上明矣。今本「無」字在下句「爲」字上，蓋後人不曉文義而妄移其次耳。

棲遲泌丘

《郭有道碑文》：「棲遲泌丘，善誘能教。」李善曰：「《毛詩》曰：『泌之洋洋，可以療飢。』」念孫案：毛以「泌」爲「泉水」，此言「泌丘」，則與《毛傳》異義。案：《廣雅》曰：「丘上有木爲柲丘。」此碑云「棲遲泌丘」，而《周巨勝碑》亦云「洋洋泌丘，于以逍遥」，又束皙《玄居釋》曰：「學既積而身困，夫何爲乎祕丘？」《抱朴子・正郭》篇曰：「廁高潔之條貫，爲祕丘之俊民。」泌、柲、祕字異而義同。蔡邕、張揖、束皙、葛洪竝以「泌」爲丘名，説與毛異，蓋本於三家也。

世謂隨夷爲溷兮，謂跖蹻爲廉

念孫案：《弔屈原文》：「世謂隨夷爲溷兮，謂跖蹻爲廉。」本無兩「爲」字，今有之者，後人以下文云「莫邪爲鈍兮，鉛刀爲銛」，故加之也。不知此二句言「謂」不言「爲」，下二句言「爲」不言「謂」，互文也。若此二句有「爲」字，則不成句法矣。《史記》、《漢書・賈誼傳》俱無「爲」字。

豈能容夫吞舟之巨魚

「彼尋常之汙瀆兮，豈能容夫吞舟之巨魚。」念孫案：「巨」字，後人所加。既言吞舟之魚，則不必更言巨矣。《列子・楊朱》篇曰：「吞舟之魚，不游枝流。」《莊子・庚桑楚》篇曰：「吞舟之魚，碭而失水。」《呂氏春秋・慎勢》篇曰：「吞舟之魚陸處。」《韓詩外傳》曰：「滎澤之水，無吞舟之魚。」《淮南・繆稱》篇曰：「尋常之溝，無吞舟之魚。」《史記・酷吏傳》曰：「網漏於吞舟之魚。」後人以李善注云「尋常之溝，巨魚無所還其體」，因於正文内加「巨」字。不知此引《莊子》之文，以明小水之不容巨魚耳，非正文内本有「巨」字也。劉良注云：「吞舟之魚，今本作「吞舟巨魚」，亦是後人所改，下文云「言小池水之中，不能容吞舟之魚」，則仍未改也。謂大魚腹中可容船也。」則正文内原無「巨」字明矣。《史記》、《漢書》皆無「巨」字。

擠爲山乎九天

《弔魏武帝文》：「彼人事之大造，夫何往而不臻？將覆簣於浚谷，擠爲山乎九天。」李善曰：「擠，墜也。」張銑曰：「爲山將至九天，忽山積，謂大功既成而死矣。」念孫案：擠讀爲「朝隮于西」之隮，隮，升也。爲山者，自下而上，故曰隮。言人事所成，何往不至？譬如爲山，將覆簣於深谷之中，而隮之至於九天也。若云「墜爲山乎九天」，則與上意不貫。下二句云「苟理窮而性盡，豈長筭之所研」，乃始言功成而身死耳。擠與隮古字通。《昭十三年左傳》：「知擠於溝壑矣。」杜注曰：「擠，墜也。」《商書·微子》篇：「予顛隮。」馬注曰：「隮猶墜也。」擠墜之擠通作隮，猶隮升之隮通作擠矣。

【説明】

《讀書雜志》之傳本，先有道光十一年家刻本，八十卷；後有道光十二年家刻本，八十卷本附上《餘編》二卷，凡八十二卷。其刊佈源流，詳舒懷《高郵王氏父子學術初探》第一章。因此二卷係王念孫逝世後由王引之整理而成，故録作遺文。

【校注】

〔一〕見《經義述聞・周易下》「旁行而不流　旁通情也」條。

〔二〕「首施」，亦作「首鼠」。《三國志・吴書・諸葛恪傳》：「緩則首鼠，急則狼顧。」朱謀㙔《駢雅・釋訓》：「首施、首鼠，遲疑也。」劉大白《辭通序》謂「首鼠」、「首施」均爲「躊躇」疊韻轉變字。王念孫認同「首施」又作「首鼠」，而又以施讀如《詩・葛覃》「施于中谷」之施，釋施爲尾，「首施猶首尾也」，「首鼠亦即首尾之意」。施有尾義，鼠何以有尾義？《三國志》「緩則首鼠」，釋作「緩則首尾」，則爲不詞。此條訓釋，軼出王氏連語觀詳舒懷《高郵王氏父子學術初探》第六章。之外，百密一疏。

〔三〕見《讀書雜志・天文》「太一之庭」條。

〔四〕《經義述聞・尚書》、《大戴禮記》均無此條目。

〔五〕見《經義述聞・毛詩中》「我心則休」條、《尚書下》「雖休勿休」條。

〔六〕參見《經傳釋詞》卷二。

〔七〕殆爲逸《詩》。

〔八〕王氏引漢碑文，見《隸釋》、《金石萃編》，參閱《漢隸拾遺》。

〔九〕見《孟子・梁惠王下》。

〔一〇〕見《經義述聞・尚書上》「予仁若考」條。

〔一一〕「陵夷」，又作「陵遲」、「淩遲」，本指地勢迤邐漸平，後又指情勢衰頽，又指古代一種酷刑。見《宋史・刑法志》。不可分訓，是聯緜詞一大特點。

〔一二〕參見《經傳釋詞》。又見《志餘・文選》「噫可以進乎」條。

〔一三〕見《周易·乾》。

〔一四〕見《詩·匏有苦葉》。

〔一五〕見《周禮·考工記·輈人》。

〔一六〕見《經義述聞·毛詩上》。

〔一七〕互見〔一二〕。

〔一八〕《經義述聞》無此條，可參見〔一七〕。

〔一九〕詳見《讀書雜志》九之二十二《讀〈淮南子雜志〉書後》。王念孫歸納了《淮南子》傳本文字訛誤六十二種成因，極有普遍性。

題金文

銘「中」上一字〔一〕，歐陽公以爲「張」〔二〕，而與叔以爲「弡」〔三〕。《周姜敦》(泊)〔伯〕下一字〔四〕，歐陽公以爲「冏」，而與叔以爲「百」。古文難考，幾于郢書燕説。

【説明】

據李宗焜輯注《高郵王氏父子手稿》謄正，手稿無標題。年月未詳。

【校注】

〔一〕此銘文見弡仲簠，凡四器。舊稱張仲簠，又稱弭中簠。銘文凡五十一字。「中」上一字作「[illegible]」。

釋讀不同，器名則不同。

〔二〕歐陽修《集古録》。

〔三〕與叔：宋吕大臨，字與叔，有《考古圖》。

〔四〕周姜敦，銘文十六字，開頭寫作「」，第二字「」，歐陽氏、吕氏異解。

文選

《新唐書·李邕传》稱：李善始注《文選》，釋事而忘義，因令邕補益之，邕乃附事見義。今本《文選》注，事義兼釋，似为邕所改定。然《邕傳》稱善注《文選》在顯慶中，與今本所載《進表》題顯慶三年者合。而《舊唐書·邕传》稱：天寶五載，坐柳勣事杖殺，年七十餘。上距顯慶三年，凡八十九年，是时邕尚未生，安得有助善注書之事？考李匡乂《資暇録》曰：「李氏《文選》有初注成者，有覆注者，有三注、四注者，其絶筆之本，皆釋音訓义，注解甚多。」是善書定本，原係事義並釋，不同於邕。匡乂，唐人，时代相近，其言當必有徵。知《新唐書》喜采小説，未能詳考也。其书自南宋以来，皆与五臣注合刊，名曰《六臣注文選》，而善注單行之本遂微。今世所傳善注本，陸雲《贈張士然詩》注中，有「翰曰」、

「銑曰」、「濟曰」、「向曰」各一條，殆因六臣之本，削去五臣，獨留善注，故刊除不盡，未必真見單行本也。他如《楚詞》用王逸注〔一〕，《兩京賦》用薛綜注，《思玄賦》用舊注，《魯灵光殿賦》用張載注，皆題本名，而補注則稱「善曰」以別之，於薛綜條下發例甚明。乃於揚雄《羽獵賦》用顔師古注之類，則竟漏本名；於班固《幽通賦》用曹大家注之類，則散標句下。〔二〕〔又《文選》之例〕，於作者皆書其〔字，而杜〕預《春秋傳・序》則獨題名，豈非從六臣本中摘出〔善註〕，以意排纂，故體例〔互殊歟〕？又二十七卷末附載樂府《君子行》一篇，注曰「李善本無此一篇，五臣本有，今附於後」，其非善原書，尤為明證。至呂延济、劉良、張诜、呂向、李周翰所注《文選》，謂之五臣注，所進表文詆善之短而述五臣之長，頗欲排突前人，高自位置。李匡乂作《資暇録》，備摘其窃據善注，巧為顛倒，條分縷析，言之甚詳。又姚寬《西溪叢語》詆其注揚雄《解嘲》，不知伯夷、太公為二老，反駁善注之誤。王楙《野客叢书》詆其誤叙王暕世系，以覽後為祥後，以曇首之曾孫為曇首之子。今觀所注，迂陋鄙倍之處，尚不止此，而以空（踈）〔踈〕臆見，輕詆先儒，謬亦甚矣。其书本与善注別行，故《唐志》各著録。《東觀餘論》尚譏《崇文総目》誤以五臣注本置於李善之前，至陈振孫《书録解題》始有「六臣文選」之目。蓋南宋以来，偶与善注合刻，取便參證，遂相沿至今耳。

【説明】

據李宗焜輯注《高郵王氏父子手稿·文選》謄正。未詳年月。

【校注】

〔一〕「王逸注」下，手稿圈去「《子虚》、《上林賦》用郭璞注」一句。

〔二〕「散標句下」之下，有缺漏漫漶，此從《手稿》釋文。

手書句股各條

唐明筭科此不必用〔一〕。

唐以明筭科取士，限以年：《九章》、《海島》共三歲〔二〕，《周髀》、《五經筭》共一歲〔三〕，《孫子》〔四〕、《五曹》共一歲〔五〕，《張丘建》〔六〕、《夏侯陽》各一歲〔七〕，《綴術》四歲〔八〕，《緝古》三歲〔九〕，《記遺》〔一〇〕、《三等數》皆兼習之〔一一〕。五季仳離，其科既廢；迨宋，而祖沖之《綴術》、董泉《三等數》皆亡。

祖沖之密率

《齊書》云：「祖沖之注《九章》，造《綴術》數十篇。」《南史》云：「其子暅之更修其父所改。」《隋志》云：「宋末，南徐州從事史祖沖之，更開圓率密法，圓徑一億爲一丈，圓周盈數三丈一尺四寸一分五釐九毫二秒七忽，朒數三丈一尺四寸一分五釐九毫二秒六忽，正數在盈、朒二限之間。密率，圓徑一百一十三，圓周三百五十五。約率，圓徑七，圓周二十二。又設開差羃、開差立，兼以正圓參之。指要精密，筭氏之最者也。唐王孝通謂其方邑進行之術，全錯不通；芻甍方亭之問，於理未盡。由是言之，則綴術亦推衍重差之意耳。」

勾股

《周髀》：商高曰：「數之法出於圓方，圓出於方，方出於矩，矩出於九九八十一，故折矩以爲勾廣三，股脩四，徑隅五。」徑隅者，弦也。趙君卿注云：「圓徑一而帀三，方徑一而帀四，伸圓之周而爲勾，展方之帀而爲股，共結一角，邪適弦五，此圓方邪徑相通之率也。」「其術勾股各自乘，三三如九，四四一十六，并爲弦自乘之實二十五。開方除之，即得五为弦。減句於弦，爲股之實一十六；減股於弦，爲勾之實九。」此其大略也。以下不必用，若專问勾股則可用也。「勾股各自乘，并之爲弦實，開方除之即弦。」甄鸞述之云：「假令勾三自乘得九，股四自乘得十六，并之得二十五，開方除之得五爲弦也。」趙注又云：「以差實減弦實，半其餘，以差爲從法，開方除之，復得勾矣。」甄鸞曰：「以差實九減弦實二十五，餘十六，半之得八，以差一加之得九，開之得句三也。」注又云：「加差於勾即股。」甄鸞曰：「加差一於勾三，得股四也。」其他錯綜變化，皆從此出。

《新法算引》云：測量家立表代股，平圭代勾，而測天之爲用尤大。舊法雖有三元五和五較等用，不過設二求三，拘于直角一形；新法變而通之，則有平面、球面，曲線、雜線，鋭角、鈍角之别，又生多類之三弧三角，互設三以求餘三，是説以圓齊圓。

盖弓勾股

《考工記》：「輪人爲盖，叁分弓長，以其一为之尊。」鄭注云：「六尺之弓，上近部平者二尺，爪末下於部二尺，二尺爲勾，四尺爲弦，求其股，股十二除之，面三尺幾半也。」案：此勾弦求股術也。先以弦四自乘，得十六为弦實；次以勾二自乘，得四爲勾實；次以勾實減弦實，餘十二爲股實，以開平方法除之，初商得三尺，次商得四〔寸，三〕商得六分有奇，是爲股長三尺四寸六分有奇，不足三尺五寸，故鄭云「面〔三尺幾〕半也」。

磬折勾股

《韗人》記皋鼓之度云：「長尋有四尺，鼓四尺，倨勾磬折。」夫所謂磬折者，謂倨勾一矩有半也。半矩謂之宣，倍之則爲一矩，三之則爲一矩有半，又謂之磬折。故《磬氏》又云「磬氏爲磬，倨勾一矩有半」也。皋鼓長十二尺，鼓廣四尺，其中圍穹者倨勾磬折，以磬折中分之，爲兩勾股。以長十二尺半之，得股長六尺；以一矩有半求之，得勾廣二尺四寸半，即是鼓中穹者之度。倍其穹爲四尺九寸，加鼓廣之四尺，爲中圍徑八尺九寸，與鼖鼓之中圍徑五尺三寸有奇者不同，而鄭氏乃云中圍與鼖鼓同，則與一矩有半之文不合矣。

股自乘得三十六尺，勾自乘得六尺又四十分寸之一，併之得弦實四十二尺又四十分寸之一，以開平方法除之，得弦長六尺四寸八分有奇。

亥有二首六身

《襄三十年左传》：「史趙曰：『亥有二首六身，下二如身，是其日數也。』士文伯曰：『然則二萬六千六百有六旬也。』」杜預解「亥有二首六身」云：「亥字二畫在上，併三(人)〔六〕为身，如算之六。」又解「下二如身」云：「下亥上二畫，竪置身旁。」盖古人用籌以紀數，自五以下皆縱列，自六以上則横置一籌以當五，而縱列其餘。十百千万皆自左而右，略如珠算之法，横一以當〔五〕，又縱一於横一之下，則爲六矣。古「亥」字本作「𠀅」，二畫为首，六畫为身，〼則为二萬〼。

【説明】

據李宗焜輯注《高郵王氏父子手稿》謄正，總標題，手稿無，殆李先生所加。年月未詳。

【校注】

〔一〕「此不必用」四字，手稿後加。

〔二〕海島：《海島算術》一卷，三國魏人劉徽撰。

〔三〕五經筭：《五經算術》二卷，北周甄鸞撰。

〔四〕孫子：《孫子算經》三卷，佚名撰，《隋志》有著録。

〔五〕五曹：《五曹算經》五卷，佚名撰，一般認爲甄鸞撰。

〔六〕張丘建：《張丘建算經》三卷，張丘建生卒年不詳。撰。

〔七〕夏侯陽：《夏侯陽算經》三卷，佚名撰。

〔八〕綴術：五卷，南朝宋祖沖之撰。因附於《九章算術》劉徽注之後，故名。

〔九〕緝古：《緝古算經》一卷，唐王孝通撰。

〔一〇〕記遺：《數術記遺》一卷，漢徐岳撰。

〔一一〕三等數：古代數學書，一卷，南北朝董泉撰。

評《説文建首字讀》

此小學絶作也。六朝五代以來，讀字譌謬，皆坐不知此耳。漢宣帝召能通《倉頡》讀者張敞、杜業、秦近、爰禮，孝平時徵禮等百餘人，令説文字未央廷中，以禮爲小學元士。黄門侍郎楊雄采以作《訓纂篇》。今《訓纂篇》不可得見，得見此《讀》，亦猶肸蠁聞聲，而知踊躍者矣。

【説明】

王石臞語，見苗夔《説文建首字讀·叙》，時在道光十一年辛卯秋。題目乃編者所加。

《釋名》校語

《釋天》

「風，兖、豫、司、冀横口合脣言之。風，氾也，其氣博泛而動物也。」畢效清《五雅》本、明嘉靖四十二年范惟一玉雪堂刻本、《廣漢魏叢書》本、明萬曆施惟誠刻本、《格致叢書》

本、鍾惺評本均無「冀」字。《格致叢書》本邵晉涵校：「『司』字下當有『冀』字。王懷祖云：『吴本有冀字。』」〔一〕

「冬，終也，物終成也。」王念孫校：「念孫按：『終成』者爲『終藏』。此『成』字蓋因上節『成』字而誤。《鄉飲酒義》云：『冬之爲言中也，中者，藏也。』《尚書大傳》云：『冬者，中也；中也者，萬物方藏於中也。』《漢書·律曆志》云：『冬，終也，物終藏乃可稱。』」

「雲猶云云，衆盛意也。又言運也，運行也。」邵晉涵校補：「霞，白雲映日光而成赤色，暇日之赤光而成也。故字從叚，遐聲。」《御覽》十。王念孫校：「念孫按：『暇，當作假。』」〔二〕

【説明】

王念孫《釋名》校語，原見於明胡文煥所刻《格致叢書》本《新刻〈釋名〉》八卷，上海圖書館藏。此轉録自任繼昉《王念孫的〈釋名〉校語》。《文獻季刊》二〇〇二年一月一期。《新刻〈釋名〉》，《中國古籍善本書目》有著録，云：「清邵晉涵校，清丁錦鴻校並跋。」其書批校文字，有黑、紅、藍三色，其中兩處「念孫按」爲藍色。三條集中在《釋名·釋天》。

【校注】

〔一〕此條由邵晉涵轉引。

〔二〕參見畢沅《釋名疏證》及《補遺》。

記刑法

臣一歲免爲庶人〔一〕，然《周禮疏》云：「文帝唯赦墨、劓、刖三者，其宫刑至隋開皇初始除。」則文帝之于肉刑，亦未能盡除。故《刑法志》以爲斷獄四百，有刑錯之風。而崔寔《政論》則以文帝爲重刑而非轻刑，盖以笞法過重，多至死亡也。

【説明】

據李宗焜輯注《高郵王氏父子手稿》謄正，手稿無標題，李氏所加。

【校注】

〔一〕「歲」，手稿作「岦」，「歲」之古文「戢」殘字。

論音韻

有兩韻連用而不雜者。

有用韻多而不出韻者。二條即於所編類求之。

二十六緝以下九韻，五質、七櫛、十六屑三韻，六術、八物、九迄、十一没为一部。去聲之十三祭、十四泰、十七夬、二十廢，入聲之十月、十二曷、十三末、十四黠、十五鎋、十七薛为一部。一屋、三燭，乃十九侯之入聲。真、諄、元之分，侵、覃之分，（子）〔支〕、脂、之之分，魚、侯之分，蕭、尤之分，術、月之分，仍須博考周秦之音，以補顾氏、江氏、段氏之阙。雖一字二字闌入他韻者，亦必詳为考證。東、陽、庚、蒸、真、諄、元、侵、覃、歌、蕭十一部，有平而無上、入。支有平、入而無上，脂有平、上而無入〔一〕。之、魚、侯、尤四部有平、有上、有入。質、術、月、緝、合五部，有入而無平、上，至去聲則各部皆無〔二〕，亦須博引周秦之書以为證。

一、諧聲。二、押韻。三、訓詁。四、疊韻。五、急言、徐言。六、通作。七、讀若。八、今时方言。〔三〕

古音斂而今音侈，亦須引證。

詳引周秦之書，以破兩聲各義之説。

有轉語即有轉聲，如「戎」轉为「汝」，而「戎」亦讀「汝」；「而」轉为「若」，而「而」亦讀「若」；「用」轉为「以」，而「用」亦讀「以」之類。音亦隨之而變，音變之始。今此字兩收于某部、某部。

古音有自漢以後未變者。於今之方言可以見古音，於通作之字可以見古音，於訓詁之同聲者可以見古音，於漢以後之音讀可以見古音，於諧聲可以見古音，於疊韻之字可以見古音，於《韻府》求之可也。於急言、徐言可以見古音。〔四〕古今韻須詳为引證。一、諸聲之不合者。二、字之或體。三、訓詁。四、通作。五、疊韻。須别为一書，如東通陽，又通唐，各分類以紀之。古今通韻亦有可採者。

【説明】

據李宗焜輯注《高郵王氏父子手稿》謄正，手稿無標題。未詳年月，與王氏古韻二十一部説有合有不合，此應作於王氏古韻研究之初，約王氏二十五歲前。

【校注】

〔一〕「而無入」三字右邊，手稿上有竪綫。此説與《經義述聞》卷三十一《通説上·古韻二十一部》不合。

〔二〕「至去聲則各部皆無」八字右邊，手稿上有竪綫。此説亦與《古韻二十一部》不合。

〔三〕此八條，是王氏古音研究之根據，手稿上用小字分兩行列在右下。此姑從李氏釋文。

〔四〕此「於……可以見古音」七句，與注〔三〕下八條意思相同，且手稿中次序凌亂。此姑從李氏釋文。

古韻《説文》諧聲譜

東弟一

東 東聲。棟重涷涑蝀 重聲。⿰山重徸踵腫種⿰忄重湩緟動
⿺辶重鍾 重省聲。童童 童聲。蕫衝橦穜⿸疒童⿰彳童罿僮憧潼撞曈鐘
銿⿰車童 童省聲。龍 龍聲。瓏蘢嚨龏龔籠龒櫳礲寵襱襩龐
⿱龍言瀧⿰糸龍聾蠪壠隴○同 同聲。迵衕詷眮筒桐侗駧恫
洞鮦挏⿰同攴銅○中𠁧𠁩 中聲。⿱艹中⿱中虫仲衷忠忡沖○蟲
蟲省聲。融⿰鬲蟲痋赨鉵○終𠔖 𠔖聲。泈冬㚇螽⿰虫𠔖鼨 冬聲。苳⿰髟冬⿰鼠冬 冬
省聲。牢○戎 戎聲。娀○躳躬 躳聲。窮 躳省聲。宮 窮聲。藭 窮省聲。竆 宮聲。
营芎⿰宮殳○穹○充 充聲。統○公 公聲。訟䛦翁舩松⿱穴松伀頌
⿰翁頁瓮 翁聲。⿱竹翁滃⿰魚翁螉 松聲。蜙蚣○工𢒅 工聲。玒訌巩⿱巩手攻
⿰工隹鳿缸杠貢邛⿰米工空仜項江扛矼紅虹蜎功釭 巩聲。
鞏⿱巩石恐㤨蛩銎 邛聲。⿰木邛 空聲。椌涳控 項聲。澒 江聲。鴻○冡 冡

聲。蒙 幪 騄 醿 蒙聲。 矇 騄 饛 濛 蠓 ○（叢） 叢聲。 藂 ○（彤） ○

（農）辳 𦥶 辳 農聲。 癑 襛 獽 濃 醲 農省聲。 盥膿 ○宗 宗聲。 琮 賨 崇 悰

淙 綜 ○舂 舂聲。 覔 惷 舂省聲。 （秦）森 ○（容）公 容聲。 傛 溶 鎔

搈 㼸 鎔 ○庸 庸聲。 鱅 鄘 傭 𧳜 鱅 墉鏞 鏞 ○亯 ○封 𡉚 牡 封聲。

葑 𦃇 ○凶 凶聲。 兇 匈 胷 兇聲。 㚇 㚇聲。 葼 䤈 椶 稯稅 艐 嵏

𡋗 匈聲。 詾 訩 説 洶 ○（喁） 鰅 ○邕 𡿧 邕聲。 雝 雝聲。 饔 𩁹 癰 廱

灉 攡 ○从 从聲。 從 從聲。 樅 瘲 豵 慫 縱 蹤 鏦 （鎵） 從省聲 徸 縱

䡮 ○丰 丰丰 丰聲。 玤 奉 夆 邦 峀 蚌 奉聲。 琫 菶 唪 夆聲。 逢 𢓜

捀 逢聲。 蓬 莑 韸 縫 蠭 鏠 丰聲。 豐 𧯽 豐聲 豔 酆 寷 ○（茸） 茸

聲。 䩸 茸省聲。 髶 搑 䤙 ○閧 ○龙 龙聲。 牻 哤 厖 駹 浝 𡋯 ○

囱 窗 囪 窻 囱聲。 悤 悤聲。 璁 蔥 憁 幒 𢉁 驄 熜 聰 總 鏓 蔥聲。

繱 囪聲。 （曾） ○夅 夅聲。 𥫱 贛 栙 洚 絳 降 贛省聲。 贛 贑 贛 贛聲。

𧄍 戇 贛 橨 降聲。 隆 隆聲。 𪔵 癃 𤸇 ○雙 雙省聲。 愯

孔 ○（軵） ○（冢） ○廾 𢪃 廾聲。 （叢） 弅 （[illegible]） 弅聲。 鬆 [illegible] 送 [illegible] ○竦

（眾） 眾聲。 潨 霥 ○宋 ○用用 用聲。 甬 甬聲。 𧼮 通 踊 誦 筩 桶

痛 俑 涌蛹 勈㦷恿 ○共𠦪 共聲。 鬨 供 烘 恭 㤨 洪 拱 拲𣐕 輂

○𨜒巷 ○弄 弄聲。 梇 ○𢀳

蒸弟二

承 丞 丞聲。 脀 烝 𦫼 巹⃝ 烝聲。 蒸𦮼 𦮼聲。 豋⃝ ○夌 夌聲。 堎 䬋

棱 淩 掕 綾 陵 淩聲。 菱蔆 ○雁鷹 雁聲。 膺 應 ○仌 仌聲。 馮

馮聲。 𨛸 ○凭 ○冰 凝⃝ ○黽䵶 黽聲。 蠅 繩 ○椉𠅞 乘聲。 騬 ○升

升聲。 抍撜 ○乃𠄎𢎪 乃聲。 艿 𧥣 杒 鼐⃝ 仍 扔 孕 ○陾 ○卤 𠧪 ○

兢 ○徵𢿟 徵聲。 懲 徵省聲。 瀓 ○興 興聲。 𨞽 嬹 ○爯 爯聲。 稱 偁

○登𤼷 登聲。 璒 證 簦 橙 鄧 憕 鐙 隥 𢍺 ○曾 曾聲。 譄 矰

贈 鄫 罾 層 䰝 蹭 憎 潧 甑鬵䰝 繒 綷⃝ 增 ○瞢 瞢省聲。 薨 夢

薨聲。 儚 夢聲。 夢 𥧬 懜 夢省聲。 甍 ○朋鵬 朋聲。 棚 倗 崩 堋 淜

掤 弸 堋 輣 崩聲。 𨛅 繃 ○厷𠃋 肱 厷聲。 雄 宏 谹 閎 紘紭 弘

聲。 鞃 弘 泓 强⃝ ○ 亘桓 亘聲。 恒𠀇 恒聲。 𩶚 揯 縆 ○轟 ○弓

○能 ○灷 灷聲。 𧮫袠 栚 侯 朕 朕聲。 膡 滕 賸 勝 騰 籐⃝ 滕 滕

縢　㊀螣　塍　勝　騰聲。　黱　◯冃　冒

侵弟三

侵　侵聲。　葠　寑　㝱　侵省聲。　祲　蔓　梫　駸　綅　埐　㝱聲。　濅　㝱省聲。　寢　濅聲。　藫　◯林　林聲。　禁　琳　菻　郴　痳　罧　惏　淋　霖　婪　綝　禁聲。　噤　◯闖　◯壬　壬聲。　飪　肛　任　衽　妊　紝　絍　任聲。　荏　栠　賃　恁　舌　◯突　突聲。　深　探　深聲。　蔠　◯冘　冘聲。　芜　訦　殳　眈　鴆　肬　枕　煩　默　忱　沈　耽　扰　紞　鈂　酖　肬聲。　監　沈聲。　霃　◯𡈼　𡈼聲。　淫　婬　◯心　心聲。　沁　◯从　从聲。　罧　霖　◯今　今聲。　玲　芩　矜

【說明】

此殘稿載在李宗焜輯注《高郵王氏父子手稿》，李先生說係王引之之孫王恩炳謄抄。

矜從令聲〔一〕

《說文》：「矜，矛柄也。從矛，令聲。」今本作「矜」，從矛，今聲。段氏若膺注曰：「矜本謂矛

柄，故字從矛。引申爲戈戟柄，故《過秦論》『棘矜』，即戟柄。字從令聲，令聲古在真部，見《唐韻正》。故古假矜爲憐。《毛詩·鴻雁》傳曰：『矜，憐也。』言假借也。家大人曰：「《多士》『予惟率肆矜爾』，《論衡·雷虛篇》引作『予惟率夷憐爾』，又引《論語》『則哀憐而勿喜』。」《釋言》曰：『矜，苦也。』其義一也。若矜夸、矜持、矜式，《無羊》傳：『矜矜，以言堅彊。』《（苑）〔菀〕柳》傳：『矜，危也。』皆是同聲假借。各本篆作『矜』，解云今聲，今依《漢石經·論語》、《溧水校官碑》、《魏受禪表》皆作『矜』正之。《毛詩》與天、臻、民、旬、填等字韵，讀如鄰，古音也。漢韋玄成《戒子孫詩》始入侵韵，晉張華《女史箴》始入蒸韻，自《毛詩》以下，並見《唐韻正》。由是『巨巾』一反，僅見《方言》注、《過秦論》李注、《廣韻·十七真》，而他義則皆入蒸韵，今音之大變於古也。矛柄之字，改而爲『𥍾』，云『古作矜』，他義字亦皆作『矜』，又古今字形之大變也。」臧氏用中《拜經日記》曰：「唐沙門慧苑《華嚴經音義》卷上注云：『《毛詩傳》：矜，憐也。《說文字統》〔一〕：矜，憐也。皆從矛令。若從今者，音巨斤反，矛柄也。案：《玉篇》二字皆從矛令，無矛今者也。』以上皆慧苑書。庸案：《說文》：『矜，矛柄也。從矛，今聲。』《廣韻》云：『矜，本矛柄也，《字樣》借爲矜憐字〔二〕。』二矜字並當作矜。《爾雅·釋訓》：『矜憐，撫掩之也。』矜憐爲疊韻。《詩·鴻雁》：『爰及矜人。』傳：『矜，憐也。』及《說文字統》訓矜爲憐，皆取聲韻相同也。據慧苑所引，知唐本《說文》『矜』下有『憐也』一訓，而今本無之。後世字書、韻學混淆，致改《玉篇》誤從今，唐以來字書，遂無有作矜者矣。幸慧苑書引《毛傳》及《説文字統》、《玉篇》皆從令，尚可籍以考正，而慧苑又分矜、矜爲二，當由習見作矜，故强爲區別耳。宋板《爾雅疏·釋言》『矜，苦也』下，引《小雅·鴻雁》云『爰及矜人』，明道本《國語·晉語一》商銘曰『不可以矜，而祇取憂也』，又《晉語二》『今矜敵之善，其志益廣』，字並從令。鈕匪石曰：『婁氏《漢隸字原·二十八山》矜字注引《唐君頌》「不侮矜寡」、《詩序》「至于矜寡」、《史記》「有矜在民間曰虞舜」，此采自碑板，知漢時故作矜字。汪文盛本《後漢書·史弼傳·論》曰：「仁以矜物，義以退身。」亦從令。《毛詩》令聲皆在真韻，故矜爲哀憐，或借爲鰥寡字，聲亦相近。若今聲，則與真部相去遠矣。』

家大人曰：「段、臧説是也。矜字本從令聲，故古音在真部，非在蒸部，亦非在侵部也。考《隸釋》所載《漢東海〔廟〕碑》『矜閔吏□』、《梁相孔耽碑》『矜鳥獸兮放舍旃』、《中常侍樊安碑》『矜矜戰戰』、《堂邑令費鳳别碑》『恤憂矜危』、今本「矜」譌作「矜」，據《漢隸字原》改。《富春丞張君碑》『矜矜寡』，字並從令，則漢時矜字無作矜者。晉王獻之帖『尒時聖恩垂矜』、道藏本《淮南·兵略》篇『伐棘棗而爲矜』，字亦從令。又案《詩》之大例，凡句中用兩疊字者，上下皆不同音。如『戰戰兢兢』，戰與兢不同音；『兢兢業業』，業與兢亦不同音也。《廣韻·十六蒸》矜、兢二字並居陵切，則矜與兢同音矣。《小雅·無羊》何以有『矜矜兢兢』之文乎？連用兩疊字，而上下同音者，詩中未嘗有此，然則矜、兢之不同音，據《無羊》之一言，足以決之矣。」矜從令聲，在真部，兢在蒸部，二音各不相溷，故以「矜矜兢兢」連文。

【說明】

據李宗焜輯注《高郵王氏父子手稿·矜從令聲》謄正。是書爲王引之抄録。

【校注】

〔一〕《經義述聞》卷六《毛詩中》「何人不矜」條作「矜」，卷二十七《爾雅中》「矜，苦也」條則作「矜」，意存兩歧，與慧苑同。

〔二〕《說文字統》：《慧琳音義》、《華嚴音義》引此書，殆即北魏陽承慶《字統》。

〔三〕《字樣》：殆唐代唐玄度《九經字樣》。

地〔從也聲〕

錢氏《答問》曰：「問：『顧氏謂古音地如沱，《詩》載寢之地，與瓦韻，不與裼韻。且引《易·繫辭》俯則觀法於地，與宜韻以證之，其説信否？』曰：『顧氏之説，出於陳第。第所據者，惟《楚辭·橘頌》，亦未敢改《詩》音以從《楚辭》也。經典讀地字，大率與今音不異。

《易·明夷·上六》：不明，晦，初登于天，後入于地。此以地韻晦也。《繫辭》云：廣大配天地，變通配四時。又云：知崇禮卑，崇效天，卑法地。一與時韻，一與卑韻。顧氏皆棄不取，獨引仰觀俯察四句以證成己説。愚謂此四句本非韻，即以韻求之，又烏知其不與物、卦相協乎？籀文地作墬，從隊不從也。墬之爲地，殆起於春秋以後。近取《楚辭》以遠繩《詩》、《易》，吾知其必不然也。許叔重《説文》雖以地爲正字，仍兼取籀文，漢碑亦多用墬。《元命包》云：地者，易也。《釋名》：地，底也，諦也。皆不取從也之音。《秦始皇本紀·琅邪刻石文》以地與帝、懈、辟、易韻。《淮南·原道訓》：一之理，施四海；一之解，際天地。《大史公自序》：維昔黄帝，法天則地。《漢書·丙吉傳》：西曹地忍之。亦讀地爲弟也。顧氏謂司馬相如《子虚賦》始讀爲徒二反者，誤。』」

家大人曰：「顧説是，錢説非也。凡字從也聲者，古皆在歌部，故池、馳、他、施、扡五字，見於《詩》者，讀皆如歌部之音，地亦猶是也。《左氏春秋經·定十年》：『宋公子地出奔陳。』《公羊》『地』作『池』。古讀池如沱，而字與地通，則地之讀如沱明矣。『載寢之地，載衣之裼，載弄之瓦』，三句連文而句法相同，不可分爲二韻，猶上章『載寢之牀，載衣之裳，載弄之璋』也。故上章以牀、裳、璋、喤、皇、王爲韻，此章以地、裼、瓦、儀、議、罹爲韻。裼字合韻，讀若他。裼音他計反，於古音屬支部，支、歌二部之音最相近，故古或通用。若《楚辭·

九歌》：『悲莫悲兮生别離，離，古讀若羅。樂莫樂兮新相知。』《大招》：『嫮脩滂浩，麗以佳只。曾頰倚耳，曲眉規只。滂心綽態，姣麗施只。施，古讀若莎。小要秀領，若鮮卑只。魂乎歸來，恩怨移只。』移，古音弋多反。《逸周書·周祝》篇：『葉之美也離其柯，柯之美也離其枝。』《管子·内業》篇：『彼道不離，民因以知。』《莊子·馬蹄》篇：『同乎無知，其德不離。』《韓子·外儲説右》篇引《申子》：『慎而言也，人且知女；慎而行也，人且隨女。』隨，古音徒禾反。皆以支、歌通用。顧謂禓不與地韻，非也，而讀地如沱，則是也。若讀地如今音以與禓韻，而以瓦、儀、議、罹别爲一韻，則既失本章之句法，又與上章之例相左矣。《易》之《繫辭》，自『古者包犧氏之王天下也』以下，每多用韻之文，則『觀象于天』四句，亦必有韻，何得以爲無韻乎？且『地』與『宜』相隔不遠，自當以地、宜爲韻。宜，古讀若俄。乃讀地如今音而不與宜韻，且遠隔三句而與物、卦韻，吾知其必不然也。錢氏誤讀《詩》、《易》，反謂顧氏近取《楚辭》以遠繩《詩》、《易》，傎矣。錢又引《明夷·上六》地與晦韻，《繫辭》地字，一與時韻，一舉卑韻，以證今音之不誤。案：地於古音屬歌部，晦、時二字，於古音屬之部，之部之音，何能與歌部通？『知崇禮卑』三句，亦非用韻之文。錢既誤讀《詩》、《易》，又取《易》之不用韻者而强以爲韻，不亦誣乎？錢又引籀文地作墬，案：墬字説見下條。及《元命包》、《釋名》、《秦刻石文》、《淮南·内篇》、《子虛賦》、《史記》、《漢書》爲證。案：讀地如今音，實自秦刻石文始，而漢人因之。然秦碑、漢賦，不在《詩》、《易》之前，奈何近取秦、漢，以遠繩《詩》、《易》乎？且秦碑以地與帝、懈、辟、易、畫韻，《淮南》以地與解韻，案：《原道》篇：「一之理，施四海；一之解，際天地。」此以理、海爲一韻，解、地爲一韻，非以理、海、解、地通爲一韻。《子虛賦》以地與繫韻，《史記》以地與帝韻，《元命包》訓地爲易，於古音皆屬支部，不屬脂部，支、歌二部之音相近，脂則遠矣。至《漢書》讀地如第，《釋名》訓地爲底，第爲脂部之去聲，底爲脂部之上聲，則地字始讀入脂部矣。《玉篇》：『地，題利切。』《廣韻》收入《六至》，皆是脂部之去聲，此誤之又誤也。而錢氏不能區别，概引爲證，且謂《明夷》地與晦韻，《繫辭》地與時韻，則歌部之音，竟與之部通矣。蓋錢於支、脂、之三部之界，未能了了，故所引多謬也。且地之讀如沱，不獨《詩》、《易》、《楚辭》也。《禮運》云：『命降於社之謂殽地，降於祖廟之謂仁義，降於山川之謂興作，降於五祀之謂制度，此聖人所以藏身之固也。』地、義爲韻，義，古讀若俄。作、度、固爲韻。《廣韻》「作」字又音臧祚切。《大戴禮·五帝德》篇：『養財以任地，履時以象天，依鬼神以制義，治氣以教民。』地、義爲韻，天、民爲韻。《逸周書·武寤》篇：『王赫奮烈，八方咸發。高城若地，商庶若化。』烈、發爲韻，地、化爲韻。化，古讀貨平聲。《管子·五行》篇：『故通乎陽氣，所以事天也，經緯日月，用之於民；通乎陰氣，所以事地也，經緯星厤，以視其離。』天、民爲韻，地、離爲韻。離，古讀若羅。地字皆讀如沱。《楚辭·天問》：『啓棘賓商,《九辯》、《九歌》。何勤子屠母,而死分竟地?』地字亦讀如沱,又不獨《橘頌》一篇也。以上諸書,皆在秦碑之前,而錢皆不取者,有所嫌而諱之耳。又《子虛賦》雖讀地如今音,而《上林賦》云:『其北則盛夏含凍裂地,涉冰揭河;其獸則麒麟角端,騊駼橐駝,蛩蛩驒騱,駃騠驢驘。』則又讀地如沱。錢引《子虛》而不引《上林》,亦諱之耳。其漢人之讀地如沱者,尚不止此,《唐韻正》所載已詳,今不具録。」

案:《説文》「地」字解云:「從土,也聲。」「墬」字解云:「籒文地,從土、𨸏,彖聲。」小徐本如是,大徐本作「籒文從隊」,非。「彖」於古音屬元部,「也」於古音屬歌部,元、歌二部之音相近,故諧聲亦相通。《説文》「萑」從雈聲,而「雈」讀若和;「閔」從戈聲,而讀若縣;「戉」從戈聲,而讀若環;「儺」從難聲;「譒」、「播」、「鄱」、「磻」並從番聲;「𩴾」從難省聲,讀若「受福不儺」;「媻」從般聲,引《詩》「市也媻娑」,今《詩》作「婆娑」。《東門之枌》。故原聲屬元部,而「南方之原」與差、麻、娑韻;難聲屬元部,而「不戁不難」與那韻;《桑扈》。「其葉有難」,與阿、何韻。《隰桑》。此皆元、歌相通之證也。元、歌相通,則「墬」之從彖聲,猶「地」之從也聲也。然則「地」之本在歌部明矣,何反引彖聲之「墬」,以證「徒二」之音乎?《古韻標準》云:「地,籒文作墬。」是從隊聲也,大謬。又案:《説文》全書之例,凡小篆與古文異者,則首列小篆而次列古文;其與古文同者,則但列小篆而不列古文,以小篆即古文也。若此者凡十之八九，其與古文異者，不過十之一二而已。故《説文》天、地二字，皆無古文，非無古文也，以小篆即古文也。唯籀文作「墬」，與古文不同，《説文·叙》云：「宣王大史籀著大篆十五篇，與古文或異。」故首列「地」字而次列「墬」字，其作「地」者，即小篆之同於古文者也。不然，豈孔壁古文，竟無「天」、「地」二字乎？錢氏未達此旨，又以「地從也聲」與己説不合，遂以「墬」爲古字，「地」爲今字，且云「墬之爲地，殆起於春秋以後」。如其説，則必取六經中「地」字，盡改爲「墬」而後可，豈其然乎？

【説明】

稿載李宗焜輯注《高郵王氏父子手稿》。互見《書錢氏〈答問·説地字音〉後》。二稿文字有異，故併録之。是書由王引之鈔録並加案語。

古音義零稿

職

德

之　咍　　　　蕭　宵　肴　豪　　尤

止　海　　　　　　　　　　　　有

緝　葉　怗　合　盇　洽　狎　業　乏　　　沃

幽　黝　　覺

矦　厚　　屋
　　　　　燭

于、於通用，葑、蘴同音。　殷、隱、焮、迄四部别爲一部以存古。

此條辨字體，多合於《説文》，下條辨字義同。　附入拯、證二部以存古。

古無字母之説

反切無兩義　收荼不收茶，收余不收佘，不收怎、歪二字。　霽部不增乂字。

《文選·詩》獨用五支

王仲宣《詠史詩》　曹子建《公讌詩》　阮嗣宗《詠懷詩》之十三　曹顔遠《感舊詩》　謝靈運《遊南亭詩》　《酬從弟惠連詩》其二　陸韓卿《奉答内兄希叔詩》其二　范彦龍《古意贈王中書詩》　沈休文《鍾山詩應西陽王教》其三　《三月三日率尔成篇詩》

去聲獨用五寘

丘希範《侍宴樂遊苑送張徐州應詔詩》

近體詩五支獨用

上官儀

《詠雪應詔》曦、池、移、枝。

王勃

《餞韋兵曹》垂、移、枝、涯。

盧照鄰

《芳樹》斯、枝、差、知。

沈佺期

《折楊柳》吹、垂、差、知。

蘇頲

《侍宴安樂公主山莊應制》披、移、枝、儀。

張九齡

《庭梅詠》危、移、吹、知。

李景伯

《回波辭》〔一〕規、儀。

張諤

《岐王山亭》宜、奇、枝、移。

祖詠

《答王維留宿》爲、離、兒、知。

盧象

《宴别趙都護》斯、兒、離、隨、卮、麗、馳、危。

劉昚虚

《九日送人》離、知、爲、籬。

張謂

《春園家宴》隨、知、枝、兒。

張迎

《守睢陽作》危、麗、麾、陴〔二〕、移、施。

賈至

《春思》醿、兒。

劉長卿

《雨中過員稷巴陵山居贈別》垂、離、枝、知。〔三〕

年　　古分泥娘

來　　古來

清　　古分清澄

景　　古見群附

暢　　古徹澄附

詩　古分審禪牀〔四〕附
瓢　古附滂並
硯　古分影喻疑
回　古附透定
抛　古分滂並
醉　古附精從
鄉　古分曉匣
逃　古分透定
午　古微影疑附
餐　古附清從
剛　古附見
罷　古附幫並
閉　古分幫並
户　古附曉匣

償〔五〕	古邪
離	古附來
騷	古附心
空	古附溪
耐	古附泥
春	古分穿牀
宵	古心
眠	古明
弗	古分非敷奉
得	古分端定
任	〔古日〕
茅	古附明
店	古附端定
酒	古分精從

旗　　古分溪群

招　　古分知照澄

東弟一　蒸弟二　侵弟三無入　談弟四無入　陽弟五　耕弟六　真弟七無入　諄弟八　元弟九　歌弟十　支弟十一　至弟十二無平上　脂弟十三　祭弟十四無平上　盇弟十五無平上去　緝第十六無平上去　之弟十七　魚弟十八　侯弟十九有入　幽弟二十　宵弟二十一

至弟十二

至　室　疐　晉声〔六〕　質声　實声　吉声〔七〕　壹声　頡声　七声　日声　疾声

㮚声　桼声　漆声　畢声　一声　乙聲　逸声　归声〔八〕　失声　八声　𦙶声　穴声

匹声　必声　宓声　瑟声　𥁑声　卪声　即声　節声　血声　徹声　剮声

祭弟十四

祭声　砅声　蠇声　厲声　世声　貰声　曳声　制声　埶声　㡀声　祋声　筮声　𠜾声　罽声　毳声　𣦼声〔九〕　叡声〔一〇〕　兑声　竄声　貝声　匃声　曷声　帶声　外声　大声　最声　盖声　會声　丯声　㓞声　契声　介声　夬声　乂声　吠声　戌声　𡵂声　薉声　烕声　寽声　𠦬声　㩧声　欮声　厥声　伐声　乚声　戉声　月声　犮声　癶声　癹声　發声　氒声　昏声　聒声　歺声　櫱声　钀声　羍声　達声　奪声　末声　剌声　賴声　苜声　杀声　殺声　禼声　犖声　折声　哲声　屮声　旹声　辥声　薛声　櫱声　𡿪声　列声　叕声　舌声　截声　桀声〔一一〕　臬声

〔侯弟十九〕

賣声　丵　录　束　欶　獄　辱声　豖　蓐声　曲声　玉声　蜀声　足　局　粟　角　玨　肖　㱿

以髡为諸矦主客《滑稽传》〔一二〕 典客，秦官。 掌客

史魚爲司直《东方朔传》。

《主術》篇：「尧置敢谏之鼓，舜立誹謗之木，湯有司直之人。」《吕覽·自知》篇作「湯有司過之士」。

《百官表》：「丞相司直，掌佐丞相举不法。」 《群書治要》引《尸子·勸學》。

《僖二十五》誤據本疏下文改。

宋本作「祗勵」。

《史記》作「砥属」。《索隱》曰：「據《大戴禮》作『砥礪』。」 《家語》作「底屬」。底，平也。四遠皆平而來服属之也。

孔□□〔一三〕：「礪，平均也。礪之精者为砥。」 《開元占經·龍魚蟲蛇占》引作「祗厲」。

《説文》：「禾之秀實为稼。從禾，家声。一曰稼，家事也。」《集韻》「稼」或作「家」，鈔本《御覽》引此正作「家」，与宋本合。〔一四〕

「氏産青陽」之「氏」，説如「是」。古書「是」声多作「氏」，説見惠氏《儀礼古義》，後凡

「氏産」二字相連者放此。昆吾者，衛氏也。以下「亦氏」字之「氏」，亦放此。

黈《玉篇》：「斢，他口切，黄色，或作紏。黈，同上。」《廣韻》：「黈，天口切，冕前纊也。」《四十五厚》《集韻》：「黈，他口切，黄色，通作斢。」《集韻》：「紏，絲黄色。」

䵒《玉篇》：「䵒，齒隆切，黄色。《大戴礼》：『䵒纊塞耳，掩聰也。』」《廣韻・一東》：「䵒，昌終切，黄色，又音統。」又《二宋》：「䵒，他綜切，黄色。」《集韻》：「䵒，昌嵩切。《博雅》：黄也。」又：「他綜切，《博雅》同。」

紸《玉篇》：「紏，他口切，亦作斢字。」

䵒䵒纊塞耳，所以弇聰也。《文選》三之卅一注引「䵒」作「黈」。《白帖》卅之卅三同。又《答客難》注。又卅四之廿八。又《御覽》六百八十六作「黈」。又《易林・噬嗑之蹇》。又薦十表後。又《養新録》。又《桓二年》疏。

《魏書・李謐传》〔一五〕　《隋書・牛弘傳》　《續漢書・礼仪志》注　《通典》

皆有等衰殺也。〔一六〕　自是以衰《襄廿五》。差降。　遲速衰序衰，差也。序，治也。

《齐語》「相地而衰征」，又《小匡》差也。　相地而衰政《荀子・王制》。差也。　大小之衰然

《説林》。衰，差。

《説文》：「傷，輕也。」　《蒼頡篇》：「傷，慢也。」《一切》二　《廣韻》：「傷，相輕

慢也。」

《説文》：「侮，傷也。」　《繫传》：「傷，慢易字也。」　「易慢之心入之矣」注：

「易，輕易也。」　《廣雅》：「傷，輕也。」「倨、傲、侮、慢，傷也。」

《廣雅》：「辯，慧也。」　《小辨》注　巧文辯惠則賢　惠施以〔此〕为大觀於天

下而晓辯者《天下》　不如備兩周辨智辯知之士〔一七〕　然後極騁智辯焉《韓子・説難》

辯□義之慧也　性質美而心辯知《性（悪）〔惡〕》

性□□而能□《荀子》

空空乎其不为巧故也《吕覽・下賢》〔一八〕　釋智謀，去巧故《論人》　□□以□自説下

不信仁賢　可貴哉，仁賢之化也《地理志》

《玉海・律暦類》引「大哉」已誤。　《西山經》注　《説文》　《律暦志》

《宋書・樂志》　《賢官訟》注　《人及鬼神占》　《風俗通》

以韻为經，以音为緯。

而增華嚴十四音为十九經以配韻，減經之三十六字为三十五緯以收音。

經體緯用，則以韻統之；　緯體經用，則以音齐之。

有字之音凡二千四百九十，同音之字凡萬七千三百三十二。

取音同者横分三十五緯，韻同者縱分十九經。

或字母多而音恆重列，或字母少而音失母無歸。

是編本於等韻而得如心等音。

前經〔用〕緯體圖，縱分韻部，横分字音。

次經體緯用圖，配縱圖中各音之同韻者縱横分列。　即上文所謂「韻同者縱分十九經」。　次緯體經用圖，配縱圖中各韻之同音者縱横分列。　即上文所謂「取音同者横分（十九經）〔三十五緯〕」。

於開口呼中分書齐齒，於合口呼中分書撮口。齐齒为開口之輕音，合口为撮口之重音。較之前人，更为簡捷。粗音粗切，細音細切。

《保傅》篇引孔子曰：「少成若天性，習貫如自然。」成与性韻，貫与然韻。今本作「習貫之为常」，後人改之也。考盧注云：「少教成之，若天性自然。」是其證。盧注又引《周書》曰「習之为常，自氣血始」二句，以證「少成」、「習貫」之義，而後人遂以注改經，誤矣。考《漢書·賈誼傳》、《新書·保傅》篇並作「習貫如自然」，「習貫」二字連讀，「如自然」三字連讀。若改作「習貫之为常」，便不成語，且句法与「(若)〔少〕成若天性」不对，而韻亦不諧矣。

盧注又引《周書》「習之为常，自氣血始」二句，以证「少成」、「習貫」之義。（凡物之弱且薄者必不能久）〔一九〕

与正、賢、天为韻。

盖「剛健」謂乾也，「篤實」謂艮也。凡物之弱且薄者，必不能久。惟其「剛健篤实」，是以「煇光日新」，此釋「大畜」之義。「其德剛上而尚賢，能止健，大正也」，「大正」二字指其德言之，乃釋「利貞」之義，此釋「利貞」之義。

此言其德之大正，乃釋「利貞」之義。「煇光日新」与下正、賢、天三韻正協。〔二〇〕

不曰「車教之道」，而曰「巾車教之道」，其理遂不可通矣。〔二一〕

「此車教之道也」，乃總承上「古之为路車也」云云。言古人作为車，使人處其中，而仰觀天文，俯察地理，前睹鸞和之声，側觀四時之運，是即古人車教之道。此言「車教之道」，上言「胎教之道」，其義一也。《新書》作「此輿教之道也」是其證。若云「巾車教之道」，「車」上誤衍「巾」字，而注遂以《周礼・巾車》釋之，因文附會，何所不至，誠無施而不可矣。今訂正。

貫讀平聲。

錫褫《訟・上九》　富戒《泰・六四》　葛䑐《困・上六》　享養《鼎・彖傳》　射獲「射者之聲，獲者之種。」

《遵大路》二章首句韻手、魗、好，「路」字當作「道」。

《静女》三章　《葛藟》二章　《沔水》一章　《吉日》三四章　《芣苢》二三章

髡彼兩(髳)〔髦〕　碩大且(嬒)〔卷〕　如蠻如(髳)〔髦〕　戍声在矦部。《檀弓》「公叔木」注：「木當为朱，《春秋》作戍。」

梅士《摽有梅》　微我無酒《柏舟》　瑱天《君子偕老》　大夫君子《小雅·魚藻》、《角弓》

雨伯《伯兮》　承子　萑離《中谷有蓷》　心之憂矣《柏舟》　今我不樂《大戴禮·虞戴德》、《誥志》二篇「人事曰樂」入韻。　穡獵《伐檀》　厭厭良人《小戎》　氏之《渭陽》。「贈」字亦可韻。

山歸《東山》　我有嘉賓《鹿鳴》　駕居《采薇》四　慎尔優游《白駒》　牛來《無羊》　父作《十月之交》五　天饉《雨無正》一　滅戾二　居夫侯二　厭猶集咎謀道《小旻》三　中原有菽《小宛》　我闻其声《何人斯》　壹者之來《何人斯》　有靦面目《何人斯》　楊園之道《巷伯》　天西(《北山》)〔《小明》〕　曾孫壽考《信南山》　苾苾芬芬《信南山》　稼庾《甫田》四　播厥百穀《大田》　洛泱《瞻彼洛矣》　酒殽《頍弁》三

筵秩《賓之初筵》　筵恭《賓之初筵》　樂仇爵《賓之初筵》　狩釣《采綠》三　雲難《白華》二

蹢畢《漸漸之石》　師殷《文王》(七)〔六〕　莫莫葛藟《旱麓》　醓醢以薦《行葦》

乘其四騏《采芑》　壽考維祺《行葦》　車馬《卷阿》十　事謀《板》三　天不湎爾以酒《蕩》

雖無老成人《蕩》　今政《抑》　王刑《抑》　馬作《抑》　匪言不能《桑柔》

伯謝《嵩高》　伯御《崧高》　申伯之功《崧高》　伯居《崧高》

王命仲山甫〔《烝民》〕　收篤〔《維天之命》〕　福保〔《瞻彼洛矣》〕　鞉鼓淵淵〔《那》〕　湯孫奏假〔《那》〕　來假祁祁〔《玄鳥》〕　貍首女手〔《檀弓》下〕　求服其志〔《禮記・郊特牲》〕

「勇者苦怯」，上協「寡」，下協「雨」。〔《禮記・樂記》〕　臧之狐裘，敗我于狐駘〔《左傳・襄公四年》〕　祈招之愔愔，式昭德音〔《左傳・昭公十二年》〕

已校書

《大戴礼》

《方言》《小尔雅》《廣雅》

《漢書・地理志》《十志》須補校。

《尔雅》

《穆天子傳》《竹書紀年》

雜著

《説文考正》　古韻　集古音　群書字類　續方言　《大戴禮音義》〔二〕

作《九經補韻》时，須將其平、上、入通押及協韻之未收者補入。之蒸、侵覃、職緝談之通尤宜加意。凡三韻並用者，不得存其二而去其一。

【説明】

據李宗焜輯注《高郵王氏父子手稿》謄正，標題從李氏。據零稿内容及書目，似王念孫三十歲前後所作。稿中「以韻爲經，以音爲緯」以下十三行文字，係王念孫抄自羅士琳《音緯·序》，非王氏語。

【校注】

〔一〕《回波辭》，又名《回波樂》。據手稿，當作「辭」。李氏作「樂」，與手迹不合。

〔二〕「陴」，李氏作「陣」，既不在支部，亦與字體不合。

〔三〕此條手稿已圈去，姑從李氏保留。

〔四〕李氏「禪」作「單」，誤。

〔五〕儥，上古音在喻紐。從賣聲，「賣」亦在喻紐。喻、邪舌齒鄰紐，如從賣聲之「續」在邪紐；「余」在喻紐，而從「余」聲之「徐」在邪紐；「予」在喻紐，而從「予」聲之「序」在邪紐。此字手稿中左半是「亻」，李氏釋作「讀」，音雖通，字形不合。

〔六〕「䛒」，李氏認作「普」，字形、韻部皆不合。

〔七〕「吉」，李氏認作「去」，誤同〔六〕。

〔八〕「归」，李氏認作「申」，誤同〔六〕、〔七〕。

〔九〕「𣪊」，李氏認作「敖」，誤同前。

〔一〇〕「𡫯」，李氏認作「𡨄」，誤同前。

〔一一〕「桀」，李氏認作「祭」，既與字形不合，又與前文重複。

〔一二〕此行手稿中已圈去，姑從李氏保留。

〔一三〕「孔」下手稿作「口乜」，不識。

〔一四〕此條手稿中已圈去，姑從李氏保留。

〔一五〕〔一六〕〔一七〕〔一八〕：同〔三〕、〔一二〕、〔一四〕。

〔一九〕此條互見《經義述聞》卷十一。此條末尾誤衍一句，當删。

〔二〇〕此條互見《經義述聞》卷二。

〔二一〕此條互見《經義述聞》卷十一。

〔二二〕此六類，都是王念孫著作，詳劉盼遂《高郵王氏父子著述考》、舒懷《高郵王氏父子學術初探》第一章及本《合集》。

書目

周易注疏

尚書注疏

毛詩注疏

周礼注疏

儀礼注疏

礼記注疏

左传注疏

公羊传注疏

穀梁传注疏

論語注疏

孝經注疏

孟子注疏

尔雅注疏

史記

漢書

後漢書

通典

周易折中　書經传説彙纂　詩經传説彙纂

四庫简明目録

數理精藴

太平御覽十套

唐石經

五礼通考

本草

本草綱目

津逮秘書

玉海

經典釋文

史記六套

中立四子

漢魏名文乘〔一〕

經訓堂書

秘書廿一種

資治通鑑
醫統正脈
五車韻瑞
格致鏡原

周易集解
周易述
禹貢錐指
疏證
毛鄭詩考正
尔雅正義
趙注《孟子》
大戴礼
國語補音
漢魏叢書

古今逸史

鄭注《周易》附《尚書大傳》　匡謬正俗　乾鑿度

易例

古韓詩説證

周刻《周礼》

儀礼識誤

儀礼正讹

尚書後案

礼書

左传杜解補正

左传補注

九經古義

鄭志

九經三传沿革例

七經孟子考文

九經誤字　石經考　金石文字記
經解鉤沈
皇侃《論語義疏》
鄉党圖考
白虎通义
獨斷叢書内

竹書紀年秘書廿一種内
盧刻《逸周書》
高注《戰國策》附鮑注
晏子春秋又
三輔黄圖經訓堂内
太平寰宇記
元豐九域志
水經注又

北户録

山海經

穆天子传

管子　　鬼谷子〔二〕

老子

莊子

列子

荀子

韓非子

墨子經訓堂内

武經三子

吕氏春秋又

淮南子劉績本　莊逵吉本　茅一桂本

揚子

太玄
韓詩外传叢書内
春秋繁露盧本　又叢書本
家語
新書
九章算術
五經算術
博古圖
困学紀闻
日知録
初學記　藝文類聚　北堂書鈔　事類賦
西京雜記
世説新語
文選嘉靖本　六臣本　汲古阁本　葉本
楚詞王逸注　戴氏注

畢本《五雅》又
郎本《五雅》又
小尔雅《孔叢子》内
方言疏證胡文焕本　盧本
胡本《廣雅》叢書本
盧本《釋名》
急就篇《玉海》内
説文徐鉉本　《繫传》《五音韻譜》《韻補正》
玉篇
廣韻
集韻
類篇
韻會
通雅
群經音辨

五經文字　九經字樣
汗简
佩觿
古文四聲韻
鐘鼎欵識
復古編
班馬字類
六書故
隸辨
五音集韻
音学五書
古韻標準
隸釋
隸續
古今注

博物志

衆經音義

華嚴經音義

【説明】

據李宗焜輯注《高郵王氏父子手稿·書目》謄正，殆爲王念孫做某項目所用。手稿原無標題。

【校注】

〔一〕「乘」，李氏釋文作「集」，誤。

〔二〕「鬼谷子」，李氏釋文作「見各子」，誤。

碑傳

春圃府君行狀

嗚呼，府君竟舍不孝念孫而長逝耶！痛念府君於乾隆乙亥冬遘疾，奉旨給假調理。越丙子春，病少間。府君自顧身受知遇之隆，位列冢宰，何敢以久病曠官，遂力疾供職。惟因先王父卜葬於天長縣西，數年間期功之慘凡四見。府君隱痛於心，爰於夏月面奏，懇恩給假遷葬。上諭以明春即届南巡，且俟臨期帶往回籍。府君不敢固請。十月病復作，沈痼益甚。十一月乃奏求解任，奉上諭：「王安國夏間曾經奏懇，是以該部奏派時即派令隨駕。今據奏，既不能力疾視事，自難於扈從隨行，著准其解任調理，俟可就道時，自行從容回籍。欽此。」府君行旨，感激涕零。顧不孝念孫曰：「聖恩體恤至矣。」自是病勢略減，欲俟春融南旋，赴行在恭請聖安，然後歸營葬事。不意正月四日夜，體忽惡寒。次日大熱，初八日戌時，府君竟溘然長逝矣。嗚呼痛哉！初十日，上聞府君之卒，天心震悼，垂憫幼孤，恩賜内帑，辦事喪事。不孝念孫於開印後，乃奉遺本奏聞。奉旨：「王安國敭歷内外，夙著清勤，簡畀銓衡，正資辦理。前因患病，奏懇解任，朕允所請，准其從容回籍調治，尚冀痊愈。忽聞溘逝，深可憯惻。已降旨賞給内庫銀五百兩料理喪事，應得恤典，仍著察例具奏該部知道。欽此。」嗚呼！府君受兩朝厚恩，服官三十餘年，生平行蹟大端爲海内所共知。而覶述之責，惟在不孝。奈不孝蒙稚，不能具悉，創痛之極，更復昏迷，謹將追憶所及，和淚叙述如左：

府君諱安國，字書城，號春圃，姓王氏。明初由蘇州遷高郵，至先高王父諱開運，治《尚書》，有聲州學。曾王父諱式耜，博通五經，中康熙戊午科副榜，不樂仕進，以所學授弟子，卒老於家。王父諱曾禄，爲名諸生，試輒冠軍，雍正癸卯拔貢，理學湛深，氣宇和粹，學者從游甚衆。王母車太夫人誕彌月，王父夢神人錫以古鼎，遂生府君。府君生而端穎，識者已卜爲公輔器。當孩幼時，王父歲授生徒於外，王母治家嚴，而法嘗置左右，不令狎兒戲，飲食起居皆有節度。七歲，王父親授經傳。既能求訓詁，每執卷，依膝下，開難不置，得解，輒自喜。十歲能屬文，耻雷同勦説，好爲其難者。年十九，見知於銅仁張公，補博士弟子員第一。嗣是乃潛心理學，不沾沾於帖括也。丁酉舉於鄉，主考爲御史連公、編修戚公，同考爲知縣□公。雍正二年甲辰，會試第一名，殿試一甲第二名，特授翰林編修，總裁爲相國長白福公、高安朱公、桐城張公、溧陽史公。府君出同考詹事文公之門。府君嘗語不孝曰：「吾初釋褐時，謁高安先生。先生無別言，第誡曰：『學人通籍後，惟留得本來面目爲難。』時喜自負，聞先生言，殊駭愕。迄今每一念及，輒嘆其不我欺也。」三年，充《大清一統志》纂修官。十年，充《八旗志書》纂修官。命典福建試。府君苦心衡文，檢閱闈卷，不遺餘力。榜發，多知名士，後成進士者五十人，如今少司寇蔡公新山、東運河道李公清時，其尤著也。十一年十一月，遷國子監司業。國子月課，向多視爲具文。府君獨糊名考校，每卷必細加評論，俾諸生曉然共知義理得失，甲乙一無所私，士論翕然稱之。十二年三月，充日講起居官。四月，遷翰林院侍講。九月，廣東肇高學政缺出，同官十人引見，世宗憲皇帝廉知府君爲人清介，學有淵源，特加擢用。甫就道，遷翰林院侍讀學士。抵任，遷都察院僉都御史。府君疊受恩寵，感激不自勝，亟思所以盡職者。曰：「學政一官以教士也，分教者爲郡縣教官，教官要錢則無以爲範，而士不服。」乃嚴諭諸郡縣教官。時定學正某以補廩，索士金，遂參劾之，更爲令：如某廩某日缺出，某日以某補，毋得遲。學政故例，院門深鎖，謹啟閉，諸生希得進見。府君曰：「焉有教士之官，徒閉門摸索爲盡職哉？人之欲竇在心，苟無欲，雖日啟門何患？」乃（論）〔諭〕門者：「凡諸生願見者，見之。」每見，語以讀書立品之要，或竟日始去。署之內堂西爲在茲堂，又西爲明倫學舍。府君通學舍，爲西齋，每考校，取子弟之秀者置其中，共三四十人。暇日則與朝夕講學，如塾師然。爲諸生批定《四子書大全》，折衷衆説，多所論定。諸生有貧不能來學者，捐俸爲膏火資，并贍其家，俾壹志於學。肇高士氣不振，有司故挫折之。府君見諸生，皆令長揖不拜。有司以事褫諸生，反覆數四，不得已乃許。或曰：「公之待秀才，如養驕子，適令自敗耳。」府君笑曰：「教之明義理，長氣節，曲宥而保全之，如是可云敗乎？」間有傷倫敗俗、豪滑爲民蠹者，有司或縱不理。府君廉得其狀，則執法不稍肆，以故士皆知自愛。十三年秋，世宗憲皇帝升遐，今皇上即位，仍奉命留任三年，教士如初。乾隆四年五月，任滿復命，召對良久，遂晉都察院左副都御史。十一月，晉刑部右侍郎。五年三月，轉左侍郎。府君以直省獄辭至部，而部去民遠，莫知其情所據，而簡核獄辭耳。吾不盡心，委之部曹，部曹委之書吏，而民之生死，不可問矣。乃盡閲諸讞獄，嘗至午夜不寐，務得其情，以是多所平反云。九月，晉都察院左都御史。府君歷掌臺綱，聖眷優渥，知無不言。所進奏摺，皆手自書，無有知者，蓋不敢以是邀直名也。十一月，奉諭旨，以左都御史管巡撫事。先時，粵撫卓異，某教官爲縣令，府君知其昏耄不可用，迺具以聞。上以府君在粵督學久，周知其風土民情利弊，因命撫粵。府君曰：「吾劾其人而遽得其位，是所牽牛以蹊人之田，而奪之牛也。」遂恭摺力辭，上不許。乃拜命。府君念先王父年届七旬，不忍離左右，而嶺外違家遠，迺奏乞封典，請迎養。荷聖慈俯允，且賜詩曰：「憲府峨冠際，巖疆駐節初。仁風敷嶺海，愛日永庭除。紫鳳忻御語，斑萊試舞裾。更希臻上瑞，舉世樂華胥。」並賜豐貂内紵，誠異數也。初，府君督學時，丰采峻厲，志行清潔。見諸有司，不少假辭色。及聞撫粵，諸素不廉者各自危，或早解組去，而窮鄉僻壤之民無不交相額慶。六年春抵任，乃與屬下官吏約：宥往咎，予自新，除積弊，禁侵漁，杜饋遺，鋤奸惡，釋冤囚。勸農興學，吏治一新。時官吏徵收，多舞弊害民。府君乃申以法，逮治南番倉吏及他不如制者。於是諸郡縣皆望風股栗，不敢犯。有畏刑誣伏及情真翻成疑獄者，府君曰：「此不可徒以刑威求也。」平和民某，毒殺其藐孤姪，獄久不決。迺并逮其婦夜訊，屬左右繫置兩處。初問夫數語，命去。旋詰其婦，曰：「汝夫言謀殺姪惟汝，汝應死。」婦惶怖曰：「此皆夫意耳，我何與？」具以情告，夫乃伏罪。高要有小户被刼，盜逸。武弁縣巡哨獲六人，指爲盜，送詣縣獄，皆誣伏。臬司告獄具，府君訊知其誣也，遂皆釋之，後乃復得真盜。是歲旱，府君齋宿於外，晨則徒步詣龍神祈雨。旬日魃愈虐，心焦勞。隱几假寐，恍惚見神人，厲聲曰：「聊以吾子之行卜之也。」寤，嘆曰：「是謂予誠未至也。」自刻責如不容者，後乃雨。壬戌春，復大旱，民間時聞某山盜嘯聚，訛言莫止。府君乃彌自責以撫牧無狀，容色枯悴，四月八日乃大雨，民帖然，歲熟。春秋肩輿至田間，見耆老，問歲豐歉、民疾苦，教士如督學。時粵秀書院取子弟數十人，延三人爲師，分教之，益其膏火。朔望躬至講學，諸生時進見，出入無禁。後有以招摇爲疑者，踪跡無實，浮議遂息。府君之撫粤也，務潔己以率屬。太平諸關，歲入若干，糧儲官歲供白米，皆不受。及計典察吏，不事嚴刻。嘗曰：「自古才不易得，且官屢易而民不静，吏胥滋僞，莫若頻勸戒，使知所自勵。」是以撫粤三年，未嘗輕去一官。八年冬，王父卒於官署，不能歸。制府請於朝，公賻二千金，乃得扶櫬歸里。府君未丁艱時，蒙恩内召爲兵部尚書。九年正月，舟至南昌，始聞命。秋奉上諭，遣官致祭，府君感泣謝恩。十年夏，遷禮部尚書。冬葬王父於石梁，王母車太夫人實祔焉。初，府君爲翰林時，聞王母喪，一痛幾絶，嘔血數升，後遂有血症。及居王父喪，皆哀毁骨立，一遵禮制。不用浮屠，不鼓樂，不飲酒，不處内，杜門讀禮，不出户限。十一年服闋，乃入覲。甫視禮部事，適閩撫疏請：侯官縣天寧山麓有龍潭，龍從地出，石有遺跡，宜勅封立廟。所司皆欲如請。府君獨奮筆建議曰：「《祭法》云：『山林川谷邱陵能出雲，爲風雨，見怪物，皆曰神。』又曰：『日月星辰，民所瞻仰也。山林川谷邱陵，民所取材用也。非此族也，不在祀典。』是所謂能出雲爲風雨見怪物者，即指山林川谷邱陵之神，非指所見之怪物以爲神而祀之明甚。閩省龍潭，正《祭法》所云『不在祀典』者。夫天地神祇，皆以壇祭。惟人鬼立廟，所謂知鬼神之情狀也。龍潛於深淵，乘乎雲氣。顧乃象以衣冠，庇之楝宇，非其情狀明矣。且立廟，必招僧道守之。建廟置田，奪民之耕，以奉游手，尤非政體。瀕海邊徼之民，易惑於鬼神之事，正當示以常道，不應更創淫祀，以駭耳目。」事遂寢。十八年，東粤請封陳文玉爲雷祖，復建議闢之。府君識高學正，而不惑於鬼神之不可知，類如此。在部十年，凛秩宗演清之義。上自朝會、祭祀，下迄貢舉、學校，凡定例可遵者，實力奉行，不敢苟且塞責。如有當更正者，或與同官具奏，或自爲陳請，均蒙俞允。一切奏牘議稿，具存部中，可覆而按也。禮部舊有《通禮》一書，以吉、嘉、軍、賓、凶五禮分類纂輯。書已竣，府君閲其中多未協者，乃面奏，請加更定。十二年，奉命充《大清會典》館正總裁。《會典》與《通禮》相爲表裏。府君每進《會典》，即附以《通禮》，恭呈御覽。其間修輯之勞，不辭寒暑，博綜古今，斟酌體要，越十年而告成。十五年，充經筵講官。二十年夏，遷吏部尚書。次年，兼管工部尚書事。府君以人心多競進，而在部書吏，緣以爲奸，其外府州縣官，升降黜陟，案如山積，稽核少疎，輒滋弊竇。故在任二年，力以廓清銓務爲心。雖至親愛，不敢干以私。及求解任歸里，聖天子深知府君廉介，可以澄序官方第，憫其病，特允所請，而猶待復來也。嗚呼，何遽溘然長逝耶！府君爲人嚴厲，不苟言笑。而侍王父母左右，則和愉可掬，尤務得其懽心。督學暨撫粤時，雖公事煩劇，朝夕必至寢定省，陳述日所行事。王父色喜，而後即安。有大事，稟而後行。自王父殁後，居京邸十餘年，每逢佳節與高曾祖父母生辰，則倣古合食禮，布几筵，相向攜不孝焚香上食，自提壺酒，徧酌之，夜則羅列果珍，敬養如生存時。三族之貧而孤寡者，咸推先人意，周以月米，令免饑困。府君每歲誕日，涕洟不食，不受慶祝。有弟三人：次諱安度，早卒；三諱安德，太學生；四諱安道，以府君官僉都御史時覃恩授四品廕生。府君與叔父相友愛。辛未、壬申，兩叔父相繼即世。遺孤零弱，日夜悲思，憂病侵尋，愈以衰邁。邇年每病，懼不起，則呼不孝諭曰：「昔祖臨終時，汝母方娠。祖顧而嘆曰：『吾年七十餘未抱孫，幸生而男也，當以吾意命之。』及汝生，因名曰念孫。後三年，四季父之子生，復命曰『貽孫』，體祖心也。今吾家惟汝兄弟兩人，皆幼，吾不能長存以畜汝。汝聰明，可喜，吾復懼汝之不能守世德也。汝父官至正卿，德薄任重，進退之際難以自質，上負聖恩，下辜民望。顧私心所自幸稍安者，守不變耳。抑吾自幼時祖母教我嚴，稍長，隨祖父讀書，匪僻不接於耳目。至應舉入都，氣質已定。厥後學不加增，與世酬酢，卒能强持不爲所奪者，祖父母之教也。」不孝謹泣而志之。府君生平淡泊寡交，位通顯，門庭（閴）〔闃〕寂蕭然。儒素餽遺，一無所受，燕會一無所預，請託不行，苞苴悉絶。至於入官議事，雖至好，有不合則反復致辨，或義形於色，而事過，不稍芥蔕。平居意氣相投，即一介士，必與談論不倦，不自知其身之貴顯也。嘗欲編輯《四子書大全》，曰：「朱子《集註章句》，約而精，無可議者。其餘門弟子所彙《語類》、《文集》諸書詳矣，而多未醇。有明以后，説書者愈繁而理愈晦。今欲兼綜朱子師弟問答之語，裒其粹精以附註後，更折取衆説，一衷以朱子解經之意，嚴爲去取，庶條緒不紛，義歸一是，學者不至迷繆，此亦後學不從己之責也。」病中深以未竟其業爲憾。先王父生平所著述，多散在生徒朋遊間。府君收拾遺文，擬付梨棗，亦未得如願。嗚呼痛哉！府君生於康熙三十三年閏五月初三日寅時，卒於乾隆二十二年正月初八日戌時，享年六十有四。先高王父、曾王父、王父皆以府君貴，累贈光禄大夫、禮部尚書，高王母茆太君、曾王母李太君、王母車太君，皆贈一品夫人。府君復推王父母意，以身所應得封典，請貤贈外曾王父歲貢生車公諱象爲光禄大夫，外曾王母耿太君一品夫人。元配顯妣車太君，邑庠生諱□公女；繼配顯妣徐太君，原任廣東肇羅道蘇州諱涵公女；繼配顯妣徐太君，原任江西吉安府知府杭州諱亨時公女。皆先卒，例贈一品夫人。男一，不孝念孫業儒，未聘；女一，許字邑庠生朱元定，附監生理齋公長子。理齋公，府君四妹丈也。嗚呼，不孝念孫年甫十四，愚幼無知。當此苦塊餘生，語無倫次。伏乞大人先生，哀而賜之銘誄，則不孝念孫感且不朽！

孤哀子王念孫泣血稽顙謹述

【説明】

《行狀》原載《高郵王氏遺書·高郵王氏六葉傳狀碑誌集》卷三。王念孫撰於十四歲時，即乾隆二十二年。王念孫以此《行狀》呈内閣學士、吏部尚書汪由敦，乞賜撰墓志銘。銘在《王氏六葉傳狀碑誌集》卷一。汪氏與王安國同年進士，又同館同朝三十有四年。

晉授奉政大夫福建邵武府同知曾培沈公墓碑

公姓沈氏，諱之本，字曾培。元代由吴興徙高郵，明代遷貴州普安，河南河北興屯道字石友者，復歸高郵。父位中公，戊申歲進士，四十五歲始生公，愛憐特至。父遘疾二十年，竭力調護，歷久不衰。父母先後棄養，盡哀盡慎，一衷於禮。自少刻厲於學，寢饋經史。甲子舉於鄉，文譽日起。授徒江淮，從游者多掇高第。其後雖身膺民社繁劇之中，猶喜搆文蓺，披吟不輟。蓋勤學出於性者如此。公以大挑知縣分發福建，始署建甯縣事。至則捕獲被戕四尸正凶。次年遂令邵武，縣爲首邑，夙號難治。公次第整理：修學宫，正教化也；修郡志，重文獻也；修晝錦橋，通往來也；增樵川書院膏火，厚生徒也。而於刑獄，尤兢兢。俗悍，有鐵尺會，多釀巨獄。又翦辮案起，所在駭然。公詳諭利害，旌别淑慝，民賴以安。決四十餘年盜葬舊獄，察親屬僞報被殺者，置之法閽，邑以爲神。山田谿水淤没無常，公一一履勘，俾田糧隱冒之弊悉清，民無寃倖。山界錯綜，多生訟爭。公相度指劃，不憑臆斷，不泥圖經，兩造折服，訟釁以消。此其利賴，更不止在一時一家。邵邑糧米，清軍同知耑司之。公署篆時，一切皆循例。奉公糧户隨到隨收，歡聲四境。宜乎解組之日，士民焚香叩送，爲泣不忍别者紛紛也。至戊子庚寅，分校鄉闈，得士最盛，則又公勤學知人之效，不足異。竊謂親民之官，其職似卑，而所繫甚鉅。今公雖小試一邑，治行可紀者已卓卓如是。其經濟蓄而未伸者，不更可想見哉？歸田後，復與夏醴谷太史纂修邑志，人無間言。公生於康熙五十二年三月二十二日，卒於乾隆五十六年六月十四日，享年七十八。配夏宜人，康熙庚辰進士諱國士公孫女，邑庠生諱鴻祚公女，後公某年卒，與公合葬於甘泉北鄉之銀定橋。長子業舒，邑庠生。次業榮，歲貢生，注選訓導。次業廣，郡廪生。女二人。孫曾濟，濟婚配皆名族。公季子業廣女爲余冢婦〔一〕，公與先人友善，且爲姻家，故公子屬爲外碑之表，爰誌其大者。

【説明】

文載《王石臞先生遺文》卷四，未詳年月。應作於乾隆五十六年六月。

【校注】

〔一〕沈業廣女，乃王引之原配夫人，乾隆五十三年卒。

元配吴恭人行略

嗚呼，恭人竟别余而長逝耶！恭人來歸四十餘年，綜理家政，克儉克勤，事無大小，靡不就緒。且相夫以禮，教子有法，睦婣不替，慈惠及人。所以嗣先妣而貽後人者，惟恭人是賴。故余自入詞館，轉水部，備員科道，觀察燕齊，勉從王事，而無内顧之憂，以恭人爲之助也。恭人之德，固宜永享遐福，以保期頤，乃入署四月，遽已殞殂。何竭力盡心，而不克享其報耶？將劬勞日久，而氣血盡虧耶？是時余旋公署甫及浹旬，兩子遠遊，皆不在側。屬纊之餘，淒涼滿目，含酸茹痛，夫復何言！但念恭人生平懿行，實有古人之風。若聽其湮没不彰，余心滋戚。爰略陳梗概，備當代立言君子採擇焉。

恭人姓吴氏，世居高郵城北。曾祖諱世杰，賜進士出身，康熙乙丑進士，勑授文林郎、内閣中書。祖諱遇登，邑附貢生。父諱鋐，邑增生，嘉慶四年，貤贈文林郎翰林院編修。前母房氏，母趙氏，貤贈孺人。兄弟二人。女兄弟三人，恭人其次也。外舅篤學、勵品，孝友、勤儉，慎容止，有威重，識者以爲老成典型。恭人幼而貞静，寡言笑，行步端直，衣服無少流移，于兒童嬉戲鮮所好，而獨佐父母治家事，秩然有條。外舅見而嘆曰：「此真吾女也，可謂有父風矣。」故于諸女中，愛恭人獨甚。方趙孺人之娠恭人也，外舅以杯珓禱於神，占者曰當得貴人。外舅大喜，以爲生男也。及得恭人，怫然久之。恭人庶祖母祝氏慰之曰：「子毋憂，生女何詎不若男耶？」外舅以爲然。及恭人長而端慤厚重，異於常人，外舅益奇之。余三歲失恃，十四歲而孤，十八歲補邑庠生，受業於翰林院侍講夏嘯門先生之門。先生謂余曰：「子之年當室矣。子雖宦家，而儉樸過於貧士，富貴家女，諒非所宜。以吾所聞，城北吴君家教素謹，其次女可聘也。」遂委禽焉。明年，恭人歸于余。余少失怙恃，家中諸事委之奴僕。及恭人歸，躬自料理。自米鹽凌雜以至委積蓋藏，無不盡心籌運，内外井然。而又自奉儉約，食不魚肉，衣不綺羅。時余刻意學問，日旦展卷，夜分炳燭，意常落落，不治家人生産，而恭人亦惟恐以家事累余心，故勤勞終日而不厭其煩。乙酉歲，高宗純皇帝南巡江浙，余以先大夫故，蒙恩欽賜舉人。恭人喜甚，既而勸余曰：「負荷之任自此始，不自此止，願毋忘先人之業。」余深納其言。乙未歲，余成進士，蒙恩欽選翰林院庶吉士。旋乞假歸里，尋討章句，研綜經典，脱略人閒事無異曩時，而恭人之經營家政以佐余者，卒不少倦也。己亥歲，余束裝入都，嗣是承乏水部，遷秩諫垣，先後垂二十年。余以京師物價騰踊，竊恐饔飧不繼，故未及攜家赴都。於是家中諸事，恭人常獨任之，而心力交瘁矣。余既無餘貲以贍余家，而恭人終歲勤苦，少有所餘，則郵寄以濟余困。

其竭蹶之狀，至今歷歷在目。計二十年中，爲子完婚者再，送女出嫁者三，爲先叔母殯葬者一。余皆宦遊京師，不及身親其事，而恭人斟酌隆殺，各得其宜。代余之勞，紓余之憂，余何幸而得此於恭人哉！丁未歲，德少司空奉命巡海塘，余以郎中從，道出高郵，與恭人相見，數語而去，不及家事，恭人壯之。己未歲，余奉命巡視瓜儀漕務，嚴絶餽遺。及至高郵，資用乏絶，乃稱貸以繼之。余意恭人必以爲憂，而恭人乃大喜，其所見者大也。恭人未及事舅姑，然歲時祭祀，致愛致慤，必齋如也。每曰：家中薄産數畝，乃先舅清俸所留遺，子孫一不謹則蕩然無存，何以修祭祀？是以力行儉約，猶恐啓封靡之漸。恭人性樂勤苦，平明即起，先於婢僕紡績織紝之事，至老不輟。至於酒漿菹醢、灑掃糞除，恭人兼任之。人或以爲苦，恭人晏如也。又能默記，一物過眼，一事經心，雖歷久不忘。其治家數十年，纖悉畢舉者以此。恭人布衣蔬食，終始不渝。及禮待賓客，問遺親戚，則從厚無少吝惜。每有珍羞，未嘗自食，必以遺人。余從弟亡，弟婦貧無所依，恭人體余意，假室以居之，月給錢米。及弟婦亦亡，子女煢煢孤露，恭人撫養之，爲定婚嫁，助以資財，姻族稱慈焉。恭人性仁厚，於奴婢多所寬假，而教子獨嚴。余宦遊於外，延師課讀，恭人常代主其事。居常申儆之，以志之不可弛，品之不可敗，家聲之不可墮，小有過失則詰讓隨之。長子引之掇取科名，半出恭人之教。次子敬之年三歲時，余已入都，自初入學以至遊泮，皆恭人教育成之。其後引之蒙恩賜進士及第，授翰林院編修，擢侍講，恭人皆傳書敦勉，謂宜績學勵行，毋負知遇。今年病中，聞引之蒙恩擢右庶子，奉命典試湖北，恭人欣然色喜。又促次子應順天鄉試，既而歎曰：「吾病若革，兩子必不復見。然果能紹家學，報君恩，吾何憾哉？」其識大體如此。余官直隸永定河道一年，欲遣迎恭人而不果。今年蒙恩授山東運河道，駐濟甯州城，距高郵千里而近，恭人乃於季春由水道至署焉。去年恭人患瘧幾危，後雖愈，而血氣大衰。及至濟甯，遂以水土不習，得腫脹疾，日以益甚。時余督工張秋，未暇歸。及歸，而恭人病已篤矣。嗚呼，恭人辛苦數十年，入署未久，而以疾終，竟未得暇豫優游以娱暮景，哀哉！恭人生於乾隆七年八月十九日未時，卒於嘉慶九年七月二十九日申時，享年六十有三。先是，於乾隆五十年、五十五年兩遇覃恩，封宜人。嘉慶元年、四年，兩遇覃恩，封恭人。子二人：長引之，乾隆乙卯科舉人，嘉慶己未科一甲第三名進士，現任右春坊右庶子，娶原任福建邵武縣知縣高郵沈名之本公孫女，廩貢生名業廣公女，繼娶雲南布政司經歷宛平范名鍾公女。次子敬之，增貢生，繼三叔父後爲孫，娶原任通政使司通政使泰州宫名焕文公孫女，浙江紹興府通判名豫基公女。女三人：長適寶應縣增貢生朱名聯奎，次適儀徵縣附監生鄭名廷梧，季適高郵州學附生胡名道傳。孫五人：壽昌，未聘。壽愷，聘胡名道傳女。壽朋，聘候選鹽大使宛平范名浦女。長子引之出。壽甯、壽康皆幼，次子敬之出。女孫四人：長許兵部武選司員外郎甘泉徐名寅亮子玉華，餘皆幼。統計恭人一生，修婦道，理家政，其所以佐余者裨益孔多，不可縷述，而殫心竭慮，卒以成疾。嗚呼，其身雖歿，其功蓋可忘哉？是爲略。

【説明】

文載《王石臞先生遺文》卷四，作於嘉慶九年八月。

大清敕授文林郎四川巫山縣知縣段君墓志銘 并序

君諱玉裁，字若膺，金壇人。曾祖武，祖文，父世續，並隸學舍，以君貴，贈文林郎。君生穎異，讀書有兼人之資，年十三入學爲附生，有時名。初治詞術，受知于沈尚書德潛，于時李侍郎因培督學江蘇，尤加激賞。乾隆二十五年，舉江南鄉試，尋充景山教習，期滿授貴州玉屏縣知縣。被議去官，總督察君狀，奏請開復，得旨發往四川以知縣用。尋攝富順，再攝南溪。王師申討金酋，儲偫輸輓不絶于道。君密勿在公，克舉其職。大吏廉君之才，久于蜀，未得即真，奏補巫山縣知縣，在官引疾歸，自是閉户著書不復出。君治聲音訓詁之學，受業戴先生震，日益進。謂《説文》五百四十部次第，以形相聯；每部之中次第，以義相屬；每字之下，兼説其古義古形古音。其説古義者，訓釋是也。其説古形者，象某形、從某某聲是也。其説古音者，某聲讀若某是也。三者合，而后一字乃全。其根氏經傳以説古義者，如《虞書》「至于岱宗柴」、《詩》「祝祭于鬃」，此説字之本義也。《商書》「無有作𢼊」、《周書》「布重莧席」，此説假借此字之義也。有根氏經傳以説古形者，如《周易》「百穀草木麗于地」，説「䕻」從（草）〔艸〕、麗之義；「豐其屋」，説「寷」從宀、豐之意；「突如其來如」，説「𠫓」從倒子之意；「先庚三日」，説「庸」從庚之意是也。有根氏經傳以説古音者，如「奯讀若施罟濊濊」，原脱「施」字，今據《説文》補。「𡘋讀若予違女弼」是也。成《説文解字注》三十卷。謂韵之立也，與文字俱起。文字未有而部分立，故有字即有所歸，有物斯有名，有名斯有字，有字象形、指事而字形立。「指事」原譌「指字」，今以意改。形立，其聲必有所歸之部。以形益形曰會意，而字形滋。以聲益形曰諧聲，而字形益滋，其聲必有所歸之部。《周官經》達之諭之，保氏教之，十年就傅而學。蓋必有部分之書達于天下，是以《詩三百》自商迄于東周，自天子達于田夫野婦，其韵部無不同者。秦火而後，部分之書亡。今据《三百篇》所同韵字立之部分，以求其轉注、假借，成《六書音韵十七部》。謂漢人注經，有讀如，有讀爲，有當爲。「讀如」主于説音，「讀爲」主于更字説義，「當爲」主于糾正誤字。「如」者比方之辭，「爲」者變化之辭，「當爲」者糾正之辭。「讀如」不易其字，故下文仍用經之本字。

「讀爲」必易其字，故下文仍用所易之字。《説文》者，説字之書。故有讀如，無讀爲。説經之書，則必兼斯二者，成《周禮漢讀考》。又著《毛詩小學》、《尚書譔異》、《儀禮漢讀考》、《漢書地理志音釋》、《汲古閣説文訂》、文集詩集，藏于家。以嘉慶二十年遘疾卒，春秋八十有一。取于氏縣學生某女。子二：驤，國子監生。黯，縣學生。女一，適江南蘇松太兵備道龔麗正。孫五：美中，縣學生；美度、美製、美蘊、美瓛。君卒之明年，君之子葬君于某原，來請銘。念孫與君爲問學交，義不敢辭。銘曰：

曲阿之英，金山之靈。一行作吏，矻矻窮經。中歲解紱，優游井里。孝友睦婣，壺飧橐米。上規漢氏，剖燼求書。叔其遺葉，揚其墜華。以食以息，息於古人。以羕以延，延于大年。飄風振林，奪我修幹。不朽有三，立言其選。覆屋若堂，巋然墓門。我銘誌之，引翼子孫。盼遂按：右文稿藏新會陳氏，亦新收得不數年者。曩日上虞羅參事擬撰《段若膺年譜》，以未得見此銘，因致中輟。又按：文中玉裁、念孫、麗正、蘇松太兵備等字，均係空匡，今補出。

【説明】

文載《王石臞文集補編》，作於嘉慶二十一年丙子。

前嘉興府知府惠堂任君家傳

君諱澤和，字介子，號惠堂。先世自聊城徙居息之東鄉。祖均，舉人。父鎮辰，諸生。君幼嶷然如成人，作書必楷，言必莊，行立必端。知者曰：「他日爲有用才，決矣。」十三喪父，即能自教二弱弟以至有成。十八爲諸生。乾隆丁酉，充拔貢。戊申，舉于鄉。己酉，成進士，選浙江新昌令。君自爲秀才，留意經濟。或言：「新昌官貧，奈何？」則笑曰：「官宜求富乎？」治新昌一年，民樂其政。除夕有獻米一籔者，曰：「非敢有獻以浼公，聞公元日可且無以炊貸乎？」逾日，君質衣，與之直。旋權嘉善令，移海鹽令。君至，則減漕費以蘇民困，興蔚文書院以育才，濬城河及永安湖以利舟楫且溉田。與民言造次必於孝弟敦睦，士民皆鼓舞。麥頻歲雙歧，民繪圖刻石，比之黽池五瑞。戊午夏旱蝗，君步禱于秦駐山。其夜風蓬蓬自西北來，蝗蔽天，悉入於海。風息雨大注，民歡賀之聲聞于衢梁。學士同書記其事，刻之石，即所謂《神風驅蟦記》也。是歲，浙東西多告饑，獨海鹽上稔，民每食必言賴我公有此食。當是時，遠近無不知有循吏任惠堂者。尋權海寧州事，擢西防同知，再擢嚴州府知府，移守嘉興。以己所以治縣者教，屬縣亦黽勉奉教。未幾，干吏議，遂決意歸里，自號退盦。今上初元有詔，即家起君以知州用，未補官而君卒，年七十。君在浙時，嘗四爲鄉試分校官，所取士多通顯，時謂得人。其少時，嘗鬻産代伯父償官。逋去官後，嘗讓己田四五百畝與季弟。嘗創宗祠以收族。皆可法也。子六人：樹福，浙江批驗所大使。樹榮，通判。鈺，諸生，舉孝廉方正。樹森，進士，户部主事。樹棠，諸生。樹三。孫十一人，長爲琦，舉于鄉，時君猶及見之。舊史氏曰：余曩讀《漢書》至蝗不入境事，心竊疑之。户口可僞增，鶡可爲鳳，况蝗入境與不入境，孰畫界而稽之哉？且有起於此而灾於彼者，有彼此相比，此灾而彼不灾者，豈不灾者皆有説哉？及讀《神風驅蝻記》，而信其果有是。嗟乎，一縣令心於民，天地鬼神應念赴之，如響之應乎聲，况事權大於縣令乎？然則古人所載祥異徵應之説，必非藻飾以誣後世，天人之際信可畏也。余故詳説，爲凡吏者告焉。

丙（戊）〔戌〕三月，任農部樹森屬予書先德家傳，因以行略來。余讀竟，歎曰：豈惟惠堂太守賢，其配夏夫人亦賢者也！家傳之體，傳其人，不能書其閫内纖瑣事。顧若夏夫人之賢，不可無書，則仿古人書碑陰之例，書一事爲世勸。有魏媪者，其子無賴，將鬻妻。媪告夫人，且泣。夫人亦泣，急召其子責之，予錢十緡。其子亦泣，妻得不鬻，遂改行。時農部兄弟皆未得子，其夕夫人夢一姥〔授〕劍小兒，（授）曰是名存，爲汝孫，故爲琦小名夢存云。嗟乎，惠堂爲守令，澤及於人甚溥，固宜有賢子孫。即夫人當予魏氏子錢時，豈嘗爲得孫計者，而其應之速如此。余見世之爲善者，鰓鰓焉若有挾以市於天，是固賢於不爲，然其視夫人何如也？道光丙（戊）〔戌〕七月既望，莆田郭尚先書。

盼遂案：吾邑任公家傳，出懷祖先生手。其妃夏夫人賢行一段，（則）則蘭石大理手筆也。因王氏墨蹟本聯續書於一紙，故今仍依舊貫，以存當日之面目焉。乙亥月當頭，夜記於燕京官舍。

【説明】

文載《王石臞文集補編》，作於道光六年丙戌。

詩　文

賦得鳴鶴警露 得「寒」字，五排八韻。

獨有仙禽意，偏驚零露溥。鳴皋如有警，擇地必求安。遠害心何切，防身智獨完。跡移三樹迥，聲入九霄寒。雁共知秋晚，鈴同語夜闌。原評：對句欠工。清音連野畔，餘響動江干。草際風愈急，沙頭月未殘。天高如可聞，萬里振飛翰。

原評：賦於諧暢中兼饒警策，詩亦清拔可觀。稍加功力，便成好手。盼遂按：右稿見藏鹽城孫氏。字跡端楷，類出先生童年所爲塾中課藝之作。或謂評語及文中改訂之字全出諸戴氏東原，疑不能明，存之區蓋可也。

【説明】

詩載《王石臞文集補編》、《昭代經師手簡》，彼此僅少數字體不同，如「樹迥」《手簡》作「樹迴」，「對句欠工」四字在「鈴同雨」三字右側，評語中「策」作「筞」等。依文筆推斷，殆作於童生時。

對策

第一問

許氏《説文解字》云：「易，蜥易也。象形。秘書説：日月爲易，象陰陽也。」「書，著也。」又曰：「著於竹帛謂之書。」「詩，志也。」劉熙《釋名·書契》篇云：「易，易也，言變易也。書，庶也，紀庶物也；亦言著也，著之簡紙不滅也。《尚書》者，尚，上也，以堯爲上，始而書其事也。詩，之也，志之所之也。叙，抒也，抒泄其實，宣見之也。」

疑《序卦》者，始於歐陽永叔，以爲《十翼》之説，不知起于何人，秦漢以來大儒君子所不論也。〔一〕其後李清臣則謂《易》卦之序，二二相從，惟《序卦》不協，每有不可合而强通者。〔二〕葉適亦謂《易》傳惟《序卦》最淺陋，于《易》有害。〔三〕案《漢志》，宣帝時，河内女子掘地得全《易》，《説卦》中、下二篇汙壞不復識，後人遂以《序卦》、《雜卦》足之。然則《大易》之有《序卦》、《雜卦》，亦猶《周禮》之有《考工記》耳。

疑《書序》者，蔡仲默《書集傳》謂其識見淺陋，無所發明，非孔子所作。〔四〕疑《詩序》者，鄭樵始倡其議〔五〕，朱子本之，以作《詩序辨説》，謂《詩序》之首句已有不得詩人本意而肆爲妄説者。〔六〕馬端臨《經籍考》則曰：「《書序》可廢而《詩序》不可廢，《雅》、《頌》之《序》可廢而《十五國風》之《序》不可廢。」〔七〕蓋以《書》多直陳其事，《詩》多寄託之詞，寄託之最多者，尤莫甚于《國風》，非《序》則不知其所以作也。其實《詩》、《書》之《序》均不可廢。太史公作夏、殷諸《本紀》，魯周公、宋微子諸《世家》，多取《書序》之説。《尚書大傳》載《九共》曰「予辦下土」、「使民平平」、「使民無傲」，載《帝告》曰「施章乃服，明上下」，今篇名皆在《書序》中，信而可考。而蔡氏疑其依文附會，過矣。

言古韵者，必以《三百篇》爲準。其與今韵異者，如「慶」字今音去敬切，古音去羊切；「馬」字今音莫下切，古音莫補切；「服」字今音房六切，古音蒲北切；「下」字今音户假切，古音黄古切。若斯之類，朱子、吴才老以爲叶音，戴侗、陳季立以爲正音，〔八〕而正音之語爲允。不然，作之既非一人，采之又非一國，何以皆用叶音，而不用正音也？

《易》韵之見於《象辭》者，若「初筮告，再三瀆，瀆則不告」、「震來虩虩，笑言啞啞」之類是也。見于爻辭者，「復自道，何其咎」、「眇能視，跛能履」之類是也。見于《繫辭》、《説卦》者，「鼓之以雷霆，潤之以風雨；日月運行，一寒一暑。乾道（或）〔成〕男，坤道成女」、「天地定位，山澤通氣」之類是也。至于《彖傳》、《象傳》、《雜卦》用韵者，不可枚舉矣。

《書》韵自《皋陶謨》「喜」「起」、「明」「良」爲千古用韵之祖〔九〕，其他亦間有用韵之文，而惟《禹貢》、《洪範》爲最密。《禹貢》之韵，若「至于岳陽，至于衡漳」、「厥草惟繇，厥木惟條」、「淮沂其乂，蒙羽其藝」、「彭蠡既豬，陽鳥攸居」、「漆沮既從，灃水攸同」，「荆岐既旅，終南惇物，至于鳥鼠」、「原隰底績，至于豬野」之類是也。《洪範》之韵，其字異而爲韵者，「木曰曲直，金曰從革，土爰稼穡」之類是也；其字同而爲韵者，「惟時厥庶民于汝極，錫汝保極」之類是也；有隔句爲韵者，「有猷有爲有守，不協〔于〕極，不罹于咎」之類是也。若其古有韵而今誤讀者，「子孫其逢，吉」，傳以「逢吉」連讀，而解「逢」爲「遇」，不知「逢」字與上文五「從」字、一「同」字爲韵。逢，大也。子孫其逢，猶云其後必大。此當據馬融注以正之者也。「于其無好」，與下文「咎」字爲韵。自唐石經「好」下衍「德」字，遂失其韵。此當據《史記集解》所引鄭注以正者也。

《易·大畜·九二》：「不耕穫，不菑畬，則利有攸往。」《坊記》引作「不菑畬，凶」。《恒·六五》「恒其德貞」，《緇衣》引「貞」作「偵」。此《禮記》引《易》之異文也。《君奭》「在昔上帝割申勸寧王之德」，《緇衣》「割」作「周」，「申勸」作「田觀」。又引《吕墨跡以下缺。刑》「播刑之迪」，「迪」上有「不」字；「苗民弗用靈」作「匪用命」。〔一〇〕此引《書》之異文也。《表記》引《詩》「彼其之子」，「其」作「記」。《禮器》引《詩》「匪棘其欲」，「欲」作「猶」。《緇衣》引《詩》「誰能秉國成」云云，今《詩》所有；其上文「昔吾有先正」云云，今《詩》所無，此引《詩》之異文也。

恭讀御纂四經，欽定三《禮》，如日月經天，江河行地。生斯世者，得以服膺聖訓，折衷羣言，豈非厚幸哉！

盼遂按：右文墨蹟見藏鹽城孫氏，原記爲光禄公作。而嘉慶十三年葉東卿選輯之《試策徵實》卷首第一篇即録此文，署名「王引之乙卯順天鄉試」，未知孰是。今仍以墨蹟爲準，歸入石臞文中。

【説明】

文載《王石臞文集補編》。

【校注】

〔一〕歐陽修説，見《易童子問》，又《經義考》卷四。

〔二〕李清臣説，見《經義考》卷四。

〔三〕葉適説，見《水心集》，又《經義考》卷四。

〔四〕蔡仲默《書集傳》，六卷，見《四庫全書·經部·書類》。又《書序説》一卷。

〔五〕鄭樵説，見《六經奧論》，又《通志·藝文略》。

〔六〕朱熹《詩序辨説》一卷，今在《續修四庫全書》。

〔七〕馬端臨《經籍考》，見《文獻通考》。

〔八〕朱子叶音説，見《詩集傳》。吴才老叶音説，見《韻補》。戴侗説，見《六書故》，即前文引「慶」、「下」諸字。戴震《聲韻考》卷八轉引。陳季立説，見《毛詩古音考》。

〔九〕今在孔傳本《益稷》。

〔一〇〕見《禮記·緇衣》。

月中桂樹賦

以「根蟠月殿，影落人寰」爲韵。

伊扶疎之仙木，托皓魄以長存。種自何年？笑榆星之未識；生從太古，同椿壽以無垠。爾其金波穆穆，玉彩團團。一葉一花，皆殊下土；無冬無夏，永植靈根。蕊重重而結密，枝疊疊以垂繁。銀漢清澄，繪千川之倒影；雕雲匼匝，嵌七寶之重闌。枝連月窟，香滿仙壇。既敷華而吐實，亦下際而上蟠。影落千山，不與小山而並賦；名高百藥，堪和靈藥以同餐。其質蘢蔥，其生茂樾。帶連理之婆娑，吐奇芬之馧馞。綵蓂朱草，自異榮枯；魚腦蚌胎，同爲盈闕。照水則影對雙株，逢閏則花添一月。蟠屈有象，適符虞喜之書；生長無窮，一任吴剛之伐。碧宇初澄，長空似練。子結戎戎，花飛片片。榮堪計日，隨三五以俱盈；節可凌寒，貫四時而不變。既生寥廓之區，亦植廣寒之殿。倘經河畔，對析木以交榮；如出海中，與扶桑而並蒨。是以離彼人寰，處兹仙境，不墜風寒，寧凋霜冷。一輪之木葉菁菁，四照之花光冏冏。方山始出，高連柜格之枝；蒙谷初昏，下接桑榆之影。秉四氣以爲生，歷千秋而獨永。又若連榦縱橫，交柯蟠礡。下伏霜蟾，上棲雲雀。不藉金天之德，早發靈葩；無煩土氣之滋，常舒秀蕚。香連飛鷺之宫，影射招僊之閣。三十日以成朔望，亦有盈虧；八千歲而爲春秋，更無開落。彼夫洛水東都，羨兩株之馥郁；番禺南嶺，誇八樹之輪囷。原評：換韵處，宜用單句爲是。實産岱輿，常來仙客；花開合浦，亦有遊人。桂水桂林，共紀南州之麗；丹桂紫桂，亦稱闇水之珍。品尚淪於塵世，質未麗乎蒼旻。孰若不生於土，不植於山，香飄雲外，子落人間。萌於玄，而芽於黄，自開混沌；子爲支，而甲爲幹，一任循環。范蠡之所不能食，劉安之所不能攀。不既長標靈質，永植仙寰也哉？

【説明】

賦載《王石臞文集補編》。年月未詳。

士先器識而後文藝論

昔者，先王之教士也，始以六德〔一〕，繼以六行〔二〕，終以六藝〔三〕。儒者之自命也，太上立德，其次立功，其次立言。〔四〕夫六德、六行，必居六藝之先，而立德、立功，不處立言之後，則夫三代盛王之所以命士，與士之所以自命者孰在所先，孰在所後，灼灼明矣。故裴行儉云：「士先器識而後文藝。」〔五〕此不易之論也。《傳》有之：「君子務其大者、遠者，小人務其小者、近者。」〔六〕夫器以任天下之重，而識以成天下之務，此所謂大者、遠者也。文者行之表，藝者道之末，此所謂小者、近者也。雖曰無本不立，無文不行，二者固不可偏去其一。然而古聖賢先其所急，後其所緩，有斷斷然在此不在彼者，故曰「女爲君子儒，無爲小人儒」〔七〕，此之謂也。吾竊惑夫世之爲士者，叩其器則小，問其識則卑，而沾沾焉日相尋于文藝之末，一似乎術業之傳習、師友之淵源，唯此一事爲甚尊而可貴者。嗟乎，習其至奢，遺其至要，已不足以自命通人，又況文愈美，藝愈精，而德業事功之實，愈不逮夫古人，所謂俗儒記誦詞章之學，功倍而無用者也。若而人者，尚可與圖天下之重否耶？君子知其然也，是以務厭紛繁，恥隨流俗，而獨用其心於本原之地。讀書以充其學，克己以化其私，貧賤憂戚以試其骨之堅，淡泊寧静以裕其養之固。道必志也，德必據也，仁必依也。若藝，則優焉遊焉而已矣。是故以處則有守，以出則有爲。猝然臨之而不驚，無故加之而不怒，其器深也；處經事而知宜，處變事而知權，其識廣也。故曰：德成而上，藝成而下；行成而先，文成而後；然後可以有爲於天下也。

【説明】

文載《王石臞文集補編》，殆爲制義。年月未詳。

【校注】

〔一〕六德：知、仁、聖、義、忠、和，見《周禮·地官·大司徒》。

〔二〕六行：孝、友、睦、婣、任、恤，見《周禮·地官·大司徒》。

〔三〕六藝：禮、樂、射、御、書、數，見《周禮·地官·保氏》。

〔四〕「太上」句，見《左傳·襄公二十四年》。

〔五〕裴行儉，字守約，河東人，唐代名臣。引語見《新唐書》本傳。

〔六〕見《左傳·襄公三十一年》。

〔七〕見《論語·雍也》。

詩説四則

無聲希聲　先子曰：今本陶靖節《癸卯歲十二月中作與從弟敬遠詩》：「傾耳無希聲，在目皓已潔。」「無希」是「希無」之譌。《老子·贊玄章》：「聽之不聞，名曰希。」河上公注：「無聲曰希。」故詩言「希無聲」，希即無聲。皓即已潔。以希形容無聲，以皓形容已潔也。今本作「無希聲」，不特義複，且轉似有聲矣。《老子·同異章》：「大音希聲。」彼言希聲可，此言無希聲不可。敬之識。原注：此下詩説五條追説庭誥。

干戚　李白古風詩「羽檄如流星」，首末二句「如何舞干戚，一使有苗平」。今本《唐詩別裁集》注：「干羽」改「干戚」，本陶淵明「刑天舞干戚」句。先子曰：《韓非子・五蠹》篇：「舜修教三年，執干戚舞，有苗乃服。」詩用韓語，非用陶詩。又《山海經・海外西經》：「刑天與帝争，神帝斷其首，乃以乳爲目，以臍爲口，操干戚以舞。」故陶詩云：「刑天舞干戚，猛志固常在。」此與舜征有苗事不相涉，注誤。敬之識。《淮南子・繆稱》篇：「故禹執干戚舞於兩階之間，而三苗服。」《齊俗》篇：「有苗不服，於是舜修政偃兵，執干戚而舞之。」

李白清平調　《清平調》「雲想衣裳花想容」句，褚人穫《堅瓠集》引鄧氏説，蔡端明書作「葉想衣裳」，劉後邨以爲筆誤。先子曰：賞名花對妃子，故以花葉、衣容對舉。作「雲」，則義不密。當以蔡書正近刻之謬，未可據劉説疑蔡。敬之識。

山翁　孟浩然《裴司士見尋》詩「府僚能枉駕」，首「誰道山翁醉」。今本《唐詩別裁集》注：「即山巨源倒載意也。山翁仍宜用山公。」先子曰：王摩詰詩亦云：「留與醉山翁。」敬之識。又案：王詩俗本作「留醉與山翁」，譌。上句「襄陽好風日」，本句「留與醉翁山」，謂風日留與也。又案：孟詩用山濤子簡事，李白、温岐、吴蝺詩俱稱「簡山翁」。

盼遂謹按：李義山《九日詩》：「曾共山翁把酒巵。」亦謂山簡也。

【説明】

文載《王石臞文集補編》，劉盼遂據王念孫次子王敬之《宜略識字齋雜著》己酉年中所記録出，四篇均爲王敬之追述父教。未詳年月。依王敬之事履推之，殆爲嘉慶初年事。

釋《齊物論》

先子曰：《莊子·齊物論》，篇名「論」與「倫」通。物論齊，謂無有美惡是非。敬之識。

又案：《儀禮·士相見禮》「論膚」即「倫膚」。《小戴記·王制》「天論」即「天倫」。義各見注。又《莊子》本篇文「有倫有義」，音義引崔本作「有論有義」。黄庭堅詩：「安得忘言者，與講齊物論。」「論」押去聲，是沿劉勰《文心雕龍》説，誤。錢氏《養新録》解「齊物論」，謂當以「物論」連讀，亦足正之。

【説明】

出處同《詩説四則》。

祠宇祭田記

吾家以忠厚相傳数世矣。溯自王父而上，代有隱德，貽我後人。至先大人，克顯科名，歷官中外，又復忠勤廉潔，力爲名臣。其載在國史者，蓋詳且備。吾自冠昏以来，時以弗克負荷爲懼。今幸蒙業而安，莫不由于先澤〔一〕。因思高、曾之望子〔二〕，惟葛藟能庇本根。如欲盡我孝思，務先歲脩祀事。其自今翳始，所有護城橋田種八十石，悉以供家祠歲祭以及修葺之需〔三〕；其勤農河王父母墳田種九十石，石婆衝考妣墳田種一十石，俱各歲供掃墓之費〔四〕。毋或不給，毋敢不敬〔五〕。凡我後之人，亦不得分業轉售，致負先德。庶乎春露秋霜，不忘水源木本，且使食舊德者，紹其忠厚之遺風，而得以免于隕越焉。

乾隆甲申季謹記

【説明】

據李宗焜輯注《高郵王氏父子手稿·祠宇祭田記》謄正，王念孫作於乾隆二十九年甲申。羅振玉輯入《王石臞先生遺文》卷四，題作《護城橋祠田石梁墳田記》。

【校注】

〔一〕「于」，《王石臞先生遺文》卷四作「乎」。

〔二〕「子」，《王石臞先生遺文》作「孫子」，可從。

〔三〕「以及」，《王石臞先生遺文》無「以」字。

〔四〕「供」字，《王石臞先生遺文》在「俱」下「各」上。

〔五〕「敢」，《王石臞先生遺文》作「或」。

丁亥詩鈔

偕任一子田游蒜山〔一〕

杖策期我侶，極目煙嵐飛。披徑躡曾岡，緣源面修碕。空水寒無姿，澹緑生已微。蹉跎一老僧，隔澗開山扉。延客坐松寮，梵響生清機。谷幽光易迷，江遠聲逾稀。衆籟窅然合，心清無是非。憩久神彌愜，徙倚憺忘歸。謝手向前嶺，逶迤窮林霏。

山光引游子，窈窕乘險絶。路歧情屢眩，徑錯興逾發。脩竹翳曾陰，危松綴殘雪。人鳥盡無聲，蕭蕭林響徹。岸轉失來蹤，谿明得前白。白日下江皋，餘暉蕩晴碧。夕嵐落千尋，空色遞相激。握手尋舊谿，一一想所歷。忽看江上月，先已掛蘿壁。

泛舟至芙蕖館〔二〕宗子相讀書處

出郭眄平阡，臨流泛虛艇。空天如鏡浮，倒影牽游荇。孤館面迴汀，地僻風日冷。一水共蒼茫，蒲稗相與永。菡萏花猶敷，伊人躅何迥。鴻寶今琳琅，仲蔚昔幽屏。佇立無一言，斜陽對孤景。

同任子田夕步南郭

青天澄暮煇，片月出林莽。言期素心友，攬衣同一往。憩足面迴渚，衆色寒蒼蒼。一水寂無聲，菰蒲自生響。隔浦聞櫂歌，清思落雙槳。夜深羣象閴，空林散餘爽。

空翠亭

我游空翠亭，遂躡空翠窟。仄處迷向背，晝光寒不入。高壁散長風，到面作飛雪。積陰帶江聲，冷中石骨裂。鉤絡枯藤幽，剥喙古扉缺。虛寺鐘一聲，客魂墮寥泬。塵氛此俱隔，唯有仙氣結。願得託茅茨，終焉養疏拙。

裴公洞〔三〕

茲洞結窈窕，嵌空有神力。入穴窅如迷，石氣錮深黑。但聞人語聲，渾忘身所歷。隙處景忽開，一髮生虛白。山鬼穴其陰，不辨朝與夕。一一苔蘚痕，老此萬古碧。令公謝華簪，枯禪契元寂。四顧無一言，空翠滴巾服。

同任三石農登文峯塔〔四〕

拾級縱高步，攜手陟曾顛。盼睞出世界，磴道盤幽玄。二曜森在列，北斗峭可攀。神鬼結杳冥，蛟虬蟠蜿蜒。寒飈吹孤光，近落鬢眉閒。衣上生浮雲，履下絶飛鳶。俯首見城闕，漠漠空寒煙。蒹葭渺無際，一髮延江天。連山望不極，蜃氣相摩吞。久立豁胸肊，塵壒無由緣。奚事徇喧卑，蒿下空自憐。

河閒道中遇雷雨作〔五〕

連山走雲氣，掣電相追飛。風吹白艸短，雨捲黄埃來。霹靂迸我前，嵯峨爲之隳。驅車石梁下，惝怳精魄迷。漠漠鬥神鬼，慘慘横蛟螭。騰翻曜躔坼，陟落銀潢低。蒼昊不可仰，孤光激輪蹏。百谷同一聲，下上争喧豗。移時吐羲魄，斜曛暄溼衣。長虹馳遠景，飛挂荒城西。行行日已莫，僕馬同疲饑。謝爾朱門子，高堂戒勿垂。

偕任子田游東阿山中〔六〕

出郭眄遥岑，極目曖蒽倩。踽步陟崇岡，幽境齊所願。捫蘿俯翳屏，披榛詫凌亂。觸穴發殊響，心寂乃能辨。林密天光微，徑轉石狀變。落日映前峰，後顧采逾絢。夕靄薄空翠，勢與飛鳥散。緬想臨淄侯，靈躅留山縣。彳亍尋舊谿，臨風一長歎。

寄呈李大司馬〔七〕

通潞南下停輕橈，汶流活活風蕭蕭。青衫揺落涴塵土，暫淹驛候趨旌旄。河渠溝洫傳太史，帝運經緯咨臣僚。都水使者領天禄，綱絡今古嘉謨超。司空垂法炳六典，在晝全體芟膺么。如公建策定羣議，天吴不肆鯨不驕。傳家況闡九經奥，石倉汲冢窮爬騷〔八〕。建安文章尚餘事，箋繹會使門生鈔。嗟余小子操末技，父書未讀慚懸匏。餐花之論輸不竭，寂聽能使凡情銷。扁舟沿溯五經日，時有急浪衝靈蛟。曉看北斗向人立，伐鼓徑渡聲嗷嘈。此情尚壯肯蜷伏，擬即返策趨燕郊。隔年重款艸元閣〔九〕，垂情願更傾醇醪。

石佛閘放舟〔一〇〕

理檝即長路，水氣侵我衣。石咽清流響，崖排古木齊。嫋嫋渚華靜，瑟瑟蒹葭稀。獨鳥下遥空，勢與殘雲低。空明豁心目，方悟前塗迷。孤槎去容與，興言尋舊谿。

文游臺懷古〔一一〕

步出城東門，徑造茲臺顛。春光回百艸，四顧何芊芊。東睇窮大海，西緬横長川。羣帆望不極，雲霧相摩吞。憶昔岷峨客，相逢淮海英。叶。英奇聚以類，復連王與孫。談笑怯神鬼，詩歌動地天。風流足千古，與臺常新鮮。誰云丘垤小，竟作喬嶽觀。今日覽遺蹟，祠屋蔓荒榛。冉冉日已晚，浩歎情徒殷。恨無雙飛翼，凌風覿曩賢。

春耕詩擬陶〔一二〕

愧無經濟術，聊復事耘耕。春來土脈動，甘雨正時行。晨興向南畝，雲與煙霧并。饁婦多喜色，牧豎傳歌聲。村店颺青旆，四野明丹英。中田何所望？但見桑麻盈。更有素心人，耦耕無俗情。依依話今古，地與吟懷清。顧此徜徉意，萬事秋豪輕。

登海陵泰山墩懷古〔一三〕

廢壘蕭條白日高，當年駐馬護空壕。君臣海上偏安定，父子江邊百戰勞。廟拱荒城迷雉堞，魂縈野水肅風濤。夜深古木聲聲急，猶似軍威振羽旄。

晚泊湖口

落日澹湖津，遠水平於掌。雲閒萬樹浮，天末孤煙上。靡靡渚花静，摵摵蒹葭響。空翠漾我舟，川光夕滉瀁。遇物聊自適，地僻任俯仰。清風左右來，習習形神爽。浩歌酌餘霞，曲盡延幽賞。睇彼孤雁飛，獨掠平蕪往。

晚次江口

落日下晴皋，江干宿遠舠。風煙盤鐵甕，波浪走金鼇。地坼千檣隱，天空一雁高。蒼茫古懷客，獨對把松醪。

月夜游焦山作〔一四〕

江上夜潮生，羣帆疾於駛。篙師理檝趨天風，櫂歌一聲催月起。漠漠遠天分，青山髮一痕。磊落䰟驚甘露石，嵯峨又抵焦巖門。鼓聲坎坎下三四，停橈陡作探幽計。坿葛攀藤振衣上，但覺江風颯颯吹殘醉。既陟千盤磴，還登九折臺。法物杳難辨，幽人不復來。丹爐火寂鶴駕遠，講經坐榻生莓苔。上有排空亂石勢欲墮，下有洪波萬派聲如雷。躡天根，窮地籟。繁霜飄揚，仙雲晻靄。萬樹青冥濛，銀灣皎如帶。遥看北斗七个向江低，仰望明星數點當空掛。遠巘重重隱天外，海氣蒼茫蒸萬態。便欲孑景赴蓬萊，仰攀金支璇闕虛無内。忽然霧起滿天閶，江南江北知何方？馮夷擊鼓羣靈舞，魚龍雜遝紛翺翔。罔象横衝雲岸没，銀濤蕩潏山低昂。掉頭西望目頻眩，惟見金山一塔礧礧巉天長。仙境不可期，窈窕神馳越。倏然放長歌，飛下蒼煙窟。片帆遠發天欲明，列岫拱峙雲亂升。對岸遥傳鐘磬響，扶桑日滉晨雞鳴。

天長道中晚晴〔一五〕

連山捲亂雲，餘霞遞明滅。落日帶疏林，倒景挂城闕。碧天瑩如鏡，四野煙光豁。浄水摇疏星，孤村澹新月。伊余愜所向，足以洗煩渴。寄語達觀者，共此形神潔。

冬日郊行晚歸山莊

晨起飯藜藿，杖策過桑田。木葉始盡脱，悠悠見南山。竹林殘雪墮，石穴寒流穿。遥情寄平野，緩步籬落間。農夫飽新穀，倚杖立晴天。檐端耒耜雜，籬外兒童喧。落日下空坂，雞犬聚人煙。長嘯過東皋，自逐樵聲還。

牛羊下來久，柴門忽已閉。帶月叩柴門，籬中犬迎吠。天寒樹色短，地白人影細。小橋無行蹟，静與艸舍對。一尊但常滿，百事秋豪繫。造化慳此樂，何幸及我輩。醉酣卧短榻，清夢空塵累。雞鳴桑樹顛，日出飛鳥外。

【説明】

《詩鈔》載《高郵王氏遺書》。丁亥，乾隆三十二年。乾隆三十年，高宗巡幸江南，王念孫以大臣子迎鑾，獻頌册，詔賜舉人，得赴京會試資格。三十一年，入都會試，不第。三十二年，由京師南歸，過河間、東阿，皆賦詩述志。又嘗赴揚州、泰州、安徽天長等地漫遊，動多嘉什，得二十首。其次子王敬之輯爲《丁亥詩鈔》。王敬之跋尾，曰：「先觀察少爲考訂聲音、文字、訓詁之學，吟詠乃其餘事，間爲里黨詩友涉筆。逮通籍後，輟不復爲。此册題曰《丁亥詩鈔》，蓋二十四歲時作也。先觀察以詩法教敬之者備矣。敬檢遺著，付諸梨棗，用志庭誥。道光十有四年甲午孟冬，男敬之泣書册末。」

近年，揚州學者或以爲不全是王念孫所作，亦不盡作於丁亥年。詳王章濤《王念孫王引之年譜》「乾隆三十二年譜」下。

【校注】

〔一〕蒜山，在江蘇鎮江，傳説三國時周瑜和諸葛亮在此謀劃火攻曹操之計。阮元輯《淮海英靈集》丁集卷二、王昶輯《湖海詩傳》卷二、王豫輯《江蘇詩徵》録此詩，題作《游蒜山》，指爲王安國作。任大椿（一七三八——一七八九），字幼植，一字子田，江蘇興化人。揚州學派前期代表人物。

〔二〕芙蕖館，明代文學家宗臣讀書處。宗臣（一五二五——一五六〇），字子相，號方城，揚州興化人，嘉靖二十九年進士。因不滿奸相嚴嵩而被貶，以病歸，築芙蕖館於百花洲上，讀書其中。宗臣工文章，爲「嘉靖七子」之一，有《宗子相集》。病故後葬百花洲西側。

〔三〕裴公洞，又名法海洞，位於鎮江市金山西北角頭陀巖上，爲金山寺開山祖師裴頭陀即法海禪師。修行苦練之處。裴頭陀相傳是唐代宰相裴休之子。

〔四〕任三石農：任大楷，字孔貽，號石農，任大椿弟。

〔五〕河間之名始於戰國，因處九河流域而得其名，古稱瀛州。位於今河北省内。

〔六〕東阿，在今山東省東阿縣。戰國時地處齊、趙兩國邊境，境内有大清河流經入海，河曲形成大陵，故名。

〔七〕李大司馬，不詳何人。王念孫李姓朋友只有李威、李成裕，二人均未授大司馬兵部尚書。職。王章濤指爲王安國作，與王安國同朝之大司馬有李元亮。詳《清史稿·部院大臣年表四上》「乾隆十五年」欄下。

〔八〕石倉：明代曹學佺，號石倉。曹氏有《石倉十二代詩選》。此殆指歷代詩。汲冢：河南汲縣今屬新鄉市。戰國古冢。出汲冢周書。此殆指古經學。

〔九〕艸元閣：閣名，見明湯介《滿江紅》詞。

〔一〇〕石佛閘，位於今山東省濟寧市。

〔一一〕文游臺，原爲東岳行宫，即泰山廟。在高郵城東北泰山廟後土山上，原臺始建於北宋太平興國元年。此詩緬懷秦觀。一〇八四年，蘇軾過高郵，與當地賢哲孫覺、秦觀等宴集於此，飲酒論文，故名文游臺。

〔一二〕王念孫主張古體詩宗法漢魏六朝，本詩即倣擬陶淵明詩風而作。

〔一三〕海陵泰山墩，在今泰州市海陵區内，又名岳墩。建炎四年，金兵南侵，岳飛奉宋高宗趙構諭旨駐軍泰州，任通泰鎮撫使兼知泰州，在此與金兵鏖戰。

〔一四〕焦山，位於今江蘇省鎮江市，因東漢焦光隱居山中而得名。

〔一五〕天長，今安徽天長市。唐玄宗李隆基爲慶生特設此縣。一九九三年九月十八日，經國務院批准撤縣設市。

題吴山帶《畫梅卷》

梅花艶北潭，水影照江南。月隱珊瑚簟，波明翡翠篸。江南與君别，霜寒花氣歇。日莫鴛鴦飛，風吹五更雪。君去不曾難，徘徊玉佩單。橫塘一片水，還與外人看。可憐雙佩玉，惆悵橫塘曲。玉顔思漸隱，璚樹香難續。羅帷夢落花，越女惜紅紗。含情畫梁燕，彈淚白門鴉。鴉啼天向曙，水暗門前路。淼淼不相聞，落月摇空樹。曉鏡莫輕開，金蟬恨玉臺。分明當日見，夢作海棠來。

〔劉盼遂按〕：「右文墨蹟藏新會陳氏圓庵，有題識，今并録之。」

吴山帶，粤人，與屈翁山、陳獨漉同時。此卷有錢載、張塤《題跋》，又有乾隆四十二年盧文弨《題識》，云「恭甫大兄近於粤中得吴山帶《畫梅卷》，攜之都門，索同人等題記，用誌數言，以識景慕」云云。恭甫未知何人〔一〕，盧抱經是年在京，未知有他據否。高郵此詩，未知有可攷證否。

【説明】

詩載《王石臞文集補編》，王章濤定在乾隆四十二年。

【説明】

〔一〕陳壽祺（一七七一——一八三四），字恭甫，福建侯官人，清代儒學家，有《五經異義疏證》。

日處君而盈度賦　乾隆庚子科散館一等弟五名

伊皇頡之作文，本六書以爲質。轉注則考老並垂，假借則令長共述；止戈爲武，人言爲信，識會意之最精；從工爲江，從可爲河，見諧聲之至密；惟象形之一端，與指事而並出。是故三畫而連其内謂之王，一規而注其中謂之日。原夫日也者，列曜之宗，羣陽之主，浮黄道以高懸，麗青霄而中處。上出於地，九萬一千餘；旁周乎天，三百六十五。擬以君象，首出而四表垂光；譬諸聖人，方興而萬物作覩。徒觀夫光浮瑞靄，色麗卿雲。測遠晷于冬夏之至，驗中道於春秋之分。既莫虧于萬古，爰永照乎八垠。當夫旁作珥形，足表上天之瑞；不待中有王字，果爲下土之君。是以古之造文者，肖形作勢，因象呈奇，既外圓而中實，亦有滿而無虧。運筆成輪，共覩重輪之狀；摛豪作璧，羣瞻合璧之規。即至文之彌耀，仰貞觀之昭垂。標赤彩於九重，夐乎上矣；懸清光於八極，候其禕而。規摹維肖，結搆斯成。作團團之文體，象杲杲之陽精。月者闕也，形如玦而半居于絀；日者實也，狀似環而全處乎盈。本天而道以著，依象而文以呈。覩曜靈之不缺，識懸象之至明。其義甚宏，其文丕著。稽八書于許慎，妙理堪尋；考四體于衞恒，精言可悟。九州萬國，地雖遠而操筆皆知；漢字秦章，世雖疏而臨文莫誤。此亦如遍行九道，東西不爽其衡；普照四時，寒暑勿愆厥度。我皇上道與治隆，德因時布。矢保泰之淵衷，廑持盈之睿慮。聰明足以臨照，丕顯其輝；充實而有光華，亦孔之固。皇度式如玉金，君恩符乎雨露。臣扣槃比陋，竊願纂組以陳詞；獻日同愚，用敢濡豪而作賦。

【説明】

賦原載蔣礪堂《國朝同館賦選》，後載《王石臞先生遺文》卷四。注記作乾隆四十五年庚子，依王引之《石臞府君行狀》，則應在乾隆四十六年辛丑。

賜加四品銜重與順天府鹿鳴筵宴恭紀六首

承恩遠自歲旃蒙〔一〕，六十年來甲子同。爲念勷勞頒楙賞，乾隆乙酉年，高宗純皇帝聖駕南巡，念孫以生員迎鑾獻頌，蒙垂念先文肅公，欽賜舉人，一體會試。愧無事業報蒼穹。笈深芸館名難副，浪駭桑乾咎屢叢。何幸衰年加命服，午門泥首效呼嵩。八月二日奉恩旨，次日恭詣午門外謝恩。其一。

數奇難得九重知，八月二日，上召見兒子引之，蒙恩垂問念孫出身、履歷甚詳。引之言及漫口獲咎，有數奇之歎。垂問生平日晷移。父子銜恩書乍捧，友朋來賀轂交馳。心傾葵藿功何在，景到桑榆澤又施。命與羣英同入宴，龍鍾步履健能文。其二。

一門四世荷恩榮〔二〕，自先文肅公至孫壽昌承廕，四世蒙恩。又拜温綸聽鹿鳴〔三〕。寵錫頭銜真異數，重修齒録好聯名。敢誇耄耋稱前輩，虚度光陰畏後生。老去殘編空自守，經綸何以荅升平。其三。

蕊榜重逢會俊髦，筵開日下聖恩叨。三千里外扶鳩杖，二百人中詡燕毛。冠蓋如雲誇客滿，鬢眉似雪笑年高。莫言老憊精神倦，傾耳笙簧興尚豪。其四。

江右耆英荷寵光，乙酉同年楊邁功中丞亦於今秋重赴鹿鳴宴，仰荷恩旨加銜。相看南北説王楊。服官曩本依京兆，所任永定河道在順天府境内。入宴今仍在帝鄉。十載題名陪雁塔，乙未成進士，距乙酉十年。卅年遊宦忝鵷行。更將老圃黄華淡，來對蟾宫桂子香。其五。

丹心戀闕慂幽燕，自庚午罷官即居京寓。手詔榮頒喜自天。此日銘恩仍酉歲〔四〕，當時拜命尚丁年。時年二十有二。齒踰八秩春秋暮，典沐三朝雨露全。歸語兒孫勤報稱，好將風節繼前賢。其六。

【説明】

詩載《王石臞先生遺文》卷四。道光五年八月，順天府陸以莊等奏請原任永定河道王念孫中舉已届甲子復初，就近重赴順天府鄉試鹿鳴宴。九月，王念孫奉敕受賜加四品銜，并獲恩準重赴順天府鹿鳴宴，賦詩六首，以誌銘感之忱。

【校注】

〔一〕旃蒙，《爾雅·釋天》：太歲「在乙曰旃蒙」。乾隆三十年乙酉二月癸巳，清高宗詔賜王念孫舉人，一體會試。

〔二〕一門四世，王安國、王念孫、王引之、王壽昌一家四代。

〔三〕温綸，指皇帝的詔令。

〔四〕乾隆三十年乙酉，道光五年乙酉，周甲六十年。

辛卯冬日題

校字徒傷目，看書亦費心。不如高枕卧，無古復無今。

〔劉盼遂按〕：「右詩見先生之孫子蘭《觀其自養齋燼餘録·詩兆篇》。」劉氏後輯入《王石臞文集補編》。辛卯，道光十一年。

題《吴孝子傳》

卓哉公子今罕偶，萬卷琅函聯尚友。文瀾曲折流詞源，詩筆縱横雄墨藪。家居由拳當湖旁，蘭錡駢羅雙戟守。阿爺碩望柱擎天，山之岱嶽星之斗。許身不惜賦《馳》《驅》〔一〕，獨念高堂誰左右。公子純孝本天成，洗腆致用娱王母〔二〕。幼年母氏召巫陽，徒跣雞斯面忘垢〔三〕。嫡母鍾愛踰所生〔四〕，公子盡養惟恐後。母也膽怯豐隆聲，震來虩虩著落手。公子夜侍一燈青，安眠忘却雷車走。母也喜施意肫然，失棲窮鳥全鷇鷇。公子有善則歸親，寒贈絮衣飢精糗。母也嬰疾淹床笫，術窮《素問》愁軒后〔五〕。公子哀禱呼穹蒼，此身願以當凶咎〔六〕。飲食增減手自書，靈方欲乞思邈《肘》〔七〕。一宵慈竹折西風〔八〕，泣血皋魚推翣簍〔九〕。拊膺一痛病難支，北面京師三叩首。臨終雪涕獨何言，父恩往復不離口。可憐郵書達都下，一時淚灑西河叟。我聞東漢申屠蟠，九歲哀毁天性厚。又〔開〕〔聞〕晉代吴隱之，居喪盡情名不朽。公子孝行埒先賢，事宜鏤簡編蒲柳。少游作傳壽貞珉，愧我吟詩嗚瓦缶。

高郵王念孫題。

〔劉盼遂按〕：「右文原蹟藏鹽城孫氏。」

【説明】

詩載《昭代經師手簡》、《王石臞文集補編》，未詳年月。

【校注】

〔一〕《詩·載馳》、《載驅》。

〔二〕《王石臞文集補編》「洗」字，《手簡》作「説」，似誤。《書·酒誥》：「自洗腆致用酒。」

〔三〕鷄斯，束髮物。「鷄斯徒跣」，見《禮記·問喪》。

〔四〕《補編》「踰」字，《手簡》原有此字，後圈掉，旁作「踪」。

〔五〕軒后，即軒轅黄帝，醫藥之祖。

〔六〕《補編》「凶」字，殆本作「囟」，「其」之古文，誤作「凶」。《手簡》作「其」，當從之。

〔七〕東晉葛洪有《肘後救卒方》，唐人孫思邈有《備急千金要方》。

〔八〕慈竹，竹名。因竿枝森束，如母子相依，故喻母親慈愛。

〔九〕皋魚，春秋時人，詳見《韓詩外傳》卷九。皋魚泣血，後世用作無以養親之典。翣篓，棺飾，見《禮記·喪服大記》。